COMMENTAIRE
SUR LE PSAUME 118

Ms. Lyon, B.M. 452, v^e-vi^e s., fol. 203^v.
Hilaire de Poitiers, *Commentaire sur le psaume 118*,
lettre 18, 10, l. 6 *(obtinere)* — lettre 19, 1, l. 5 *(quia secre-)*.
(Cliché Lyon, B.M.)

SOURCES CHRÉTIENNES

N° 347

HILAIRE DE POITIERS

COMMENTAIRE SUR LE PSAUME 118

TOME II

TEXTE CRITIQUE, TRADUCTION,
INDEX ET NOTES

PAR

Marc MILHAU

Agrégé de l'Université

Ouvrage publié avec le concours
du Centre National de la Recherche Scientifique

LES ÉDITIONS DU CERF, 29, Bᴅ ᴅᴇ Lᴀᴛᴏᴜʀ-Mᴀᴜʙᴏᴜʀɢ, PARIS
1988

La publication de cet ouvrage a été préparée avec le concours
de l'Institut des Sources Chrétiennes
(U.A. 993 du Centre National de la Recherche Scientifique)

TEXTE
ET
TRADUCTION

MANUSCRITS ET ÉDITIONS

A   ANGERS, *Bibl. Mun. 289*, XIe-XIIe s.
B   ARRAS, *Bibl. Mun. 82*, XIIIe s.
C   COLOGNE, *Dombibl. 29*, IXe s.
L   LYON, *Bibl. Mun. 452* et PARIS, *B.N. n. acq. lat. 1593*, V^e-VIe s.
m   TROYES, *Bibl. Mun. 524*, XIIe-XIIIe s.
p   PARIS, *B.N. lat. 1693*, XIe-XIIe s.
R   VATICAN, *Reg. lat. 95*, IXe s.
r   VATICAN, *lat. 251*, XIe s.
S   CHARLEVILLE, *Bibl. Mun. 239*, XIIe s.
V   VÉRONE, *Bibl. Cap. XIII (11)*, Ve s.

Ba.   Bade, 1510.
Er.   Érasme, 1523.
Gi.   Gillot, 1605.
Mi.   Migne, 1844.
Zi.   Zingerle, 1891.

PRÉSENTATION DU TEXTE

1) Le lemme est imprimé en petites capitales avec en marge le numéro du verset du psaume.

2) Les mots *du lemme commenté* repris dans le commentaire sont en italique dans le texte latin et dans la traduction.

3) Les citations scripturaires (explicites ou implicites) — y compris celles du psaume 118 qui n'appartiennent pas au lemme commenté — sont en italique dans le texte latin et entre guillemets dans la traduction française. Elles sont accompagnées d'un appel d'apparat scripturaire.

4) Les allusions scripturaires sont également accompagnées d'un appel d'apparat scripturaire, mais la référence scripturaire donnée dans l'apparat y est précédée d'un «cf.». Les contacts verbaux avec le texte auquel il est fait allusion sont en italique dans le texte latin, entre guillemets dans la traduction. Il n'y a pas de frontière nette entre citation implicite et allusion.

5) Lorsqu'une citation ou une allusion est reprise, partiellement ou en totalité, au cours du commentaire *d'un même lemme*, l'appel d'apparat scripturaire n'est pas répété.

6) Lorsqu'un mot d'une citation ou d'une allusion appartient également au lemme commenté, il est à la fois en italique et entre guillemets dans la traduction.

7) En règle générale, on a considéré comme reprise du lemme ou d'une citation tout mot de même radical, qu'il s'agisse d'un verbe, d'un adverbe, d'un substantif ou d'un adjectif. Ainsi, pour le verbe *quaero*, on retiendra normalement *quaestio*, mais pas *perquiro*, ni *exquiro*. On considère en outre comme équivalents le nom divin et le pronom qui le remplace : *mandata Dei* et *mandata eius, sua, tua, mea*.

8) Pour les citations implicites et les allusions le texte scripturaire de référence est celui de Sabatier.

9) On a volontairement conservé dans la traduction des citations scripturaires le caractère rugueux du latin. D'où un français parfois obscur ou déroutant. Le commentaire d'Hilaire en explicite généralement le sens.

10) La distinction entre «Loi» et «loi» est fondée sur la remarque faite par Hilaire en 1, 4.

TETH

BONITATEM FECISTI CVM SERVO TVO, DOMINE, SECVNDVM VERBVM TVVM, ET RELIQVA

1. Iam in exordio psalmi commemorauimus nihil aliud in eo quam doctrinam humanae uitae contineri, per quam ad cognitionem Dei ipsis, tamquam paruoli, litterarum elementis erudiremur. Ex persona enim sua nos propheta
5 confirmat qualiter in omni genere diuini officii uersari nos oporteret, ut per disciplinam adeptae institutionis fidei ordinem teneremus, ut ipso illo primo nonae litterae
65 uersu docetur. Ita enim dicitur : BONITATEM FECISTI CVM SERVO TVO, DOMINE, SECVNDVM VERBVM TVVM. Et
10 forte quidam existimabunt de secundis rebus prophetam

VL RC pA r S m

teth > *m*   *pr.* incipit littera VIIII (feliciter *V*) *VL*   *pr.* littera
VIIII *C*   *pr.* incipit (+ nona *r*) *pA* *r* *S*   *pr.* littera IX
Mi   + incipit *C*   + littera nona *pA*   + tractatus *S*
bonitatem — et reliqua : bonitatem fecisti et cetera usque ibi super
milia auri et argenti *Ba. Er.*   *omnes uersus litterae nonae R Gi.*
Mi.   > *S* ‖ domine + domine *VL* ‖ et reliqua > *C pA m*
1, 1 iamdudum *pA m* ‖ 2 doctrinae *VL* ‖ uitam *V* ‖ 3 paruolis *VL*
r   paruo *R* ‖ 6 oportet *pA*

TETH

TU AS MANIFESTÉ TA BONTÉ ENVERS TON
SERVITEUR, SEIGNEUR, SELON TA PAROLE, ET
LA SUITE.

1. Déjà, dans l'argument du psaume[1], nous avons
rappelé qu'il ne contenait rien d'autre qu'un enseignement
de vie pour l'homme, destiné à nous former, comme des
tout-petits, par les lettres mêmes de l'alphabet, à la
connaissance de Dieu. En effet, le prophète, qui parle
en son nom propre, nous encourage, en nous montrant
comment il faut que nous nous conduisions pour chaque
catégorie de devoirs envers Dieu[2], afin que, grâce aux
leçons de l'enseignement que nous avons reçu, nous
observions l'ordre propre à la foi, comme cela apparaît
dans ce premier verset lui-même de la neuvième lettre.
Il est dit en effet : TU AS MANIFESTÉ TA BONTÉ ENVERS
TON SERVITEUR, SEIGNEUR, SELON TA PAROLE. Peut-être
certains penseront-ils que le prophète a voulu parler de

---

1. Cf. exord., 1.
2. Phrase citée et commentée par M. J. RONDEAU, *Les Commentaires patristiques* ..., p. 93.

locutum Deoque gratiam ob ea quae sibi prospere
acciderint rettulisse. Sed nouit etiam in aduersis rebus
gratiam Deo esse referendam; scit in omni passione ac
tribulatione eum cuius iudicio haec ingruunt gratula-
15 tionibus honorandum, scit indiligentem esse medicum
putribus uulnerum sinibus parcentem. Meminit piam esse
patrum in filios seueritatem. Argui se per temptationes
ac probari per patientiam a Deo optat; et in his quae
aduersa existimantur agit gratiam.

2. Atque hanc nostram intellegentiam, ut id prophetam
orasse credamus, uersus qui subiectus est docet dicens :
66   BONITATEM ET DISCIPLINAM ET SCIENTIAM DOCE ME, QVIA
MANDATIS TVIS PARVI. Quidquid ergo Deus in *seruum*
5 *suum facit, bonum* est; *secundum* enim *uerbum suum facit.*
Et quidquid *secundum uerbum eius* est, non potest malum
existimari, quia ei qui solus *bonus* est uoluntas sit prona
bonitatis[a].

3. Versus itaque, ut diximus, secundus prophetae
exponit adfectum, cum orat dicens : *Et bonitatem et
disciplinam et scientiam doce me. Bonitatem* superius
confessus est erga se *factam* ; quomodo hanc quasi ignorans
5 *doceri* se precatur? nisi quod tunc fuit ex fidei confessione

VL RC pA r S m

1, 11 proferre *VL* ‖ 12 acciderent *VL C r¹*   -rant *pA r²* ‖
13 referendum *C* ‖ 15 indigentem *R*   diligentem *C pA m Mi.*
indulgentem *Gi.* ‖ 16 parcentem : *pr.* non *C pA r² m Mi.* ‖ 18 ac
> *V* ‖ reprobari *V* ‖ a > *pA m Mi.* ‖ 19 agit : ait *C*
2, 2 dicens + bonitatem fecisti cum seruo tuo domine secundum
uerbum tuum *pA m Mi.* ‖ 4 parui : credidi *pA Ba. Er. Mi.* ‖ 7 ei : et
r   eius *m* ‖ prona : plena *pA S m Ba. Er. Gi. Mi.* ‖ 8 bonitatis :
uoluntatis (+ est *r*) *VL R r*
3, 1 secundum *VL R* ‖ 2 et¹ > *C pA S m Gi. Mi.* ‖ 4 est > *pA
Mi.* ‖ 5 fuerit *R¹ Zi.* ‖ ex : *pr.* et *VL r* ‖ fidei : dei *VL r*

2. a. cf. *v. 65*

ce qui lui est arrivé d'heureux et qu'il a rendu grâce à
Dieu pour les faveurs qu'il a eues. Mais il sait que même
dans l'adversité il faut rendre grâce à Dieu ; il sait que
dans toute souffrance et tribulation il faut honorer par
des actions de grâce celui par le jugement de qui ces
épreuves arrivent. Il sait qu'il y a négligence pour un
médecin à ne pas toucher aux parties putréfiées des
blessures[3]. Il se souvient que la sévérité des pères envers
leurs fils est inspirée par l'affection. Il souhaite que Dieu le
mette à la question par les tentations et qu'il l'éprouve par
la patience[4] ; et c'est au milieu de ce que l'on estime être
l'adversité qu'il rend grâce.

2. L'interprétation que nous donnons et qui nous fait
admettre que le prophète a fait cette prière est montrée
dans le verset suivant par ces mots : Enseigne-moi la   66
bonté, la discipline, la science, parce que j'ai obéi à
tes commandements. Donc tout ce que «fait» Dieu pour
«son serviteur» est «bon»; en effet, il le «fait selon sa
parole». Et tout ce qui vient «selon sa parole» ne peut être
considéré comme un mal, parce qu'en celui qui seul est
«bon», la volonté est disposée à la «bonté[a]»[5].

3. Donc, comme nous l'avons dit, le second verset
présente les sentiments du prophète qui prie en ces
termes : *Enseigne-moi la bonté, la discipline et la science.*
Plus haut, il a confessé que la *bonté* avait été «manifestée»
envers lui. Comment demande-t-il, comme s'il l'ignorait,
qu'elle lui soit *enseignée*? Simplement parce qu'alors il
s'agissait d'une action de grâce dictée par sa confession de

---

3. Même comparaison chez Tert., *Marc.*, 1, 22, 9 ; 2, 16, 1 ; *Paen.*,
10, 9.

4. Lieu commun stoïcien de la *probatio* du sage. Cf. Sen., *Prou.*,
4, 7.

5. La «bonté parfaite» de Dieu est «volontaire», dit Tert., *Marc.*,
1, 23, 3.

gratulatio, cum, quidquid illud fieret in se, id esse *bonum*
credidit ; nunc uero est per naturam humanam ignorantiae
causa, cum ut *doceatur* orat. Sed eam *bonitatem* uult
discere, cui *disciplina* sit iuncta. *Disciplinam* enim necesse
10 est esse seueritatis officium peccata arguentis et uitia
corrigentis. Correctio uero uitiorum magnum adfert in
bonitate profectum. *Bona* ergo est seueritatis *disciplina*,
sed adhuc eam propheta ignorat. Non enim tantum
bonitatem et disciplinam, sed etiam *scientiam* uult *doceri* ;
15 adfectum in eo fidei suae ostendens, cum *bonitatem et
disciplinam*, quam nondum *sciat*, tamen *bonam* sibi a Deo
esse fateatur. De *scientia* autem locis plurimis admonuimus hanc et apostolum, hanc et prophetam inter
praecipua gratiarum *spiritalium* dona numerasse[a]. Ergo
20 ut *bonitatem et disciplinam*, ita *et scientiam doceri* orat, et
doceri ob id, quia *mandatis Dei* credat ; ostendens non
nisi fideles atque credentes *scientiae* consequi posse *doctrinam*.

4. Manet autem etiam in tertio uersu eiusdem intelle-
67 gentiae sensus. Ait enim : Privsqvam hvmiliarer, ego
deliqvi ; propterea eloqvivm tvvm ego cvstodivi. Non
prius tribulatio passionum ingruit, *quam delicta* praece-
5 dant ; neque per passiones ante *humiliamur*, quam per
peccatorum iniquitatem digni passionibus simus. Docet

VL   RC pA   r S   m

3, 6 id esse : adesse *A* ‖ 8 cum > *R* ‖ ut doceatur : doceri *m* ‖
9 disciplinam : -na *C pA S m Mi.* ‖ ‖ necessarium *pA S m Mi.* ‖ 10 esse
> *C pA S m Mi.* ‖ 12 bonitatem *R* ‖ profectum : perfectum *V¹*
effectum *r* ‖ 13 eam : cum *V* ‖ 14 scientiam : -tia *L*   > *R* ‖ 16 scit
pA   sit *C*   sic *m* ‖ 18 et¹ > *V¹L r* ‖ et² > *C r* ‖ 20 ita > *C*
4, 2 ergo *V* ‖ 3 ego > *R¹ pA Mi.* ‖ 4 praecedant > *S* ‖ 5 passionem
pA m Mi. ‖ 5-6 per — iniquitatem : iniquitate *m*

foi, quand il a cru que tout ce qui était fait envers lui était *bon*. Mais maintenant, c'est à cause de la nature humaine, en raison de son ignorance, qu'il demande à être *enseigné*. Mais il veut apprendre une *bonté* à laquelle soit associée la *discipline*. Nécessairement en effet, la *discipline* a pour office d'être sévère, de châtier les péchés et de corriger les vices. La correction des vices favorise un grand progrès dans la *bonté*. Donc, *bonne* est une *discipline* de sévérité[6], mais le prophète l'ignore encore. En effet il ne veut pas qu'on lui *enseigne* seulement *la bonté et la discipline*, mais aussi la *science*, montrant sa disposition de foi, quand il reconnaît que *la bonté et la discipline*, qu'il ne *connaît* pas encore, sont cependant pour lui un *bien*, venu de Dieu. Concernant la *science*, nous avons rappelé en de très nombreuses occasions que l'Apôtre et le prophète l'avaient comptée au nombre des principaux dons des grâces «spirituelles[a]». Donc, de même qu'il demande qu'on lui *enseigne la bonté et la discipline*, de même, il demande qu'on lui *enseigne la science*, et il le demande parce qu'il croit aux *commandements de Dieu*, montrant que seuls les fidèles et les croyants peuvent obtenir l'*enseignement* de la *science*.

4. Dans le troisième verset aussi se trouve une idée que l'on comprend de la même façon. Il dit en effet : Avant d'être humilié, j'ai péché ; à cause de cela, j'ai gardé ta parole. Le tourment des souffrances ne s'abat que s'il y a eu *auparavant faute*, et nous ne sommes *humiliés* par les souffrances que si nous sommes dignes de ces souffrances

67

---

3. a. cf. Is. 11,2 ; I Cor. 12,8

---

6. *Disciplina* et *seueritas* sont aussi rapprochés par Cypr., *Ep.* 30,2,2 ; 76,1,3. Éloge de la *disciplina* en *Hab. uirg.*, 1.

itaque propheta *humiliationem* suam emendationem esse
delicti ; atque ob id bonum scit esse sibi quidquid a Deo
est, quia pati meruit quod pati coepit. Et scit disciplinam
10 emendationem esse uitiorum. Prius ergo *deliquit*, secundo
autem *humiliatus* est, et per *humilitatis* disciplinam
oportet eum, ne *delinquat*, doceri et in *eloquiis Dei*
manere, quia iam sit *delinquens humiliatus* et in mandatis
Dei, ne ultra possit peccare, mansurus sit.

68   **5.** Bonvs es, Domine ; et in bonitate tva doce me
ivstificationes tvas. Scit *iustificationes Dei* propheta
bonas esse, quia *bonus* sit qui eas statuit. Scit sibi nihil
nisi ex *iustificatione Dei* accidere, quia professus sit prius
5 se *deliquisse*, dehinc postea esse *humiliatum*[a]. Et quia
superius orasset ut *bonitatem et disciplinam et scientiam
doceretur*[b], nunc orat ut *iustificationes Dei in bonitate
doceatur* ; quia *iustificatio* opus sit rei iustae, quae sibi
ignorabilis sit, quia *iustificationes*, quae in *lege* sunt
10 constitutae, *umbram* in se *iustificationum caelestium* conti-
nerent[c].

69   **6.** Deinde adiecit : Mvltiplicata est svper me iniqvi-
tas svperborvm ; ego avtem in toto corde scrvtabor
mandata tva. Patienter omnia et aequanimiter propheta
tolerans in opprobrium *superborum* atque iniquorum
5 deductus est. Si quis enim obiurgationes trium regum in

VL RC pA r S m

4, 7 propheta > *r* ‖ 10 secundum *R¹ C* ‖ 11 autem > *S* ‖ et > *R* ‖
12 doceri > *VL r¹* ‖ et > *r*
5, 3 qui : quia *L* ‖ 4 quia : qui *C pA m* ‖ 7 docetur *R* ‖ deus *V* ‖ 8
quia : *pr.* ut *pA r²*   *pr.* uel *m* ‖ iustificatio (-nes *V¹*) + quae in *V¹*
r ‖ 9 quia : *pr.* ut *p²*   *pr.* uel *A* ‖ 10 umbrae *V*
6, 1 multiplicata : declinata *r* ‖ iniquitatis *V* ‖ 2 corde + meo *R r*
Gi. Mi. ‖ scrutabo *V Zi.*   -bar *pA*

en raison de l'injustice de nos péchés. Aussi le prophète montre-t-il que son *humiliation* est l'amendement de sa *faute*, et il sait que tout ce qui vient de Dieu est bon pour lui, parce qu'il a mérité de souffrir ce qu'il a souffert. Il sait aussi que la discipline est l'amendement des vices. Donc il a d'abord *péché*, en second lieu il a été *humilié* ; la discipline que constitue son *abaissement* lui permet d'apprendre à ne pas *pécher* et de rester dans les *paroles de Dieu* ; cela veut dire qu'il a été *humilié*, parce qu'il était déjà *pécheur* et qu'il demeurera dans les commandements de Dieu pour ne plus pouvoir, à l'avenir, pécher.

5. Tu es bon, Seigneur ; et dans ta bonté, enseigne-moi tes règles de justice. Le prophète sait que les *règles de justice de Dieu* sont *bonnes*, parce qu'est *bon* celui qui les a établies. Il sait que rien ne lui arrive sinon d'après une *règle de justice de Dieu*, parce qu'il a déclaré qu'il avait d'abord «péché», et avait été ensuite «humilié[a]». Et comme il avait demandé plus haut que lui fussent «enseignées la bonté, la discipline et la science[b]», il demande maintenant que lui soient *enseignées les règles de justice de Dieu, dans sa bonté*. En effet, la *règle de justice* est la mise en œuvre d'une conduite juste ; il ne peut la connaître, car les *règles de justice*, qui ont été établies dans la «Loi», portent en elles l'«ombre» des *règles de justice* «célestes[c]». 68

6. Ensuite il a ajouté : L'injustice des orgueilleux s'est multipliée contre moi ; mais moi, de tout cœur, je scruterai tes commandements. Supportant tout avec patience et égalité d'âme, le prophète a été exposé à l'outrage des *orgueilleux* et des hommes injustes. Si l'on se rappelle en effet les admonestations faites par les trois rois 69

---

5. a. cf. *v. 67* ‖ b. cf. *v. 66* ‖ c. cf. Hébr. 8,5 ; 10,1

Iob recolat[a], intelleget quanto inludentium exacerbetur opprobrio. Namque cum inreligiosi quique per passiones aliquas emendari Dei seruos contuentur, exprobrare haec ita solent : « Vbi fides ? ubi spes in Deum ? ubi auxiliantis
10 uirtus ? ubi boni Dei misericordia est ? » Contra quae firmo animo fidelique opus est et in *mandatis Dei* intento atque occupato, ne *multiplicatis* tot in se *superborum iniquitatibus* cedat, sed semper dicat : *Bonitatem fecisti cum seruo tuo, Domine*[b]; ut ait ille passionum humanarum gloriosus et beatus uictor : *Dominus dedit, Dominus abstulit, sit nomen Domini benedictum*[c].

70
    7. Dehinc sequitur : COAGVLAVIT SICVT LAC COR EORVM ; ̣GO VERO LEGEM TVAM MEDITATVS SVM. *Cor* superborum ̣t *sicut lac coagulatum. Lac* specie et sapore blandissimum ̣t ; quod uitio aliquo corruptum *coagulari* solet et ex
5 ̣ ̣turae suae suauitate decedens inutili sapore amaroque c ̣rumpitur. Ergo antea iniqui, cum in secundis rebus e ̣ ̣ prophetam contuerentur, felicium rerum amici, si ̣plicitatis specie blandientes tamquam *lac* fuerunt. At u ̣ ̣eos ex humilitate sancti uiri superbia et fastidium
10 ter ̣it, ex *lacte coagulati sunt* et ex blandis ac suauibus adu ̣tionibus in uitiosi et coacescentis saporis amaritu-

VL ̣ ̣ *pA r S m*

    6, 6 ̣ntellegat *V¹* ̣ -git *R* ‖ 7 opprobrium *pA* ‖ 8 exprobari *A r* ‖ 1 ̣est > *C* ‖ 12 tot in se : totiens *VL r*
    7, 1 ̣inde *C pA S m edd.* ‖ coagulatum est *pA r S m Ba. Er. Gi. M.* ‖ eor ̣n : meum *V* ‖ 3 ait sicut : ac si *pA m* ‖ speciem *V* ‖ 5 decidens ̣*Gi.* ̣discedens *S* ‖ 6 ante *C pA r m* ‖ 9 ex : ab *R Gi. Zi.* ‖ humilitat ̣ : *pr.* hac *C pA r² m Mi.* ‖ 10 ex¹ : et *L* ̣et ex *C pA m Mi.*

    6. a. cf. ̣ob 4-31 ‖ b. *v. 65* ‖ c. Job 1, 21

à Job[a], on comprendra de quel outrage l'exaspèrent ceux
qui se moquent de lui. En effet, lorsqu'ils voient les
serviteurs de Dieu éprouvés par diverses formes de
souffrances, les impies font généralement ces reproches :
«Où est votre foi? Où est votre espérance en Dieu? Où est
la puissance de celui qui porte secours? Où est la
miséricorde d'un Dieu bon[7]?» Il est nécessaire, pour faire
face, d'avoir une âme courageuse, fidèle, fixée sur les
commandements de Dieu et occupée par eux, pour ne pas
succomber à tant d'*injustices* que *multiplient* à notre
encontre les *orgueilleux*, mais dire toujours : «Tu as
manifesté ta bonté envers ton serviteur, Seigneur[b]»;
comme le dit ce glorieux et heureux vainqueur des
souffrances humaines[8] : «Le Seigneur a donné, le Seigneur
a repris, béni soit le nom du Seigneur[c].»

7. Ensuite vient : LEUR CŒUR S'EST CAILLÉ COMME DU   70
LAIT ; MAIS MOI, JE ME SUIS APPLIQUÉ À TA LOI. Il dit que le
cœur des orgueilleux est *comme du lait caillé*. Le *lait* est un
mets très appétissant par son aspect, comme par son goût :
s'il est souillé par quelque infection, il se *caille* ordinairement et, perdant sa douceur naturelle, il se gâte, et prend
une saveur mauvaise et amère. Donc, dans un premier
temps, en voyant le prophète dans la prospérité, les
méchants, amis de la chance, sous un air innocent, furent
flatteurs comme le *lait*. Mais lorsque, par suite de
l'abaissement du saint, l'orgueil et la morgue se furent
emparés d'eux, n'étant plus *lait*, ils se sont *caillés* et,
perdant leurs flatteries alléchantes et douces, ils se sont
transformés, prenant l'amertume d'un goût corrompu et

7. Même question railleuse de Cecilius devant Octauius (MIN. FEL.,
12, 4).
8. Sur Job, modèle de *patientia*, cf. CYPR., *Patient.*, 18.

dinem sunt redacti. His uero *sicut lac coagulatis legem*
tamen *Dei* propheta *meditatus est*; *meditatus* autem in id,
ut diceret quod sequenti uersu continetur.

71   **8.** Bonvm mihi, qvod hvmiliasti me. *Iniquitas* licet
*superborum multiplicetur*ᵃ et *cor eorum ut lac coaguletur*ᵇ,
scit *humiliationem* tamen suam *sibi* propheta *bonam* esse,
nouit secundum apostolum *uirtutem in infirmitatibus*
5 *perfici*ᶜ. *Bona* omnis passio, *bonae* omnes tribulationes,
per quas ivstificationes Dei cognoscuntur; ut peccantes
humilitate emendet, ut delinquentes seueritate coerceat,
ut ignorantes doctrina doceat. Idcirco enim *bonum sibi,*
quod humiliatus est, ait, quia per *humiliationem iustifica-*
10 *tiones Dei disceret. Deliquit* enim, *priusquam humilia-*
*retur*ᵈ, et *humilitas ei bonum* est, quia per eam *iustificatio*
Dei discitur.

72   **9.** Conclusit autem hoc modo : Bonvm mihi lex oris
tvi svper milies avri et argenti. Non est simplex
conclusionis istius sermo. Suffecerat enim ad prophetae
gratulationem dixisse : *Bonum mihi* est *lex* tua. Sed cum
5 ait : *Lex oris tui,* plus uoluit intellegi. Locutus est Deus
per Moysen *legem,* locutus est per prophetas; sed haec
lex Dei est, non etiam *lex oris Dei. Os* autem *Dei* est

VL RC pA r S m

8, 1 quia *r* ‖ me + ut discerem iustificationes tuas *r* ‖ 2 cor > *V*
r¹ ‖ ut : sicut *C pA m Mi.* ‖ 4 nouit + enim *r* ‖ uirtutem + enim *VL* ‖
7 ut : et *A* ‖ 9 ait quia : atque *C*   quia *pA* ‖ 9 iustificationis *VL* ‖ 10
delinqui *VL*   -quid *C* ‖ 11 et > *V¹ r*
9, 1 autem : enim *V r m* ‖ 2 milia *R pA r S m Ba. Er. Gi. Mi.* ‖
3 confusionis *VL*   confessionis *r* ‖ 5 ait + bonum mihi *r* ‖ dominus
C ‖ 6 legem > *VL r¹*

8. a. cf. *v. 69* ‖ b. cf. *v. 70* ‖ c. cf. II Cor. 12, 9 ‖ d. cf. *v. 67*

aigre[9]. Tandis qu'ils se sont *caillés comme du lait*, le prophète, lui, ne s'en est pas moins *appliqué à la loi de Dieu*. Mais il s'y est *appliqué* pour dire ce qui est contenu dans le verset suivant.

8. Il est bon pour moi que tu m'aies humilié. Bien que l'«injustice des orgueilleux se multiplie[a]» et que «leur cœur soit caillé comme du lait[b]», le prophète sait cependant que son *humiliation* est *bonne pour lui*, il sait, suivant l'Apôtre, que la «puissance s'accomplit dans les faiblesses[c]». *Bonne* est toute souffrance, *bonnes* sont toutes les tribulations, par lesquelles sont connues les règles de justice de Dieu; elles ont pour but de corriger les pécheurs par l'*abaissement*, de contraindre les fautifs par la sévérité, d'apporter un enseignement aux ignorants. Il est *bon pour lui d'être humilié*, dit-il, parce que, par l'*humiliation*, il *apprend les règles de justice de Dieu*. En effet il a «péché avant d'être *humilié*[d]», et l'*abaissement est bon pour lui*, parce que, par lui, il *apprend la règle de justice de Dieu*[10].

71

9. Et il a conclu de cette manière : Bonne est pour moi la loi de ta bouche, plus que des milliers de pièces d'or et d'argent. Les mots de cette conclusion ne sont pas simples. Il aurait en effet suffi au prophète de dire en action de grâces : *Bonne est pour moi* ta *loi*. Mais en disant : *La loi de la bouche*, il a voulu que l'on comprenne davantage. Dieu a proclamé sa *Loi* par Moïse, il l'a proclamée par les prophètes; mais cette Loi est la *Loi* de Dieu, non la *loi de la bouche de Dieu*. Et la *bouche de Dieu*

72

9. Même commentaire d'Origène sur les «arrogants» (*Ch. p.*, p. 296, v. 69-70, l. 11-15). Hilaire cite et commente en termes semblables le v. 70 en *In psalm.* 67, 16.

10. Hilaire reconnaît à la «souffrance» et aux «tribulations» les avantages que Cypr., *Patient.*, 20, attribue à la *patientia*.

ille qui et *uirtus Dei* est, qui et *sapientia Dei* est[a], qui
et bracchium Dei est[b], qui et *imago Dei* est[c], Deus scilicet
10 et Dominus noster Iesus Christus dicens : *Beati pauperes*
spiritu, quoniam ipsorum est regnum caelorum, dicens :
Beati lugentes, quia ipsi consolabuntur, dicens : *Benedicite*
qui uos persecuntur, et orate pro calumniantibus uobis[d].
Hanc *legem oris Dei bonum sibi* esse propheta confessus
15 est ; et *bonum* non cum comparationis et definitionis et
modi numero, sed *super milies auri et argenti*. Indefinitus
hic sermo est, cum dicitur *milies*, quia indefinite *bona*
est *lex oris Dei* ; ex comparatione uero rerum maxime in
terris pretiosarum utilitatem *bonorum* eorum quae a Deo
20 sunt statuta significans.

VL RC pA r S m

9, 8 et[2] > *VL RC r* ‖ 8-9 qui et bracchium — deus > *pA* ‖ 9 et[1]
> *m* ‖ qui > *V r* ‖ 10 et > *C pA* ‖ 12 lugentes : qui lugent *m* ‖
13 calumniantibus uobis : calumniantibus (+ uos *Mi.*) ac persequentibus uos *p Ba. Er. Gi. Mi.*   persequentibus uos *S* ‖ 15 et[1-2] > *L* ‖
cum > *R Gi.* ‖ 16-17 milia ... milia *pA r S m Ba. Er. Gi. Mi.* ‖
19 eorum bonorum *r* ‖ 20 significans : significat *pA S m Ba. Er. Gi.*
Mi.   + amen in christo *C*   + in christo amen *pA m Mi.*

explicit littera nona *VL r*   finit *R*   finit teth *CS*   finit
littera nona *pA*

9. a. cf. I Cor. 1, 24 ‖ b. cf. Rom. 8, 34 ; Col. 3, 1 ‖ c. cf. II Cor. 4, 4 ;
Col. 1, 15 ‖ d. Matth. 5, 3.5.44

est celui qui est la «puissance de Dieu», la «sagesse de Dieu[a]», le bras de Dieu[b], l'«image de Dieu[c]», c'est-à-dire notre Dieu et Seigneur Jésus-Christ[11] qui dit : «Heureux les pauvres en esprit, parce que le royaume des cieux est à eux», qui dit : «Heureux ceux qui pleurent, parce qu'ils seront consolés», qui dit : «Bénissez ceux qui vous persécutent et priez pour ceux qui vous calomnient[d].» Cette *loi de la bouche de Dieu*, le prophète a confessé qu'elle était *bonne pour lui*; le *bien* qu'elle représente n'est pas précisé par un chiffre qui donne une comparaison, une limitation précise et une mesure, mais il surpasse *des milliers de pièces d'or et d'argent*. C'est un mode d'expression indéfini de dire : *Des milliers*, parce que la *loi de la bouche de Dieu est bonne* d'une façon qu'on ne peut définir, et la comparaison avec les choses les plus précieuses de la terre indique le profit procuré par les *biens* qui ont été fixés par Dieu.

---

11. Même interprétation de l'expression «bouche» de Dieu par Origène (*Ch. p.*, p. 300, v. 72).

IOD

MANVS TVAE FECERVNT ME ET PARAVERVNT ME, ET RELIQVA.

1. Commune iudicium est inter omnia terrena Dei opera nihil homine utilius, nihil esse speciosius; quia, etsi sint aliqua pulchra et ornata, magnitudinem quidem eius qui ea tam decora genuerit testantur, uerum speciei
5 et ornatus et institutionis suae fructum ipsa non sentiunt. Loquimur enim de his quae humano subiecta conspectui sunt, scilicet de creatis in terra et mari et aere, et quae singulis quibusque generibus naturisque permixta sunt. Pulchra haec; sed quod tandem in oceano aut terra aut
10 caelo aut aethere bonum, quae in his creata sunt, eo quod talia creata sunt, consequentur? In homine autem quidquid est, sibi proficit. Et hoc unum in terris animal rationale, intellegens, diiudicans, sentiens constitutum est; horumque omnium generum quae in eo sunt, nihil

---

VL RC pA r S m

iod. > m   pr. incipit littera decima feliciter V   pr. incipit X
L r   pr. incipit C pA   pr. littera X Mi.   + littera decima C
pA   + tractatus S
    manus tuae — et reliqua : manus tuae fecerunt me etc usque ibi ut
non confundar Ba. Er.   omnes uersus litterae decimae R Gi.
Mi.   > S ∥ parauerunt : praepara- pA m   plasmauerunt R r
Mi. ∥ et reliqua : da mihi intellectum ut discam mandata tua C pA
m   + litterae octo uersuum L
    1, 4 qui ea : quia V   > r¹ ∥ genuerint VL r¹ ∥ 8 generalibus C ∥

IOD

TES MAINS M'ONT FAIT ET M'ONT PRÉPARÉ, ET LA SUITE.

1. C'est une opinion courante que, parmi toutes les œuvres terrestres de Dieu, aucune n'est plus utile que l'homme, aucune n'a plus d'éclat[1]; en effet, même s'il en existe de belles et magnifiques qui attestent la grandeur de celui qui a créé de telles beautés, elles ne ressentent cependant pas elles-mêmes le bénéfice de leur éclat, de leur parure et de leur arrangement. Nous parlons de celles qui s'offrent au regard humain, à savoir les créatures qui sont sur terre, dans la mer, dans les airs et qui s'unissent les unes aux autres d'après leur espèce et leur nature. Ce sont là de belles œuvres ; mais enfin quel bien dans l'océan, sur la terre, dans le ciel ou l'air, les créatures qui les habitent trouveront-elles à avoir été ainsi créées ? L'homme, lui, tire profit de tout ce qui le constitue. Il est le seul être sur terre qui ait été constitué avec une raison, une intelligence, un jugement, des sentiments[2]; dans toutes ces propriétés

---

9 haec $>$ C pA r² m ‖ 10 aere R S edd. ‖ in $>$ VL r ‖ 10-11 eo quod — sunt $>$ VL ‖ 11 sint pA r Mi ‖ 12 est $>$ m ‖ 13 intellegendi iudicans V R ‖ sentiens : pr. et R

---

1. Utilité et beauté du corps humain : Lact., *Inst.*, 2, 10, 10 ; *Opif.*, 2, 9 ; Min. Fel., 18, 1 ; Sen., *Ep.* 113, 15 ; Cic., *Nat. deor.*, 1, 18, 47.
2. Rapprocher cette série d'adjectifs qualifiant l'homme de Cic., *Leg.*, 1, 22.

15 ad aliud aliquid proficit quam ut ipse et ceteris aliis et
his in quibus est natus utatur; utatur autem ad cognos-
cendum uenerandumque eum qui tantorum in se bonorum
auctor et parens sit.

2. Ex quo magnum illud atque mirabile Salomonis
dictum esse intellegetur, quod tale est : *Grande homo
et pretiosum uir misericors*; *uirum uero fidelem opus est
inuenire*[a]. Quid enim tam difficile est, quidue tam ardui
5 *operis* est quam *inuenire* eum qui meminerit se secundum
imaginem et similitudinem Dei esse *factum*[b], qui diuinorum
eloquiorum studio intentus rationem animae suae corpo-
risque cognouerit et originem utriusque generis naturam-
que perceperit, ad quem denique finem haec institutio
10 sua ortusque contendat? Atque ob id magnum quiddam
est *homo*. Hoc enim nomen, ubi rerum superius comme-
moratarum cognitione neglecta in uitia deciderit, amittit,
indignus scilicet iam iudicatus *homo* nuncupari et qui
secundum *imaginem et similitudinem Dei factus* sit; sed
15 secundum exprobrationes propheticas et euangelicas aut
serpens[c] aut *progenies uiperarum*[d] aut *equus* aut *mulus*[e]
aut *uulpis*[f] ei nomen est, et proprietas ei nominis sui,
ubi de innocentia exciderit, aufertur.

VL RC pA r S m

1, 15 ad > *V R r¹ S¹ Ba. Er. Gi.* ‖ aliquid : in eo *S*
2, 1 ex : et *V* ‖ 2 intellegitur *C pA r S m Ba. Er. Gi. Mi.* ‖ 4 inueniri
VL C r ‖ ardui : tardi *VL* ‖ 9 percepit *A* ‖ 11 nomen > *V¹*   non est
r ‖ 12 admittit *VL* ‖ 13 iam : etiam *V r m* ‖ et qui : ei qui non *R*   et
qui non *Zi.* ‖ 14 et similitudinem > *C pA m* ‖ sed > *V¹C pA S m Ba.
Er. Mi.* ‖ 17 uulpes *C Ba. Er. Gi. Mi.* ‖ 18 ubi de : ut ab *R Gi. Zi.* ‖
innocentia + sua *R Zi.* ‖ auferetur *V*

---

2. a. Prov. 20,6 ‖ b. cf. Gen. 1,26 ‖ c. cf. Ps. 57,5 ; 139,4 ‖ d. cf.
Matth. 3,7 ; 12,34 ‖ e. cf. Ps. 31,9 ‖ f. cf. Lc 13,32

qui sont en lui, s'il trouve un profit, c'est celui d'utiliser lui-même surtout celles qui sont dans sa nature, et de les utiliser pour connaître et vénérer[3] celui qui est l'auteur et le père de si grands bienfaits pour lui.

2. Dès lors, on comprendra la grandeur admirable de la parole de Salomon, que voici : « Un homme est une grande chose et un homme plein de miséricorde a du prix ; mais c'est un travail de trouver un homme de foi[a]. » En effet, qu'y a-t-il d'aussi difficile, est-il « travail » aussi ardu que de « trouver » un homme qui se souvienne qu'il a été « fait » suivant l'« image et la ressemblance de Dieu[b] », qui, appliqué à l'étude des paroles divines, connaisse l'explication de son âme et de son corps, comprenne l'origine et la nature de l'un et de l'autre, sache enfin à quel but tendent sa création et son origine ? Et c'est pourquoi l'« homme » est quelque chose de grand. Ce nom, en effet, lorsqu'il tombe dans les vices parce qu'il néglige la connaissance des qualités que nous avons rappelées plus haut, il le perd, c'est-à-dire que désormais il est jugé indigne de porter le nom d'« homme » et d'avoir été « fait » suivant l'« image et la ressemblance de Dieu » ; mais d'après les reproches des prophètes et de l'Évangile, son nom est « serpent[c] », « engeance de vipères[d] », « cheval, mulet[e] », « renard[f] » et son nom propre, lorsqu'il a déchu de son innocence, lui est retiré[4].

3. Même alliance de mots chez Cɪᴄ., *Nat. deor.*, 2, 61, 153 ; Lᴀᴄᴛ., *Inst.*, 7, 6, 1.

4. Sur la dégradation de l'homme jusqu'au rang de la bête, cf. Lᴀᴄᴛ., *Inst.*, 2, 2, 19-20 ; 5, 11, 2, où est cité Cɪᴄ., *Rep.*, 3, 22, 33 ; 5, 11, 1, où il attribue aussi à des écrits prophétiques l'appellation de bêtes donnée à des hommes déchus.

3. Verum qui studiosa fide doctrinam Dei et praecepta scrutatus sit et per innocentiae studium dignum praestare se uelit, qui secundum *imaginem et similitudinem Dei factus* sit, uti et ipse prophetae uoce poterit dicentis :

73   MANVS TVAE FECERVNT ME ET PRAEPARAVERVNT ME. Et in aliquibus codicibus ita scriptum deprehendimus : MANVS TVAE FECERVNT ME ET FINXERVNT ME; DA MIHI INTELLECTVM, ET DISCAM MANDATA TVA. Et sine dubio non otiosum esse existimandum est, quod non satis erat

10   prophetam dixisse : *Manus tuae fecerunt me*, nisi et adiecisset *finxerunt* uel *praeparauerunt*; sed honorem condicionis suae propheta intellegens specialem originis suae in hoc significare uoluit dignitatem, primum dicens : *Manus tuae fecerunt me.*

4. In creatione mundi omnia uerbo effecta esse accepimus, cum dicitur : *Fiat lux*, cum dicitur : *Fiat firmamentum*, cum dicitur : *Et pareat arida*, cum dicitur : *Germinet terra herbam pabuli seminantem semen secundum*

5   *suum genus*, cum dicitur : *Fiant luminaria in firmamento*, cum dicitur : *Eiciant aquae reptilia animarum uiuarum*[a]. Ergo omne, ex quo uel in quo mundi totius corpus creatum est, originem sumit ex dicto et subsistere in id quod est ex uerbo Dei coepit. Verum de homine ita Deus

VL   RC   pA   r   S   m

3, 4 propheta *VL* ‖ 5-7 praeparauerunt — fecerunt me et > *A* ‖ 5 parauerunt *C* ‖ 7 me[2] > *pA* ‖ 7-8 da — tua > *r* ‖ 8 et[1] : ut *L RC pA S m Ba. Er. Gi. Mi* ‖ 10 prophetae *r* ‖ manus tuae fecerunt me > *VL* ‖ et > *RC pA m Gi. Mi. Zi.* ‖ 11 finxerunt + me *VL r* ‖ parauerunt *C* ‖ 12-13 propheta — suae > *V r*[1]

4, 1 accipimus *C* ‖ 3 appareat *A r*[2] *m Gi.* ‖ 5 genus suum *r* ‖ firmamentum *V*[1]*L* ‖ 9 deus > *V*[1] *r*

4. a. Gen. 1, 3.6.9.11.14.20

3. Mais celui dont la foi appliquée a scruté l'enseignement de Dieu et ses préceptes et qui par son application
à mener une vie sans faute veut se rendre digne d'avoir
été «fait» suivant l'«image et la ressemblance de Dieu»,
pourra lui aussi recourir aux mots du prophète qui dit :
Tes mains m'ont fait et m'ont préparé. Dans des
manuscrits nous trouvons écrit : Tes mains m'ont fait et
m'ont façonné ; donne-moi la compréhension et j'apprendrai tes commandements[5]. Et sans doute faut-il
penser que ce n'est pas pour rien que le prophète a jugé
qu'il aurait été insuffisant de dire : *Tes mains m'ont fait*,
sans ajouter : *M'ont façonné* ou *M'ont préparé* ; mais,
comprenant l'honneur de sa condition, le prophète a voulu
montrer la dignité particulière de son origine en disant
d'abord : *Tes mains m'ont fait.*

73

4. Dans la création du monde, nous savons que tout a
été fait par la parole, car il est dit : «Que la lumière soit», il
est dit : «Que le firmament soit», il est dit : «Qu'apparaisse
la terre ferme», il est dit : «Que la terre produise de l'herbe
portant semence suivant son espèce», il est dit : «Qu'il y
ait au firmament des luminaires», il est dit : «Que les eaux
fassent sortir des reptiles à l'âme vivante[a].» Donc toute
chose à partir de laquelle ou dans laquelle le corps de
l'univers entier a été créé tire son origine d'une déclaration
et commence à prendre la forme qu'elle a à partir d'une
parole de Dieu[6]. Mais à propos de l'homme Dieu parla en

---

5. La leçon *praeparauerunt* est conservée par le seul psautier de
Saint-Germain ; la leçon *finxerunt* se lit dans le seul psautier de Vérone
(Weber, *Psautier*, p. 299) qui pourrait être un descendant de ces *aliqui
codices* lus par Hilaire peut-être lors de son séjour en Italie du Nord.
6. L'idée que toute la création, à l'exception de l'homme, procède
seulement d'un ordre et d'une parole de Dieu est développée par
Tert., *Resurr.*, 5, 7.

10 locutus est : *Faciamus hominem ad imaginem et similitu-*
dinem nostram[b]. Differt itaque natura et origo *hominis*
ab institutione uniuersae creationis ; et proprie de eo
ante et tractatur et confirmatur ut fiat, cum cetera sine
quadam consilii sententia esse sint iussa. Habet ergo
15 primam hanc origo *hominis* dignitatem, quod ei proprium
fuit de se ante tractari.

5. Verum et in hoc praesenti prophetico dicto ingens
humanae originis priuilegium continetur. Non enim *manus*
Domini pecora et aquatilia et uolatilia *fecerunt* ; nusquam
istud scripturae tradiderunt. Egregium hoc itaque et
5 praeclarum in *homine* est, quia a ceteris dignitate operationis excipitur. De confirmatione autem caeli ita quodam
in loco legimus : *Ego manu mea firmaui caelum*[a]. Ergo
exaequatur operationi *hominis* istud elementum, cum
idipsum *manu Dei firmatum* esse memoratur ? Sed quam-
10 quam *caelum manu*, *homo* tamen *manibus*. Praestat ergo
officio unius *manus* duarum operatio ; et id quod ad
confirmationem *caeli* satis est, in *hominis* condicione non
sufficit. Intellegendum autem est cur *manibus* propheta
se *factum* esse dicat, neque solum *factum*, sed etiam
15 figuratum uel *praeparatum*.

VL   RC   pA   r   S   m

4, 11 natura et : naturae *R* ‖ 13 et[1] > *V R Zi.* ‖ 15 primum *C pA*
r Mi.
5, 3 dei *V¹ r* ‖ 5 qui *R* ‖ dignitatem *L* ‖ 11 officium *V* ‖ manus
> *V* ‖ 11-12 ad confirmationem : confirmatione *C* ‖ 13-14 cur — dicat
> *VL*

4. b. Gen. 1, 26
5. a. Is. 45, 12

ces termes : «*Faisons* l'homme à notre image et à notre ressemblance[b].» Ainsi la nature et l'origine de l'«homme» se distinguent-elles de la constitution de tout le reste de la création ; la genèse de l'homme en particulier est le résultat d'un examen et d'un engagement, alors que les autres créatures ont reçu l'ordre d'exister pour ainsi dire sans délibération. L'origine de l'«homme» possède donc la dignité particulière d'avoir été l'objet d'un examen préalable[7].

5. Mais il y a aussi dans ce mot du prophète qui nous occupe ici l'indication d'un immense privilège de l'origine de l'«homme». En effet, ce ne sont pas les *mains du Seigneur* qui ont *fait* les bêtes, les animaux marins et les oiseaux ; nulle part, les Écritures ne l'ont dit. Aussi est-ce un remarquable honneur pour l'«homme», de se distinguer des autres êtres par la dignité de sa création. Or, concernant l'affermissement du ciel, nous lisons quelque part : «C'est moi qui de ma *main* ai affermi le ciel[a].» La création de l'«homme» est-elle donc comparable à celle de cet élément, puisqu'il est rappelé qu'il a été, lui aussi, «affermi par la *main* de Dieu»? Mais si le «ciel» a été affermi par la «*main*», l'«homme» cependant l'a été par les *mains*. Une réalisation faite ainsi par deux *mains* vaut plus que le travail d'une seule et ce qui est suffisant pour l'affermissement du «ciel», ne suffit pas dans le cas de la condition «humaine». Mais il faut comprendre pourquoi le prophète dit qu'il a été *fait* par les *mains*, et non seulement *fait*, mais aussi façonné ou *préparé*[8].

---

7. Tert., *Resurr.*, 6,3, montrait de même Dieu occupé à la création de l'homme *consilio, sapientia, prouidentia*.

8. Même insistance sur le privilège qu'a l'homme d'avoir été façonné par la main de Dieu chez Tert., *Resurr.*, 5,6.

6. Ceterorum omnium elementorum creatio eo ipso in tempore et instituta et effecta est, quo subsistere iubebatur[a], neque inchoationem eorum et perfectionem tempus aliquod discernit; nam consummationem inchoatio
5 in eo quod est coepta percepit. *Homo* uero, cum internam et externam in se naturam dissonantem aliam ab alia contineat[b] et ex duobus generibus in unum sit animal rationis particeps constitutum, duplici est institutus exordio. Primum enim dictum est : *Faciamus hominem ad*
10 *imaginem et similitudinem nostram*[c]; dehinc secundo : *Et accepit Deus puluerem de terra et finxit hominem*[d].

7. Primum opus non habet in se adsumptae aliunde alterius naturae originem. Incorporale est, quidquid illud tum de consilii sententia inchoatur; fit enim *ad imaginem Dei*. Non *Dei imago*, quia *imago Dei* est *primogenitus*
5 *omnis creaturae*[a]; sed *ad imaginem*, id est secundum *imaginis et similitudinis* speciem. Diuinum in eo et incorporale condendum, quod secundum *imaginem Dei et similitudinem* tum fiebat; exemplum scilicet quoddam in nobis *imaginis Dei* est *et similitudinis* institutum. Est
10 ergo in hac rationali et incorporali animae nostrae substantia primum, quod *ad imaginem Dei factum* sit.

VL   RC   pA   r   S   m

6, 1 in > *pA Mi.* ‖ 2 iubeatur *V r* ‖ 4 consummatio *A* ‖ 6 aliam : alia *R* ‖ 8 rationum *VL* ‖ constitutus *S Gi. Mi. Zi.* ‖ institutus : consti- *V r* ‖ 10 secundum *pA*
7, 3 tum : tunc *S   > Ba. Er. Gi.* ‖ 5 imaginem + dei *C pA m Mi.* ‖ 8 cum *S Ba. Er.* ‖ 10 corporali *C* ‖ 11 substantia + qui *VL*

6. a. cf. Ps. 148,5 ‖ b. cf. Rom. 7, 22-23 ‖ c. Gen. 1, 26 ‖ d. Gen. 2, 7
7. a. cf. Col. 1, 15

6. La création de tous les autres éléments a été commencée et réalisée dans le temps même où ils recevaient l'ordre d'exister[a] et aucun moment ne sépare leur commencement de leur achèvement ; c'est-à-dire que le commencement a trouvé dans le temps même où il avait lieu sa pleine réalisation. Mais l'«homme», puisqu'il porte en lui une nature intérieure et une nature extérieure en désaccord l'une avec l'autre[b], et qu'il est constitué de deux éléments réunis en un seul qui en font un être vivant participant à la raison[9], a eu un commencement en deux temps. En effet, il fut d'abord dit : «*Faisons* l'homme à notre image et à notre ressemblance[c]» ; ensuite, dans un second temps : «Et Dieu recueillit de la poussière de la terre et *façonna* l'homme[d].»

7. Le premier ouvrage ne tire pas son origine d'une autre nature dont il procéderait. Cette réalisation, dont le commencement est le résultat d'une décision délibérée, est incorporelle ; car elle est faite «à l'image de Dieu»[10]. Elle n'est pas l'«image de Dieu», parce que l'«image de Dieu» est le «premier-né de toute la création[a]», mais «à l'image», c'est-à-dire qu'elle a les caractères de l'«image et de la ressemblance»[11]. Un élément divin et incorporel devait être fondé dans ce qui alors était fait suivant l'«image de Dieu et sa ressemblance» ; c'est-à-dire qu'une sorte de reproduction de l'«image de Dieu et de sa ressemblance» a été établie en nous. Par conséquent, la première caractéristique de cette substance raisonnable et incorporelle de notre âme est qu'elle a été «*faite* à l'image de Dieu». Mais

---

9. Définition de l'homme rappelant celles de Cic., *Leg.*, 1, 22 ; *Ac.*, 2, 21 ; Lact., *Inst.*, 2, 1, 15.

10. Les caractères de ce «premier ouvrage» sont ceux de «l'homme intérieur» défini par Orig., *Hom. Gen.*, 1, 13.

11. Sur la distinction entre *ad imaginem* et *imago*, cf. Orig., *Hom. Lc*, 8 ; *Hom. Gen.*, 1, 13.

Secundi uero operis efficientia quanto differt ab institutione prima! *Deus terrae puluerem accepit.* Nam sumitur
puluis, et *terrena* materies formatur in *hominem* uel
15 *praeparatur* et ex alio in aliud opere ac studio artificis
expolitur. Primum ergo non *accepit*, sed *fecit*; secundo
non primum *fecit*, sed *accepit* et tum formauit uel
praeparauit.

8. Vtrumque autem intellegi recte potest, quia utrumque scriptum deprehendimus : ut formauerit in id quod
est, corporis scilicet speciem, uel *praeparauerit* in id
quod dicitur : *Et inspirauit in eum spiritum uitae, et*
5 *factus est homo in animam uiuentem*[a]. *Inspirationi* ergo
huic *praeparatus* siue formatus est, per quam natura
animae et corporis in *uitae* perfectionem quodam *inspirati*
spiritus foedere contineretur. Scit in se duplicem beatus
Paulus esse naturam, cum *secundum interiorem hominem*
10 delectatur *in lege* et cum *aliam in membris suis uidet*

VL RC pA r S m

7, 13 accipit *p m Mi.* ‖ 15 et > *r* ‖ alio : aliut *L*   alia *C* ‖
16 secundum *pA S m edd.* ‖ 17 primum : ut primum *C pA m Mi.*
Zi.   ut prius *S Ba. Er. Gi.* ‖ sed accepit et tum formauit : accepit
sed confirmauit *Ba. Er.* ‖ tunc *pA Mi.*   > *S Ba. Er. Gi.* ‖
conformauit *S*
8, 2 deprehenditur *V r* ‖ 4 eo *r* ‖ 5 inspiratione *R*   -nis *C* ‖ 6
naturam *V* ‖ 7 in > *C pA r*² *m* ‖ 8 contineret *pA r*² *m* ‖ 9 paulus :
apostolus *V r*   apostolus paulus *R Gi. Zi.*

---

8. a. Gen. 2, 7

---

12. Sur le façonnage du corps, cf. *In psalm.* 129, 5.
13. En distinguant l'acte de création de l'âme et celui du
façonnage du corps, Hilaire s'inspire sans doute du commentaire
perdu d'Origène sur le v. 73a, dont un auteur cité par la *Ch. p.* permet

quelle différence entre l'exécution du second ouvrage et la première réalisation ! « Dieu a recueilli de la poussière de la terre ». De la « poussière » est prise, et une matière « terrestre » prend la forme de l'« homme », ou est *préparée* pour l'être, et, passant d'un état à un autre, est transformée par le travail et le soin d'une main artiste[12]. Par conséquent, dans un premier temps, il n'a pas « recueilli », mais il a *fait* ; dans un second temps, il n'a pas d'abord *fait*, mais il a « recueilli » et alors a donné forme ou *préparé*[13].

8. Les deux idées peuvent être à juste titre admises, parce que nous trouvons les deux manières de consigner l'événement, soit comme une formation en vue de faire apparaître ce qui est, c'est-à-dire l'aspect physique, soit comme une *préparation* en vue du résultat ainsi présenté : « Et il insuffla en lui un souffle de vie, et l'homme devint âme vivante[a]. » L'homme a donc été *préparé* ou, si l'on veut, formé pour cette « insufflation »[14], qui devait, par l'alliance que scellait en quelque sorte entre eux le « souffle insufflé », rendre solidaires la nature de son « âme » et celle de son corps et le faire parvenir à l'état définitif de la « vie »[15]. Le bienheureux Paul sait qu'en lui il y a une double nature, puisque « suivant l'homme intérieur » il se plaît « dans la loi » et qu'il « voit dans ses membres une

cependant de reconstituer l'idée principale : « Origène et certains autres auteurs prétendent que 'ont créé' a été dit de l'âme et 'ont façonné' du corps » (*Ch. p.*, p. 304, v. 73, l. 10-12). Sur les questions soulevées par ce v. 73a, voir les explications de M. HARL, *Ch. p.*, Notes, p. 645-652).

14. Sur l'insufflation qui fait de l'homme un être vivant, cf. *In psalm.* 129, 5.

15. L'image du pacte nuptial (sens de *foedus*) est plus développée en *In Matth.*, 10, 23-24 (*SC* 254, p. 244-246). Elle est reprise de TERT., *Anim.*, 41, 4 ; *Resurr.*, 63, 3.

legem, quae se *captiuum* ducat *in legem peccati*[b]. Quod
ergo fit secundum *imaginem Dei*, ad *animi* pertinet
dignitatem. Quod autem formatur ex *terra*, speciei corporis
naturaeque primordium est. Et quia uel locutus ad
15 alterum Deus intellegitur, cum dicit : *Faciamus hominem*,
uel triplex cognoscitur *hominis facti* formatique perfectio,
cum et fit *ad imaginem Dei* et formatur e *terra* et
inspiratione spiritus in uiuentem animam commouetur,
idcirco *manibus* se *factum* et formatum, non *manu*
20 tantum propheta testatur, quia in constitutione sua et
non solitarii tantum et eadem triplex fuisse docetur
operatio.

9. Et quia istud sciat propheta ualde esse occultum
et reconditum, quatenus scilicet *manibus Dei* formatus
sit, tamen, ut plenam atque absolutam intellegentiae
huius rationem consequamur, ait : *Da mihi intellectum*,
5 *et discam mandata tua.* Tamquam ignorans haec loquitur
et tamquam nondum *intellegentiam* adeptus *dari* sibi
intellegentiam deprecatur. Et audent non dico ecclesiae
homines, sed gentium sophistae quaedam de naturae

VL   RC   pA   r   S   m

8, 11 legem[2] : lege *R Mi. Zi.* ‖ 11-13 quod — dignitatem > *A* ‖
12 dei imaginem *C* ‖ animae *r* ‖ 13 terrae *C* ‖ specie *C* ‖ corporis : et
corporis *C*   corporeae *V r* ‖ 14 -que : quae *V R¹*   qua *C* ‖
15 dicitur *S Ba. Er.* ‖ 16 firmatique *L*   praeformatique *C pA m
Mi.* ‖ 17 fiat *R S Er. Gi.* ‖ 18 inspirationes in spiritus *V*   inspiratione inspiratus *r* ‖ uiuente anima *VL* ‖ 19 idcirco : *pr.* et *R* ‖ non :
et non *V r*   non in *C* ‖ 20 et > *C pA m Gi. Mi.* ‖ 21 solitaria *C Gi.*
9, 2 et : atque *Ba. Er. Gi. Mi.* ‖ scilicet : illic *r* ‖ 3 sit : sed *VL* ‖
plenam + aquam *R* ‖ absolute *C* ‖ 4 consequatur *edd.* ‖ 5 et : ut *RC
pA r S m Ba. Er. Gi. Mi.* ‖ tamquam : *pr.* et *R Zi.* ‖ 6-7 adeptus —
intellegentiam > *V¹L R¹* ‖ 6 sibi > *S* ‖ 8 de > *V r*

8. b. cf. Rom. 7, 22-23

autre loi» qui le conduit «captif sous la loi du péché[b]»[16].
Donc ce qui est fait suivant l'«image de Dieu» concerne la
dignité de l'«âme». Ce qui est formé à partir de la «terre»
marque l'origine de son aspect physique et de sa nature. Et
comme il apparaît que Dieu s'est adressé à une seconde
personne[17] en disant : «*Faisons* l'homme», ou comme on
reconnaît un achèvement en trois temps dans la «*création*»
et la formation de l'«homme», fait «à l'image de Dieu»,
formé à partir de la «terre», «animé» en vue de «vivre» par
l'«insufflation du souffle», pour ces raisons, le prophète
atteste qu'il a été *fait* et formé par les *mains*, et pas
seulement par la *main*, puisque dans sa création il
reconnaît l'action de quelqu'un qui ne fut pas seul et qu'en
même temps il apparaît que ce fut une action en trois
étapes[18].

9. Et le prophète, qui sait que c'est une question fort
obscure et difficile à résoudre de savoir comment il a été
formé par les *mains de Dieu*, dit cependant, afin que nous
obtenions l'explication pleine et entière de cette idée :
Donne-moi la compréhension, et j'apprendrai les commande-
ments. Il parle comme s'il les ignorait, et, comme s'il
n'avait pas encore obtenu l'*intelligence*, il implore que
l'*intelligence* lui soit *donnée*. Et l'on a l'audace — je ne
parle pas d'hommes de l'Église[19], mais de sophistes des
nations — de vouloir traiter de la création de la nature

---

16. A propos du v. 73, M. Harl (*Ch. p.*, Notes, p. 648) rappelle
qu'Origène rapproche (surtout en *In Rom.*, 2, 13) *Gen.* 1, 26 ; 2, 7 et
Rom. 7, 22.

17. Tert., *Resurr.*, 6, 4, voit aussi en *Gen.* 1, 26, une parole du Père
au Fils.

18. Tert., *Resurr.*, 5, distingue aussi trois moments dans la
création de l'homme.

19. Le sens d'*ecclesiae homines* peut être précisé par la définition
donnée par Origène de l'*ecclesiasticus* (*Hom. Éz.*, 8, 2).

humanae institutione uelle tractare ; audemus etiam glo-
10 riari rectae ac perfectae nos *uitae* esse scientiam conse-
cutos. Sed doceri nos oportet prophetae huius exemplo,
ut uel diuinarum rerum ignorantiam confiteamur uel
ignoratarum *intellegentiam* deprecemur. Optimum est
autem caelestium *mandatorum* scientiam a Deo per
15 precem postulare et infirmitatem ingenii nostri pauper-
tatemque cognoscere. Primum enim secundum apostolum
munus est gratiarum *sapientiae* donum, sequens *scientiae*[a] ; et idcirco hunc ordinem etiam hic propheta seruauit
dicens : *Da mihi intellectum, et discam mandata tua.*
20 Primum *intellegentiam*, post etiam *scientiam* deprecatus
est.

74   **10.** Sequitur deinde : QVI TIMENT TE, VIDEBVNT ME ET
LAETABVNTVR, QVIA IN VERBA TVA SPERAVI. Consuetudo
impiorum est, ut conspectis religiosis uiris tristes sint.
Oderit enim necesse est ebriosus sobrium, continentem
5 impudicus, *iustum* inicus[a], et tamquam conscientiae onus
praesentiam sancti cuiusque non sustinet. Contra uero
ad conspectum uiri fidelis religiosi omnes, quibus Dei
timor est, *laetantur* et uel solo corporeae contemplationis
uisu gratulantur modo auium herbarumque quarundam,
10 quae *uisae* tantum et conspectae morbis aliquibus et
infirmitatibus medentur. Vtilis ergo est sancti praesentia

VL   RC   pA   r   S   m

9, 9 institutionis *VL R*   -tiones *r* ‖ 10 nostrae *VL r* ‖ 11
prophetae *> A* ‖ huius *> r* ‖ 13 igno- tarum *r* ‖ intelligentia *L*
scientiam *r* ‖ 17 munus : unum *VL* ‖ 19 et : ut *R pA r S m Ba. Er.
Gi. Mi.*
    10, 1 sequitur deinde *> A m* ‖ 2 spero *S* ‖ 4 enim : etiam
VL   > r ‖ 6 sancti *> V¹C pA* ‖ 7-8 timor dei *Er. Gi. Mi.* ‖ 8 et : ut
RC S Ba. Er. Gi.   > VL r ‖ sola *V* ‖ 9 gratulentur *S Ba. Er.
Gi.* ‖ 10-11 morbis — medentur : gratum contemplationis uisum seu
odorem suauitatis reddunt *C   utiles sunt pA m* ‖ 11 est + et *pA
m Mi.*

«humaine»[20] ; nous avons même l'audace de nous vanter d'être parvenus à savoir ce qu'est une «vie» droite et parfaite. Mais il nous faut apprendre, suivant l'exemple de notre prophète, ou bien à confesser notre ignorance des choses divines, ou bien à implorer l'*intelligence* de celles que nous ignorons[21]. Mais le mieux est de demander à Dieu par la prière la science des *commandements* célestes et de reconnaître la faiblesse de notre esprit et sa pauvreté. En effet, suivant l'Apôtre, le premier présent parmi les grâces est le don de la «sagesse», le suivant, celui de la «science[a]» ; et c'est pourquoi, même ici, le prophète a respecté cet ordre en disant : *Donne-moi la compréhension, et j'apprendrai tes commandements.* Il a supplié d'avoir d'abord l'*intelligence*, ensuite, la «science».

10. Vient ensuite : Ceux qui te craignent me verront et se réjouiront, parce que j'ai espéré en tes paroles. Le comportement habituel des impies est la tristesse à la vue des hommes religieux. En effet, l'ivrogne hait nécessairement celui qui est sobre, le débauché, celui qui est chaste, l'injuste, celui qui est «juste[a]», et, comme un fardeau sur leur conscience, ils ne supportent pas la présence de quiconque est saint. Au contraire, à la vue d'un homme de foi, tous les hommes religieux qui ont la *crainte* de Dieu, *se réjouissent* et se félicitent, ne serait-ce que de le *voir* et de le contempler physiquement, comme il suffit de *voir* et de regarder certains oiseaux ou certaines plantes pour guérir certaines maladies ou infirmités. La

74

9. a. cf. I Cor. 12,8
10. a. cf. Ps. 36,12.32 ; 111,10

20. Dénonciation des *gentium sophistae* rappelant Lact., *Inst.*, 1,1.
21. A propos de cette phrase, voir l'article de J. Doignon, «Y a-t-il, pour Hilaire, une *inintelligentia* de Dieu?».

timentibus Deum, quia necesse est profectum aliquem ex contemplatione ipsius consequantur. Sed propheta non hoc in se solum contuendum putat, quod publicis ac
15 promiscuis oculis subiectum est. Vult ille probitatem uitae suae conspici, uult iustitiam suam et religionem et continentiam cerni. Non enim tantum *timentes Deum, quia uident, laetabuntur*, sed *quia uideant eum in Dei uerba sperantem*; et *sperantem* non mediocriter neque
20 confuso humanae opinionis errore, sed dicentem cum libertate id quod consequitur :

75   **11.** Cognovi, Domine, qvia aeqvitas ivdicia tva et vere hvmiliasti me. In locis ceteris meminimus ita prophetam dicere solitum : *Da mihi intellectum*[a] et *doce me*[b], et *obseruabo praecepta tua*[c] ; nunc autem tamquam
5 de adeptis profitetur dicens : *Cognoui, Domine, quia aequitas iudicia tua.* Sed hic non de *iudiciis* illis aeternis, sed de praesentibus sermo est. *Iudicia* illa aeterna secundum eundem prophetam *sicut abyssus multa* est[d], et secundum apostolum : *Iudicia Dei inuestigabilia et*
10 *inexscrutabilia*[e]. Scit autem in his *iudiciis*, quae nunc sunt, quidquid in se geratur ex *iudicio Dei* fieri : omnes

VL RC pA r S m

10, 13 non : sed non *V* ‖ 14 in hoc *r* ‖ publicis : caducis *C pA m Mi.* ‖ 15-16 uult — conspici > *C pA m* ‖ 17-18 timentes deum (dominum *C*) quia uident : quia uident eum timentes deum *pA m Mi.* ‖ 18 uident + eum *C pA r² S m edd.* ‖ laetabuntur — eum > *C* ‖ uideant : -dent *pA r² m Ba. Er. Gi. Mi.* ‖ 18-19 in uerba dei *Ba. Er. Gi. Mi.* ‖ 19 et sperantem > *V* ‖ 20 humana *R* ‖ 21 sequitur *A r m*
11, 2 uere : ueritate tua *R Gi.* ‖ 5 adeptis : apertis *pA m* ‖ cognoui : *pr.* ego *r* ‖ qui *C* ‖ 6 aeternis illis *C* ‖ 7 iudicia + enim *C pA m Mi.* ‖ 8 eundem > *S* ‖ est multa *r*   multa *S edd.* ‖ 9 iudicia + enim *C* ‖ 10 inscrutabilia *V C pA S m edd.*   i.sunt *r* ‖ 11 quidquid : quid *VL r*

11. a. cf. *v. 34.73* ‖ b. cf. *v. 12.26.64.66.68* ‖ c. cf. *v. 17.34* ‖ d. Ps. 35,7 ‖ e. Rom. 11,33

présence du saint rend donc service à ceux qui *craignent Dieu*, parce qu'ils trouvent nécessairement un profit à le contempler. Mais le prophète ne pense pas qu'il faille seulement considérer en lui ce qui est exposé aux regards de la foule et de tout le monde. Il veut que l'on regarde la probité de sa vie, il veut que l'on observe sa justice, sa pratique religieuse et sa continence. En effet, ceux qui *craignent Dieu* ne *se réjouiront* pas seulement *parce qu'ils le voient*, mais *parce qu'ils le voient qui espère dans les paroles de Dieu*[22], et *qui espère* non dans la tiédeur ni dans la confusion erronée propre à l'opinion des hommes, mais avec la liberté de dire ce qui vient après :

11. J'AI RECONNU, SEIGNEUR, QUE TES JUGEMENTS SONT JUSTICE ET QU'AVEC VÉRITÉ TU M'AS HUMILIÉ. Nous nous souvenons qu'ailleurs le prophète avait l'habitude de dire : «Donne-moi la compréhension[a][23]», «enseigne-moi[b][24]», et «j'observerai tes préceptes[c][25]», maintenant, il en parle comme s'il les avait obtenus, en disant : *J'ai reconnu, Seigneur, que tes jugements sont justice.* Mais ici, il n'est pas question de ces *jugements* éternels, mais des jugements présents. Ces «*jugements*» éternels sont d'après le même prophète «comme le vaste abîme[d]», et suivant l'Apôtre : «Les *jugements de Dieu* sont insondables et impénétrables[e].» Il sait que dans ces *jugements* d'ici-bas, tout ce qui lui arrive et le concerne, vient d'un *jugement de Dieu* :

75

---

22. Hilaire, pour les idées principales, s'inspire d'Origène (*Ch. p.*, p. 306-308, v. 74). Même développement chez AMBROISE (*In psalm.* 118, 10, 23) qui évoque, comme Hilaire, les animaux dont la seule vue procure la guérison (PLIN., *Nat.*, 30, 11).

23. Cf. v. 34 et 73, commentés respectivement en 5, 5 et en 10, 9.

24. Cf. v. 12.26.64.68, commentés en 2, 7 ; 4, 4 ; 8, 19 ; 9, 3.

25. Cf. v. 17 et 34 commentés en 3, 3 et 5, 5.

tribulationes, omnes pressuras, omnia insectationum odia,
omnes persecutionum infestationes ex *iudicio* in se *Dei*
adesse, ut per haec *probabilis*, ut per haec emendatus et
15 tamquam *per ignem examinatus* atque purgatus sit[f].

12. Plus est autem nescio quid in *cognitione* quam in
fide operis ; et idcirco hic non credidit, sed *cognouit*, quia
fides habet oboedientiae meritum, non habet autem
cognitae ueritatis fiduciam. Distinxit apostolus plurimum
5 inter *cognitionem fidemque* differre, posteriore eam loco
inter gratiarum dona connumerans. Primum enim *sapientiam*, sequenti *cognitionem*, tertio *fidem* praedicauit[a], quia
qui credit, potest ignorare, cum credit ; qui autem iam
cognouit, non potest id quod *cognouit* adepta *cognitione*
10 non credere.

13. Ergo ambiguitatem hic non admittit propheta,
quin sciat iusta *Dei* esse *iudicia*, id est *humiliationis* suae
et tribulationis et contemptus et iniuriae et doloris.
Ita enim ait : *Cognoui, Domine, quia aequitas iudicia tua
5 et uere humiliasti me.* Non sine causa se scilicet esse
tribulationibus subditum, non sine causa passionibus

VL   RC   pA   r   S   m

11, 14 haec[1] : hoc *V r* ǁ ut > *m* ǁ haec[2] : hoc *r* ǁ 15 per ignem > *m*
12, 2 et > *V r* ǁ hic : id *m* ǁ 3 habeat *L* ǁ 4 cognita *V*   -tam *r* ǁ 5
posteriore : *pr.* et *C* ǁ 6 primo *C pA m Mi.* ǁ 7 sequentem *L C*   -ter
S Ba. Er. Gi.   scientem *V* ǁ 8 credit[1] : credidit *V r* ǁ cum : quod *pA
r S m Ba. Er. Gi. Mi.* ǁ autem : ante *VL*
13, 2 esse iusta dei *pA*   iusta dei *R*   iusta esse dei *Ba. Er. Gi.
Mi.* ǁ 2-3 suae et tribulationis > *V* ǁ 4 domine : enim *V* ǁ 5 uere : in
ueritate tua *R Gi.*

11. f. cf. Ps. 16,3 ; 65,10 ; I Cor. 3,15
12. a. cf. I Cor. 12,8-9

toutes les tribulations, toutes les contraintes, toutes les manifestations de haine dans les poursuites, toutes les attaques lors des persécutions, interviennent d'après un *jugement de Dieu* à son égard, afin que par elles il soit «mis à l'épreuve», afin que par elles il soit corrigé et comme «éprouvé» et purifié au «feu[f]».

12. Il y a dans la *connaissance* un je ne sais quoi de plus que dans la foi; et si notre prophète n'a pas cru, mais a *reconnu*, c'est parce que la foi a le mérite de l'obéissance, mais elle n'a pas l'assurance que donne la *connaissance* de la vérité. L'Apôtre a marqué une très grande différence entre la *connaissance* et la «foi», en faisant venir celle-ci après, dans le classement des dons de la grâce. En effet, il a célébré en premier lieu la «sagesse», ensuite la *connaissance*, en troisième lieu la «foi[a]», parce que celui qui croit, peut ignorer en croyant; tandis que celui qui *connaît* ne peut pas ne pas croire à ce qu'il *connaît*, quand il a obtenu la *connaissance*[26].

13. Donc le prophète ne supporte pas d'en douter : il sait que les *jugements de Dieu* sont justes, c'est-à-dire les jugements qui entraînent son *humiliation*, son tourment, son mépris, son injuste traitement, sa souffrance. Il dit en effet : *J'ai reconnu, Seigneur, que tes jugements sont justice, et qu'avec vérité, tu m'as humilié*; c'est-à-dire que ce n'est pas sans raison qu'il a été soumis aux tribulations, ce n'est

---

26. Le commentaire d'Origène (*Ch. p.*, p. 310, v. 75) repose aussi sur *I Cor.* 12, 8-9. Dans la hiérarchie établie par Hilaire entre les dons de l'Esprit la première place revient à la sagesse, comme chez Cic., *Off.*, 1, 153. Vient ensuite la connaissance, que Cic., *Leg.*, 1, 58, fait dépendre de la sagesse. Comme pour Tert., *Apol.*, 18, 1, la foi vient après d'autres étapes. La force contraignante de la connaissance qui conduit à la foi est aussi soulignée par Tert., *Apol.*, 18, 9.

permissum, non sine causa per iniurias *humiliatum*, sed
ad humanorum uitiorum expianda peccata ex iustis se
ac *ueris Dei iudiciis humiliationi* esse subiectum.

14. Sed quia in his passionibus ex *aequitate diuini*
76   *iudicii* uersetur : FIAT MISERICORDIA TVA, VT EXHORTETVR
ME SECVNDVM ELOQVIVM TVVM SERVO TVO. *Exhortationem*
praesentium humiliationum ex *misericordia Dei* depre-
5   catur, quia humana infirmitas impar sit tolerantiae
passionum. Sed meminit bonum sibi esse humiliari, bonum
sibi esse passionibus subdi, et ea omnia quibus uexatur
purgationem sibi terrenorum esse uitiorum. Non enim ut
humilitas ac tribulatio a se auferatur orat, sed ut sibi
10   ex *misericordia Dei* adhortatio in tribulatione praestetur.
Optat ergo diutino proelio in his corporis sui infirmitatibus
militare, optat longo certamine aduersus *huius mundi*
nequitias consistere[a]. Sed adhortationem ex *misericordia*
Dei sperat, ut tribulatus licet et adflictus diuinae adhor-
15   tationis auxilio firmetur. Scit et beatus apostolus Paulus,
omni ipse temptationum genere perfunctus, uti se *diuinae*
misericordiae adhortatione, dicens : *Benedictus Deus pater*
Domini nostri Iesu Christi, pater miserationum et Deus
omnis exhortationis, qui exhortatur nos in omni tribu-

VL   RC   pA   r   S   m

13, 7 per iniurias : iniuriis *C pA m Mi.* ‖ sed > *R* ‖ 8 expuenda *VL*
C ‖ ex : et *L* ‖ se > *r* ‖ 9 humiliatione *C*
14, 2 uersetur + subiecit *r* ‖ 2-3 fiat — seruo tuo > *pA S m Mi.*
Zi. ‖ 6 passionum + dicens (dicens > *Zi*) fiat misericordia tua, ut
exhortetur me secundum eloquium tuum seruo tuo *pA S m Mi. Zi.* ‖
bonum[1] — humiliari > *V r* ‖ 7 omnia + a *pA S m Ba. Er. Gi. Mi.* ‖ 9
ut > *V* ‖ 11 diuino *C m* ‖ 12 aduersum *VL C pA* ‖ mundi huius *C Ba.*
Er. Gi. ‖ 14 adhortatione *VL*   hortationem *C pA* ‖ 16 ipse ...
perfunctus : se ... perfunctum *C* ‖ se > *R* ‖ 17 pater : *pr.* et *pA* ‖ 18
misericordiarum *C S Ba. Er.* ‖ 19 qui : quin *V*   qua *C* ‖ tribulatione
+ nostra *r*

pas sans raison qu'il a été exposé aux souffrances, ce n'est pas sans raison qu'il a été *humilié* par des injustices, mais c'est en vue d'expier les péchés dus aux vices de la nature humaine qu'il a été, suivant les *jugements de Dieu* justes et *vrais*, soumis à l'*humiliation*.

14. Mais comme il est plongé dans ces souffrances suivant la *justice du jugement divin* : Que vienne ta miséricorde pour me réconforter selon ta parole à ton serviteur. Il implore de la *miséricorde de Dieu* un *réconfort* dans ses humiliations présentes, parce que la faiblesse de l'homme n'est pas en mesure de supporter les souffrances. Mais il se souvient qu'il est bon pour lui d'être humilié, qu'il est bon pour lui d'être soumis aux souffrances, et que tous les mauvais traitements qu'il subit servent à le purifier des vices d'ici-bas. Il ne demande pas en effet que l'abaissement et la tribulation soient écartées de lui, mais que de la *miséricorde de Dieu* lui vienne un réconfort dans la tribulation[27]. Il souhaite donc mener un long combat au milieu des faiblesses de son corps, il souhaite par une longue lutte faire face aux «perversités» de «ce monde[a]». Mais il espère de la *miséricorde de Dieu* un réconfort, afin que, tout en étant soumis aux tribulations et à l'affliction, il soit soutenu par l'aide du réconfort de Dieu. Le bienheureux apôtre Paul, qui est passé lui-même par toute sorte d'épreuves, sait aussi avoir recours au réconfort de la *miséricorde divine*, quand il dit : «Béni soit le Dieu et père de notre Seigneur Jésus-Christ, le père des miséricordes et le Dieu de tout *réconfort*, qui nous

---

14. a. cf. Éphés. 6, 12

---

27. Même idée dans le commentaire d'Origène (*Ch. p.*, p. 312, v. 76, l. 2-4). Même citation ensuite de *II Cor.* 1, 3-4.

20 *latione*[b]. Et adhortationem hanc scit sibi propheta promissam habens *patrem* et *dominum miserationum*, qui per
temptationes eum qui in se credat examinet; atque ideo
subiecit : *Secundum uerbum tuum seruo tuo*, id est secundum eam promissionem qua spoponderit se *tribulatos* in
25 passionibus non relicturum. Dixit enim in euangeliis :
*Cum ergo tradent uos, nolite cogitare quomodo aut quid
loquamini; dabitur enim uobis in illa die quid loquamini.
Non enim uos estis qui loquimini, sed spiritus patris
uestri qui loquitur in uobis*[c]. Et hoc quidem, quantum
30 ad praesens pertinet tempus.

15. Futurae autem spei propheta non immemor est
77 dicens : VENIANT MISERATIONES TVAE, ET VIVAM; QVIA
LEX TVA MEDITATIO MEA EST. Naturae corporalis infirmitas
eget *miserationibus Dei*. Neque enim beatae illius *uitae*
5 aeternitatem consequi merito suo poterit, nisi *miseratio-*
nibus eius, qui *pater miserationum* est[a], prouehatur. Scit
se propheta nondum ea *uiuere uita*, quae *uita* sit; nemo
enim nostrum hoc quod nunc *uiuit uitam* audebit existimare. Nunc enim in corpore mortis sumus, Paulo dicente :
10 *Qui me liberabit de corpore mortis huius*[b]? et hoc ipsum
eodem hoc propheta testante ita : *Et in puluerem mortis*
deduxit me[c]. Vera enim *uita nostra cum Christo absconsa*

VL RC pA r S m

14, 20-21 promissam — dominum : ab eo (a deo *m²*) patre promissam et domino *pA m*   promissam ab eo patre et domino *S¹*
Zi.   promissam a deo patre et domino *S² Ba. Er. Gi. Mi.* ‖ 22
temptationes eum : temptationem seu *V* ‖ 26 trahent *m* ‖ 27 dabitur
— quid loquamini > *R* ‖ die : hora *L C pA S m Ba. Er. Gi. Mi.*
15, 1 prophetae *V* ‖ memor est *R*   inmemorat *V r* ‖ 2 ueniant +
mihi *pA m Ba. Er. Gi. Mi.* ‖ 7 propheta nondum se *C pA m Mi.* ‖ 10
quis *L C pA r S m Ba. Er. Gi. Mi.* ‖ liberauit *V* ‖ 12 deduxisti *RC pA r*
S m Ba. Er. Gi. Mi. ‖ abscondita *C*

réconforte dans toute tribulation[b].» Et le prophète sait que
ce réconfort lui a été promis, parce qu'il a un «père» et
«Seigneur des miséricordes», qui met à l'épreuve celui qui
croit en lui ; et c'est pourquoi il a ajouté : *Selon la parole à
ton serviteur*, c'est-à-dire selon la promesse par laquelle il
s'est engagé à ne pas abandonner ceux qui seront
«tourmentés» dans les souffrances[28]. Il a dit en effet dans
les Évangiles : «Lorsqu'on vous livrera, ne songez ni à la
manière dont vous parlerez ni à ce que vous direz ; car il
vous sera donné ce jour-là ce que vous devrez dire ; ce n'est
pas vous en effet qui parlez, mais l'Esprit de votre père qui
parle en vous[c].» Et voilà du moins ce qui concerne le
temps présent.

15. Le prophète n'oublie cependant pas l'espérance à
venir ; il dit : QUE VIENNENT TES MISÉRICORDES, ET JE   77
VIVRAI ; PARCE QUE TA LOI EST L'OBJET DE MON APPLICA-
TION. La faiblesse de notre nature corporelle a besoin des
miséricordes de Dieu[29]. En effet elle ne pourra atteindre par
son seul mérite l'éternité de la *vie* heureuse, si elle n'y est
promue par les *miséricordes* de celui qui est le «père des
miséricordes[a].» Le prophète sait qu'il ne *vit* pas encore la
vie qui est la *vie* ; personne en effet parmi nous n'osera
penser que ce qu'il *vit* maintenant est la *vie*. Maintenant en
effet, nous sommes dans un corps de mort, comme le dit
Paul : «Qui me libérera du corps de la mort[b]?» Et notre
prophète aussi apporte le même témoignage en ces termes :
«Et dans la poussière de la mort il m'a emmené[c].» «Notre»

---

14. b. II Cor. 1,3-4 ‖ c. Matth. 10,19-20
15. a. cf. II Cor. 1,3 ‖ b. Rom. 7,24 ‖ c. Ps. 21,16

---

28. Hilaire introduit ici *Matth.* 10,19-20 comme CYPRIEN en *Fort.*,
10.

29. Même remarque d'Origène au début du commentaire du v. 77
(*Ch. p.*, p. 312, v. 77, l. 1-2).

est in Deo[d]. Sed neque haec, nunc in qua agimus, regio
uiuentium est; ea autem est de qua hic idem propheta
15 ait : *Et complacebo Deo in regione uiuorum*[e]. Atque ideo
uiuam dixit, quia non in usu *uitae* istius *uiuit,* sed in *Dei*
sit *miseratione uicturus.* Sed sperat istud, quia *lex Dei
meditatio eius est.* Vacemus igitur diuinae lectioni, uacemus
praeceptis Dei et opera *legis uitae* nostrae officiis exe-
20 quamur; quia propter *meditationem legis ueniente* in se
Domini miseratione sperat se propheta *uicturum.*

16. Non est uero sufficiens huic prophetae, ut sibi
tantum sollicitus sit ac solum sui memor sit. Oportet
eum curam humani generis sumere et publicae sollicitu-
dinis adfectum subire et orare pro his qui in peccatis
5 et inreligiositate uersantur. Huius itaque adfectus sui
78a sollicitudinem consequenti uersu docet dicens : Confvn-
dantvr svperbi, qvia inivste iniqvitatem fecervnt
svper me. Non est hic maledicti oratio, neque retributionem iniuriae sibi inlatae precatur. Et absit ut propheta
10 euangelii praedicator[a] rationem euangelicae caritatis
excesserit. Domino enim dicente : *Diligite inimicos uestros
et orate pro calumniantibus uobis*[b] ratio non patitur ut
nunc uindictam in *superbos* atque iniuriosos precetur. Sed
quia a peccatis qui desinit, in his erubescit, et qui uitia

VL RC pA r S m

15, 13 domino *pA* ‖ in qua nunc *pA m Mi.* ‖ quam *V* ‖ 16 in[1] > *C
pA m Mi.* ‖ uiuit : uiuat *pA r*[2] *m* ‖ 20-21 uenientem ... miserationem
V r
16, 1 uera *C* ‖ 2 tantum — memor sit : tam sufficiens sit *V* ‖ 5 et
+ in *R Zi.* ‖ 7 quia iniuste : qui *VL r*[1] *Zi.* ‖ 9 deprecatur *R Gi. Zi.* ‖ 12
uobis : uos *C pA m*   uos ac persequentibus uos *Ba. Er. Gi. Mi.* ‖ 13
nunc > *S Ba. Er. Gi.* ‖ 14 qui[2] : quia *r*[2] *S*

---

15. d. Col. 3,3 ‖ e. Ps. 114,9
16. a. cf. I Tim. 2,7; II Tim. 1,11 ‖ b. Matth. 5,44

vraie «*vie*» en effet «est cachée avec le Christ en Dieu[d][30].»
Mais la vie dans laquelle nous sommes maintenant n'est
pas la région des *vivants*, celle dont ce même prophète dit :
«Et je plairai à Dieu dans la région des *vivants*[e].» Il a donc
dit : *Je vivrai*, parce qu'il ne *vit* pas dans l'expérience de
cette *vie*, mais *vivra* dans la *miséricorde de Dieu*. Mais il
l'espère, parce que la *loi de Dieu est l'objet de son
application*. Consacrons-nous donc à la lecture divine,
consacrons-nous aux préceptes de Dieu et accomplissons
les œuvres de la *Loi* dans les tâches de notre *vie*[31] ; en effet,
grâce à son *application* à la *Loi*, la *miséricorde du Seigneur
venant* sur lui, le prophète espère qu'il *vivra*.

16. Mais il ne suffit pas à notre prophète d'être
préoccupé uniquement de lui-même et de ne se souvenir
que de lui. Il lui faut prendre en charge le souci du genre
humain, assumer les préoccupations de tous[32] et prier pour
ceux qui sont dans les péchés et l'irréligion. C'est pourquoi,
dans le verset suivant, il montre la préoccupation que lui
donne ce sentiment, en disant : QUE SOIENT CONFONDUS   78a
LES ORGUEILLEUX, PARCE QU'ILS ONT INJUSTEMENT AGI
ENVERS MOI. Il ne s'agit pas d'une prière de malédiction et
le prophète ne demande pas non plus la réparation d'une
injustice qui lui aurait été faite. Il s'en faut que le
prophète, héraut de l'Évangile[a], n'ait pas tenu compte de
la charité évangélique. Le Seigneur disant : «Aimez vos
ennemis et priez pour ceux qui vous calomnient[b]», il n'est
pas logique qu'il appelle maintenant le châtiment sur les
orgueilleux et les injustes. Mais parce que celui qui renonce
aux péchés en rougit et que celui qui abandonne les fautes

---

30. Même citation par Origène à propos du v. 77.
31. Exhortation semblable de la part de CYPR., *Zel.*, 16.
32. *Cura* et *sollicitudo* sont associés par CYPR., *Fort.*, 2 et Hilaire
(*In Matth.*, 27, 1 = *SC* 258, p. 202) à propos des responsabilités de
l'évêque.

15 derelinquit, necesse est ea idcirco quia oderit derelinquat,
orat propheta ut qui in se *superbi iniuste* fuerint, hi per
cognitionem uitiorum suorum in his quae gesserint erubescant. Quamdiu enim quis peccat, in his quae peccat
non *confunditur* consuetudine et uoluntate peccandi. Vbi
20 uero peccare destiterit, finem peccandi habet ex pudore
78b peccati. Ipse AVTEM EXERCETVR IN MANDATIS DEI
uiuendo iuste, religiose praedicando, iniurias non retri-
buendo et tolerando patienter. Ob id enim multorum in
se *superborum* contradictiones *iniquitatesque* sustinuit.

17. Absolute autem consequenti uersu id quod de
confusione superborum tractamus significasse intellegitur.
79 Sequitur enim : CONVERTANTVR MIHI QVI TIMENT TE ET
QVI COGNOSCVNT TESTIMONIA TVA. Vult ergo eos qui *Deum*
5 *timere* coeperunt ad se propheta *conuerti*, ut per doctrinam
suam in uitiis suis et criminibus erubescant, *cognitis*
scilicet *testimoniis Dei*, de quibus multa iam diximus, et
confusi in ueteribus delictis ad institutionem prophetae
doctrinamque se referant ; quorum ex superbia atque
10 peccatis ad pietatem modestiamque *conuersio* est.

18. Conclusit autem uerecundiae suae more dicens :
80 FIAT COR MEVM IMMACVLATVM IN IVSTIFICATIONIBVS TVIS,

VL RC pA r S m

16, 16 iniusti *VL r* ‖ 17 gesserant *S* ‖ 20 uero : enim *S* ‖ 24
iniquitatisque *VL*
17, 2 confessione *VL* ‖ intellegetur *L* ‖ 3 qui timent : timentes *S* ‖
te > *VL* ‖ 4 cognoscent *m*   nouerunt *R Gi. Mi.* ‖ 6 suis > *r* ‖ 8 in :
de *C pA m Mi.* ‖ 9 se > *V*
18, 1 concludit *S*

---

33. Reprise de l'idée principale du commentaire du v. 78, par
Origène (*Ch. p.*, p. 314, v. 78, l. 3-5). Sur le rôle de la volonté dans le

doit les abandonner parce qu'il les hait, le prophète
demande que les *orgueilleux* qui ont été *injustes* envers lui,
prenant conscience de leurs fautes, rougissent de ce qu'ils
ont fait. En effet, tant qu'un homme pèche, il ne se sent
pas *confondu* au sujet de ses péchés, à cause de son
habitude et de sa volonté de pécher. Mais lorsqu'il a cessé
de pécher, il met fin à son péché en raison de sa honte du
péché[33]. Le prophète de son côté s'exerce aux comman-   78b
dements de Dieu, en vivant dans la justice, en donnant
un enseignement conforme à la religion, en ne rendant pas
les injustices et en les supportant patiemment. C'est
pourquoi il a supporté les contradictions et les *injustices* de
bien des hommes *orgueilleux* à son encontre.

17. C'est par le verset suivant que l'on comprend que le
prophète a signifié avec évidence ce que nous exposons au
sujet de la *confusion des orgueilleux*. Suit en effet : Qu'ils   79
se convertissent à moi, ceux qui te craignent et qui
connaissent tes témoignages. Le prophète veut donc
que *se convertissent* à lui ceux qui ont commencé à *craindre
Dieu*, afin que grâce à son enseignement ils rougissent de
leurs vices et de leurs fautes. Il veut que, *connaissant les
témoignages de Dieu*, dont nous avons déjà beaucoup parlé,
et confondus au sujet de leurs anciennes fautes, ils
s'appliquent à la formation et à l'enseignement que donne
le prophète ; il y a *conversion* de leur part de l'orgueil et des
péchés à la piété et à la réserve.

18. Il a conclu avec son habituelle retenue en disant :
Que mon cœur devienne pur dans tes règles de   80

péché, puis dans le renoncement à celui-ci, cf. Tert., *Paen.*, 3, 11 ;
6, 17. Sur la honte propre à garder de la faute, cf. Cic., *Rep.*, 5, 6 ;
Sen., *Ep.*, 83, 19.

VT NON CONFVNDAR. *Exercetur in mandatis*[a], *meditatur* in
lege[b], iustitiam *iudiciorum Dei cognouit*[c], *timentes Deum*
5 conspectu eius *laetantur*[d], *manibus Dei factus* atque
formatus est[e], et non audet dicere *immaculatum cor sibi*
esse. Et audemus interdum praeferre innocentiam nostram, iactare uitiorum abstinentiam et puros nos a
peccatis atque iniquitatibus gloriari? Sed ut fidem ita
10 et humilitatem ac modestiam discere a propheta nos
conuenit, orante ut *sibi immaculatum cor fiat.* Scit enim
ex eo progredi secundum id quod dictum est : *De corde*
enim exeunt cogitationes malae, caedes, lasciuiae, fornica-
tiones, furta, falsitates, blasphemiae et horum similia[f].
15 Hoc igitur *immaculatum fieri* deprecatur, unde tot tanto-
rumque uitiorum quasi ex quodam fomite initia sugge-
runtur; *immaculatum* autem hoc modo sciens *fieri, si in*
iustificatione Dei maneat; *iustificationum* autem hunc
fructum esse intellegit, ne in his manens *confundatur.*
20 *Confusio* enim ex peccatorum conscientia est et ex
opprobrio delictorum. Vbi ergo *confusio* non erit, nec
peccatum erit. Peccatum uero ubi non erit, *in iustifica-*
tionibus Dei manebitur. *Iustificationes* autem *Dei imma-*
culatum cor esse praestabunt.

VL RC pA r S m

18, 4 dominum *V R pA r m Mi. Zi.* ‖ 5 conspectu : *pr.* in *V* ‖ 15
unde : ut *V* ‖ 18 iustificatione : -nibus *pA r S m Ba. Er. Gi. Mi.* ‖ 20
ex[1] : ea *C* ‖ et > *VL* ‖ ex[2] > *m*
    explicit littera decima *VL r*   explicit ioth *S*   finit *R*   finit
ioth lit. X *C*   finit littera decima *pA*

JUSTICE, AFIN QUE JE NE SOIS PAS CONFONDU. «Il s'exerce
aux commandements[a]», il «s'applique» à la «loi[b]», il a
«reconnu» la justice des «jugements de Dieu[c]», ceux qui
«craignent Dieu se réjouissent» à sa vue[d], il a été «fait» et
formé par les «mains de Dieu[e]», et il n'ose pas dire que *son
cœur* est *pur*. Et nous osons cependant nous flatter de notre
innocence, nous vanter de nous tenir à l'écart des fautes,
nous féliciter d'être exempts de tout péché et de toute
injustice. Pourtant il convient que nous apprenions du
prophète, outre la foi, l'humilité et la réserve, car il
demande que *son cœur devienne pur*. Il sait en effet que là
est la condition des progrès, suivant ce qui a été dit : «Car
c'est du *cœur* que sortent mauvaises pensées, meurtres,
adultères, fornications, vols, faux témoignages, blasphèmes et autres choses semblables[f].» Il implore donc que
devienne pur ce lieu d'où naissent, comme d'une sorte de
foyer, les germes de tant de vices si graves ; il sait qu'il
devient pur à la condition de rester *dans la règle de justice de
Dieu* et il comprend que le fruit des *règles de justice* est qu'il
ne sera pas *confondu*, s'il reste en elles. En effet la
confusion vient de la conscience des péchés et de l'opprobre
des fautes. Donc, là où il n'y aura pas *confusion*, il n'y aura
pas non plus péché. Et là où ne sera pas le péché, on
demeurera *dans les règles de justice de Dieu*. Et les *règles de
justice de Dieu* garantiront la *pureté* du *cœur*.

18. a. cf. *v. 78* ‖ b. cf. *v. 77* ‖ c. cf. *v. 75* ‖ d. cf. *v. 74* ‖ e. cf. *v. 73* ‖ f.
Matth. 15, 19

CAPH

DEFECIT IN SALVTARE TVVM ANIMA MEA, ET IN VERBVM TVVM SPERO, ET RELIQVA.

1. Naturae humanae est, ut, cum id quod desiderat non potest obtinere, per desiderii iugem cupiditatem animi defectione teneatur. Et hoc nosse ex ipsis adfectionis nostrae motibus promptum est, in quantam animi defec-
5 tionem eorum quos desideramus expectatione redigamur. Propheta itaque, cui omnis ad Deum expectatio est, cui omne in mandatis eius desiderium est, loquitur et
81 dicit : Defecit in salvtare tvvm anima mea, et in verbvm tvvm spero. Non habet alia quae desiderium
10 suum occupent, et sancti cupiditas non uacat saeculi rebus. *Defecit* igitur in desiderio *salutaris*, et *defecit* ob id, quia *in uerbis Dei* credat. *Finis enim legis Christus* Iesus est[a] et hic est de quo *scripserunt Moyses et prophetae*[b]. Est autem *salutaris* ipso illo nomine, quo

VL   RC   pA   r   S   m

caph > *m*   *pr.* incipit littera undecima feliciter scribtori uita legenti doctrina *V*   *pr.* incipit XI *L r*   *pr.* incipit *C pA S*   *pr.* littera XI *Mi.*   + littera XI *C pA*   + tractatus *S*
   defecit — et reliqua : defecit in salutare tuum anima mea et c. usque ibi et custodiam testimonia oris tui *Ba. Er.*   omnes uersus litterae undecimae *R Gi. Mi.*   > *S* ∥ et reliqua > *C pA m*
   1, 3 defectionem *V* ∥ 5 quos : quae *r* ∥ dirigamur *L* ∥ 6 cui > *C* ∥ omnis (in omnes *VL*) ad deum expectatio : omnis expectatio ad deum

CAPH

MON ÂME A DÉFAILLI POUR TON SALUT, ET J'ESPÈRE EN TA PAROLE, ET LA SUITE.

1. C'est le propre de la nature humaine, lorsqu'elle ne peut obtenir ce qu'elle désire, d'être prise de défaillance à cause de l'inépuisable aspiration de son désir. Et il est facile de savoir, à partir des mouvements mêmes de notre affectivité, dans quelle défaillance nous tombons par suite de l'attente de ceux que nous désirons[1]. Aussi le prophète, dont toute l'attente a Dieu pour objet, qui met tout son désir dans ses commandements, s'exprime en ces termes : MON ÂME A DÉFAILLI POUR TON SALUT, ET J'ESPÈRE EN TA PAROLE. Il n'a rien d'autre qui puisse occuper son désir, et la passion du saint ne s'occupe pas des choses du monde. Il a donc *défailli* dans son désir du *salut*, et il a *défailli* parce qu'il croit aux *paroles de Dieu*. « En effet, la fin de la Loi est le Christ[a] » Jésus, et il est celui sur lequel ont « écrit Moïse et les prophètes[b]. » Or il est le *salut* par le nom même dont

---

C S   expectatio omnis ad deum *pA r m Mi.* ‖ 7 eius : dei *r* ‖ 7-8 et dicit : dicens *r* ‖ 8 salutari tuo *C* ‖ 9 aliam *L* ‖ 11 deficit[1-2] *p¹ S Mi.* ‖ salutari *VL C* ‖ 12 uerbis ... credat : uerbum ... speret (sperat *S Er.*) *pA r S m Ba. Er. Mi.* ‖ 14 quod *C pA m Mi.*

---

1. a. Rom. 10, 4 ‖ b. cf. Jn 1, 45

---

1. Topos classique sur l'attente douloureuse qui caractérise le désir. Cf. Cic., *Tusc.*, 1, 96.

15 Iesus nuncupatur. Iesus enim secundum hebraicam
linguam *salutaris* est ; et idipsum angelus ad Ioseph
loquens docet, cum dicit : *Et uocabis nomen eius Iesum* ;
ipse enim saluum faciet populum suum a peccatis[c]. Causa
itaque *defectionis* est desiderium *salutaris*. Desiderii autem
20 hinc origo est, quod *in uerbis Dei sperat*. *Salutaris* enim
noster Iesus est, qui et *desideratus*[d] et natus est. Sed
defectionem animae desiderantis intellegendum est quid
sequatur.

82   **2.** Defecervnt ocvli mei in eloqvivm tvvm dicentes : Qvando exhortaberis me ? Sequitur ergo *defectionem* animae *defectio oculorum*. Sed ut de natura *defectionis*
animae tractauimus, uideamus qualis *oculorum* soleat esse
5 *defectio*. Pone igitur in expectatione aut peregrinantis
uiri coniugem, aut iam diu absentis filii patrem, quem
omni in tempore existimet reuersurum ; nonne eo itinere,
quo uenturum opinabitur, semper intendet ? Nonne in-
tentio ac uisus *oculorum* contuitionis ipsius expectatione
10 *deficiet* ? Desideria haec in se prophetarum Dominus
testatur, cum dicit : *Amen dico uobis, multi prophetae
et iusti quaesierunt uidere quae uos uidetis, et audire
quae auditis*[a]. Propheta itaque et animo et *oculis deficit*.

VL   RC   pA   r   S   m

1, 15 enim : autem *R*   > *C* ‖ 16 idipsum : id *V r*   ipsum
C pA m ‖ angelus ad > *V* ‖ 17 uocabitis *r* ‖ iesus *V r* ‖ 18 peccatis + eorum *R r Gi.* ‖ 20 uerbum *pA r S m Ba. Er. Mi.* ‖ 21
est[2] > *L* ‖ 22 animi *L* ‖ 22-23 quid sequatur : -quitur *m*   quia
sequenter *Ba. Er.*
    2, 1 defecerunt : *pr.* ait *VL A r S m Ba. Er. Gi. Mi.* ‖ 2 ergo : enim
C ‖ 4 uideamus : tractemus *m* ‖ 6 diu > *V* ‖ 7 in omni tempore *A
Mi.*   omni tempore *C Er. Gi.* ‖ eo itineri *V*[1] *Ba.*   ei itineri *S Er.
Gi. Mi.* ‖ 8 opinabatur *V*   opinatur *r* ‖ intendit *RC* ‖ non *V* ‖ 9
oculorum contuitionis : o. constitutionis *R*   > *V*[1] ‖ 12 uidetis uos
r ‖ 13 anima *r* ‖ defecit *V*   deficitur *RC Gi.*

il est appelé : Jésus. Jésus, en effet, veut dire en hébreu *salut*[2] ; c'est précisément ce que l'ange apprend à Joseph, lorsqu'il dit : «Et tu l'appelleras du nom de Jésus, car c'est lui qui *sauvera* son peuple de ses péchés[c].» Ainsi la raison de sa *défaillance* est son désir du *salut*. Et son désir a pour origine son *espérance dans les paroles de Dieu*. En effet notre *salut* est Jésus qui a été «désiré[d]» et qui est né. Mais il faut voir ce qui accompagne la *défaillance* d'une *âme* qui «désire».

2. Mes yeux ont défailli pour ta parole en   82
disant : Quand me réconforteras-tu ? La *défaillance* du *regard* suit donc la *défaillance* de l'âme. Mais, de même que nous avons dit ce qu'est la *défaillance* de l'âme, voyons ce qu'est d'ordinaire la *défaillance* du *regard*. Prenons donc l'exemple ou d'une femme qui attend son mari parti en voyage, ou d'un père qui attend son fils depuis longtemps absent ; à tout moment, ils pensent qu'ils vont revenir ; ne seront-ils pas toujours tournés vers la route où ils pensent les voir venir ? Est-ce que l'attention de leur *regard* ne *défaillera* pas dans l'attente de leur seule apparition[3] ? Le Seigneur témoigne que tels sont les désirs des prophètes en ce qui le concerne, lorsqu'il dit : «Amen, je vous le dis ; beaucoup de prophètes et de justes ont cherché à voir ce que vous voyez et à entendre ce que vous entendez[a].» Aussi l'âme et les *yeux* du prophète *défaillent*-ils.

---

1. c. Matth. 1,21 ‖ d. cf. Gen. 49,26
2. a. Matth. 13,17

---

2. Même commentaire de la part d'Origène (*Ch. p.*, p. 318, v. 81, l. 4-6). Hilaire réunit plusieurs citations de l'Écriture contenant le mot *salutare*, qui désigne le Seigneur, en *In psalm.* 13,5 ; voir aussi *Myst.*, 2,5.

3. Ces exemples évoquent des situations de la vie quotidienne, telles qu'en dépeint le théâtre classique. Femme attendant son mari : Plaut., *Men.*, 598 ; *Merc.*, 556. Père attendant son fils ; Plaut., *Capt.*, 382.

3. Sed hi nunc *oculi* prophetae, licet Dominum *uidere*
desiderauerint, non sunt tamen corporis *oculi*; locuntur
enim et expectant, et mentis potius est contuitio ista
et loquella, non corporis. *Dicunt* enim : *Quando exhorta-*
5 *beris me*? Scit *exhortationem* hanc sanctos quiescentes in
inferno desiderare. Scit testante apostolo Petro, descen-
dente in inferna Domino etiam his *qui in carcere erant*
et *increduli* quondam *fuerant in diebus Noe*[a], *exhortationem*
praedicatam fuisse. In haec igitur *Dei eloquia oculis*
10 loquentibus *defecit*, non tam uisu corporeo Dominum ex
eloquiis Dei nuntiatum quam contemplatione animae et
mentis expectans.

83   **4.** Dehinc sequitur : Qvia factvs svm sicvt vter in
prvina, ivstificationes tvas non svm oblitvs. Noui
generis haec causa est, ut ideo *iustificationes Dei non*
oblitus sit, quia factus sit sicut uter in pruina. Et si
5 rem solis auribus metiamur, inanis et ridiculus prophetae
sermo existimabitur. Sed meminit *utrem* pro humanis
corporibus nuncupari, Domino in euangeliis dicente :
Nemo, inquit, *mittit uinum nouum in utres ueteres*[a]. Et
non ambigitur eum in *utribus* corpora in peccatis suis
10 *ueterna* memorasse. Per continentiae autem studium
frigent fidelium corpora et calore naturae interioris

VL   RC   pA   r   S   m

3, 1 hii *R pA r m* ‖ 2 loquitur *C* ‖ 6 infero *C pA* ‖ teste *r* ‖ 7
carcerem *VL* ‖ 8 et increduli — fuerant > *V r¹* ‖ fuerunt *C pA r² Mi.* ‖
9 praedicatum *m* ‖ 10 deficit *Mi.* ‖ 11 dei > *R* ‖ enuntiatum *V*   e.
esse *r*

4, 1 et hinc *V* ‖ 3-4 dei — sit : tuas non sum oblitus sed *VL* ‖ 4
sit² : sum *pA m* ‖ 8 mittet *S Ba. Er.* ‖ nouum > *V* ‖ utribus ueteribus
r ‖ 10 ueterans *C*   uetera *pA Mi.* ‖ 11 naturae : *pr.* et *V*

---

3. a. cf. I Pierre 3, 19.20
4. a. Mc 2, 22

3. Mais les *yeux* du prophète dont il est ici question, bien
qu'ils aient désiré «voir» le Seigneur, ne sont cependant
pas les *yeux* de son corps ; ils parlent en effet et attendent,
et ce regard et ces paroles sont plutôt ceux de l'esprit, non
ceux du corps. Ils *disent* en effet : *Quand me réconforteras-
tu ?* Il sait que les saints qui reposent en enfer désirent ce
réconfort. Il sait, sur le témoignage de l'apôtre Pierre, que
le Seigneur descendant aux Enfers a annoncé ce *réconfort*
même à ceux «qui étaient en prison» et «avaient été»
autrefois «incrédules, aux jours de Noé[a]». Telles sont donc
les *paroles de Dieu* pour lesquelles il a été pris de
défaillance, comme le dit son *regard,* tandis qu'il attend de
voir le Seigneur annoncé par les *paroles de Dieu,* moins par
le sens de la vue que par une contemplation de son âme et
de son esprit.

4. On trouve ensuite : Parce que je suis devenu   83
comme une outre dans le givre, je n'ai pas oublié tes
règles de justice. L'explication suivant laquelle *il n'a
pas oublié les règles de justice de Dieu, parce qu'il est devenu
comme une outre dans le givre,* a un caractère surprenant.
Et si nous nous fions à nos seules oreilles pour l'apprécier,
nous jugerons les propos du prophète vains et ridicules.
Mais il se souvient que *l'outre* est employée pour désigner le
corps humain, quand le Seigneur dit dans les Évangiles :
«Personne, dit-il, ne met du vin nouveau dans de vieilles
outres[a].» Et il ne fait pas de doute qu'il a représenté dans
les *outres* les corps «endurcis» dans leurs péchés[4]. En
s'appliquant à la continence, les corps des fidèles devien-
nent froids et, une fois éteinte la chaleur de leur nature

---

4. Origène faisait référence à *Matth.* 9, 17 pour expliquer le mot
«outre». L'explication de *uter* par *corpus* rappelle la métaphore
classique *uas-corpus.* Cf. Cic., *Tusc.*, 1, 52 ; Sen., *Dial.*, 6, 11, 3.

extincto *utres* erunt frigidi, quae, cum intrinsecus per
naturam uitiorum ecferuentium incalescant, extrinsecus
tamen continentiae patientia tamquam *pruinae* frigore
15 obrigescant. Ergo in hoc corporum frigore *iustificationum
Dei* immemores esse non possumus. Quisque autem per
uitiorum ardorem *utre* pleno caluerit neque per metum
Dei religionemque frigescat, necesse est *iustificationum
Dei obliuiscatur.* Quae *obliuisci* sanctus non poterit, cum
20 *utris in pruina* modo obrigescentis extrinsecus internarum
cupiditatum omnium instigatione sit frigidus.

84   **5.** Dehinc sequitur : QVOT SVNT DIES SERVI TVI ?
QVANDO FACIES MIHI DE PERSEQVENTIBVS ME IVDICIVM ?
Iudicium post consummationem saeculi propheta esse non
ignorat, cum ait : *Propterea non resurgunt impii in iudicio,*
5 *neque peccatores in consilio iustorum*[a]. Quod ergo nunc
orat *de persequentibus se* fieri *iudicium* ? Non illud utique
quod in resurrectionis saeculo meminit futurum, cum se
paucorum nunc *dierum* secundum corporalem uitam sciat
esse. Ita enim ait : *Quot sunt dies serui tui* ? Cum dicit
10 *quot*, scit esse non plures. Et superius dixerat esse se
tamquam *utrem in pruina*[b]. Ergo quia paucorum *dierum*

VL   RC   pA   r   S   m

4, 12 quae cum : quaecumque *r* ‖ 14 patientiae *m* ‖ 15 iustificationem *V* ‖ 16 quisquis *C r S m Ba. Er. Gi. Mi.* ‖ 19 poterit : patitur
V¹   patitur uel poterit *r* ‖ 20 obrigescens *pA m Ba. Er. Mi.* ‖
internarum : *pr.* in *Zi.* ‖ 21 instigationem *V*
5, 1 quod *VL*   quotquot *pA* ‖ 2 mihi > *R pA r m* ‖ 5 concilio *R
Mi.* ‖ 6 de persequentium *VL R r*   persequentium *Zi.* ‖ 9 quod
VL ‖ 10 quod *VL R¹C* ‖ 11 pruinam *VL* ‖ 11-12 paucorum dierum scit
pA r   se p. d. scit *Ba. Er. Gi. Mi.*

5. a. Ps. 1,5 ‖ b. cf. *v. 83*

intérieure, ils seront des *outres* froides, puisque, bien qu'ils
s'échauffent à l'intérieur en raison de l'effervescence
naturelle des vices, à l'extérieur cependant, par leur
patience dans la continence, ils se durcissent comme le
givre sous l'effet du froid[5]. Donc, dans ce froid de nos
corps, nous ne pouvons être oublieux des *règles de justice de
Dieu*. Mais quiconque est devenu brûlant de l'ardeur de ses
vices dont il est rempli comme une *outre*[6], et ne se refroidit
pas sous l'effet de la crainte de Dieu et de la pratique
religieuse, *oublie* nécessairement les *règles de justice de
Dieu*. Le saint, lui, ne pourra les *oublier*, puisque, à la façon
d'une *outre dans le givre*, qui durcit à l'extérieur, l'excita-
tion de toute sorte de désirs internes le laisse froid.

5. On trouve ensuite : Combien sont les jours de ton
serviteur ? Quand feras-tu pour moi le jugement de
ceux qui me persécutent ? Le prophète n'ignore pas
qu'il y a un *jugement* après la fin du monde, puisqu'il dit :
«Aussi les impies ne ressuscitent pas lors du *Jugement*, ni
les pécheurs dans la communauté des justes[a].» Quel est
donc ce *jugement* dont il demande qu'il soit maintenant
celui de *ceux qui le persécutent*? Ce n'est assurément pas
celui dont il se souvient qu'il aura lieu dans le temps de la
résurrection, puisqu'il sait que, pour ce qui est de sa vie
dans un corps, il est un être de peu de *jours*. Il dit en effet :
Combien sont les jours de ton serviteur? En disant :
Combien, il sait qu'il n'y en a pas beaucoup. Et plus haut il
avait dit qu'il était comme une «outre dans le givre[b]».
Donc, puisqu'il est un être de peu de *jours*, il désire que

84

5. Les passions sont un feu intérieur : Tert., *Pall.*, 4, 6. La
patientia et la *continentia* les «refroidissent» : Tert., *Marc.*, 2, 18 ;
Cypr., *Patient.*, 20.
6. *Vtre pleno* : image calquée sur *pleno uentre*. Cf. Ov., *Her.*, 16, 45-
46.

sit, fieri *iudicium* ab his qui *se persecuntur* desiderat, a
diabolo scilicet ministrisque eius. Sunt enim *spiritales
nequitiae in caelestibus*ᶜ. Sed scit et diabolum in resur-
15 rectionis saeculo *iudicandum.* Paucorum itaque *dierum*
ipse cum sit, fieri hoc *iudicium* desiderat, scilicet ut
consummate sanctus et perfecte Domino placens *conterat*
infra se diabolumᵈ, *conterat* aduersantes sibi inimicasque
uirtutes et fidei suae animae subdat *nequitias spiritales.*
20 Nondum igitur de naturae suae firmitate confidit, licet
iam ut *uter* frigeat, sed, ut per misericordiam Dei *iudicium*
in inimicos suos sit, deprecatur. Hanc potestatem *iudicii*
Dominus apostolis suis dedit dicens : *Ecce dedi uobis
potestatem calcare super serpentes et scorpiones et super*
25 *omnem uirtutem inimici*ᵉ. Vocem hanc quidem nondum
propheta Domini in corpore manentis audiuit ; sed *dari*
sibi id *potestatis* orat, ut constituatur *sibi* in *persequentes
se* tale *iudicium.* Temptatur enim undique, cum ei per
naturam corporis uitiorum inest connata materies eamque
30 diabolus conatur ardore genuinae cupiditatis accendere,
cum impiis inreligiosorum uocibus laeditur, cum profanas
gentium contra Deum disputationes et eloquia uesana
perpetitur.

85   **6.** Ideo in consequenti ait : Narraverunt mihi iniqvi
exercitationes, sed non ita vt lex tva. Quanti enim

VL RC pA r S m

5, 13 enim : autem *r* ‖ 14 scit et : sciet *L* ‖ 15 saeculi *V* ‖ 18 intra *R
pA r m Gi. Mi. Zi.* ‖ 20-21 licet — frigeat > *m* ‖ 22 in > *V C* ‖ 25
omnes uirtutes *r* ‖ 28 testatur *V* ‖ 29 cognata *S Er. Gi.*   gnata *m* ‖
30 geminae *Ba. Er. Gi. Mi.*

6, 2 exhortationes *m*

---

5. c. cf. Éphés. 6, 12 ‖ d. cf. Rom. 16, 20 ‖ e. Lc 10, 19

---

7. Nous adoptons la leçon *infra* (contre *intra*) qui rend apparente

soit fait le *jugement* qui châtiera *ceux qui le persécutent*, à
savoir le diable et ses serviteurs. Il y a en effet des «esprits
pervers dans les cieux[c]». Mais il sait aussi que le diable doit
être *jugé* au temps de la résurrection. Aussi, comme il est
lui-même un être de peu de *jours*, il désire que soit fait *ce
jugement* qui permettra à celui qui est le saint achevé et
qui plaît parfaitement au Seigneur d'«écraser» sous lui le
diable[d7], d'«écraser» les puissances qui s'opposent à lui et
lui sont hostiles, et de soumettre les «esprits pervers» à la
foi de son âme. Il n'a donc pas encore confiance en la
fermeté de sa nature, bien qu'il soit déjà froid comme une
«outre», mais il implore qu'il y ait par la miséricorde de
Dieu un *jugement* contre ses ennemis. Ce pouvoir de *juger*,
le Seigneur l'a donné à ses apôtres en disant : «Voici que je
vous ai donné le pouvoir de fouler aux pieds serpents et
scorpions, et toute la puissance de l'ennemi[e].» Certes, le
prophète n'a pu encore entendre cette parole du Seigneur
quand il demeurait dans un corps ; mais il demande que le
«pouvoir» qui lui sera «donné» soit l'établissement pour lui
d'un tel *jugement* contre *ceux qui le persécutent*. En effet, de
tout côté, il est éprouvé : en lui se trouve, de naissance, du
fait de sa nature corporelle, la matière qui alimente les
vices que le diable s'efforce d'enflammer par l'ardeur d'une
passion originelle[8] ; il est blessé par les voix impies des
hommes irréligieux, il endure les dissertations sacrilèges
des païens contre Dieu et leurs discours insensés.

6. Aussi dit-il dans la suite : Des hommes injustes   85
m'ont récité leurs exercices, mais ils n'ont pas parlé

---

une allusion à *Rom.* 16, 20, cité par Origène (*Ch. p.*, p. 324, v. 84,
l. 11).

8. L'expression *uitiorum ... materies* se trouve aussi dans les
Tractatus in Iob attribués à Hilaire par Augustin (*CSEL* 65, p. 230,
l. 9) : «*conscii illa ipsa corpora nostra omnium uitiorum esse
materiem.*» Cf. J. Doignon, «Corpora vitiorum materies...». Hilaire
montre le diable agissant sur cette «matière» pour nous inciter au
péché, comme Tert., *Patient.*, 5, le voyait favorisant l'*impatientia* de
l'homme pour l'entraîner à commettre une faute.

sunt, qui quaedam humanae uitae instituta docere se
adserant, cum ad uirtutes saeculi studia animae nostrae
5 Deo rectius seruientia accendunt! Quanti etiam sunt, qui
cognitionem se habere diuinarum scripturarum mentientes
haeretica et peruersa dogmata praedicant! Sed sciens
propheta perfectam humanae doctrinae eruditionem in
Dei lege esse, ait : *Narrauerunt mihi iniqui exercitationes,*
10 *sed non ita ut lex tua. Iniqui* enim sunt haec praedicantes.
Et Dei uox uetuit peccatorem eloquia sancta *narrare,* quia
iniquitas doctrinae caelestis non recipit ueritatem. *Pecca-*
tori enim dixit Deus : Quare tu enarras iustitias meas et
assumis testamentum meum per os tuum? Tu autem odisti
15 *disciplinam, reiecisti sermones meos retro*ᵃ. Et has igitur
exercitationes propheta non fert, sciens nihil *narrationi*
legis aequandum.

86   **7.** Denique adiecit : Oᴍɴɪᴀ ɪᴠᴅɪᴄɪᴀ ᴛᴠᴀ ᴠᴇʀɪᴛᴀs; ɪɴɪ-
ǫᴠᴇ ᴘᴇʀsᴇᴄᴠᴛɪ sᴠɴᴛ ᴍᴇ, ᴀᴅɪᴠᴠᴀ ᴍᴇ. Iustum qui *perse-*
quitur, necesse est ut *inique persequatur,* quia *iniquitas*
iniustae operationis effectus est. Scit et hanc apostolus
5 *persecutionum iniquitatem,* cum dicit : *Omnes uolentes*
*religiose uiuere in Christo persecutionem patientur*ᵃ. *Multae*
*enim tribulationes iustorum sunt*ᵇ. Nunc satanas insectatur,

---

VL RC pA r S m

6, 3 quaedam > *C* ‖ 4-5 studiis animam nostram ... seruientem *pA*
m Mi. ‖ 5 etiam : enim *A* ‖ 6 diuinorum scriptorum *VL pA r m* ‖ 10
ita > *C pA r* ‖ 11 et + ideo *S Ba. Er. Gi. Mi.* ‖ dei uox : uox *L*
RC   lex *V r*   uox dei *Ba. Er. Gi. Mi.* ‖ 13 enim : autem *r* ‖ 14
adsumis *RC pA r S m Ba. Er. Gi. Mi.* ‖ 14-15 odisti disciplinam > *RC*
pA S m Ba. Er. Gi. ‖ 15 et has : eas *pA m* ‖ 16 referet *C p*   refert *A*
m ‖ narratione *C*
7, 1 iudicia : mandata *Gi. Mi.* ‖ 2 persecuntur *V¹ r* ‖ 3 inique :
utique *m* ‖ persequantur *r* ‖ 4 et > *pA m* ‖ 5 persecutionem *V C* ‖ 6
patiuntur *r*

COMME TA LOI. Combien y en a-t-il en effet qui prétendent donner des leçons sur la vie humaine, en enflammant les passions de notre âme pour les puissances du monde, alors qu'elles seraient mises plus justement au service de Dieu ! Combien même y en a-t-il qui, prétendant mensongèrement avoir la connaissance des Écritures divines, prêchent des doctrines hérétiques et perverses[9] ! Mais le prophète qui sait que l'homme fait un apprentissage parfait de son instruction dans la *loi de Dieu* dit : *Des hommes injustes m'ont récité leurs exercices, mais ils n'ont pas parlé comme ta loi.* Ce sont des *hommes injustes* qui font ces discours. Or la voix de Dieu a interdit au pécheur de *réciter* des paroles saintes, parce que l'*iniquité* n'admet pas la vérité de l'enseignement céleste. « Dieu a dit en effet au pécheur : Pourquoi récites-tu mes décrets et as-tu toujours à la bouche mon alliance ? Or tu détestes la discipline et tu as rejeté mes paroles derrière toi[a]. » Donc le prophète ne supporte pas ces *exercices*, lui qui sait que rien n'est comparable à l'*annonce* de la *Loi*.

7. Ensuite, il a ajouté : Tous tes jugements sont
vérité ; ils m'ont iniquement persécuté, aide-moi.
Celui qui *persécute* le juste, le *persécute* nécessairement de façon *inique*, l'*iniquité* étant le résultat d'une action injuste. L'Apôtre connaît aussi cette *iniquité* des *persécutions*, quand il dit : « Tous ceux qui veulent vivre scrupuleusement dans le Christ supporteront la *persécution*[a]. » « Nombreuses en effet sont les tribulations des justes[b]. » Tantôt Satan s'acharne, tantôt ses serviteurs

---

6. a. Ps. 49, 16-17
7. a. II Tim. 3, 12 ‖ b. Ps. 33, 20

---

9. TERTULLIEN accuse aussi successivement les philosophes (*Apol.*, 46, 7 s.) et les hérétiques (*Apol.*, 47, 9 s.).

nunc ministeria eius impugnant, nunc *falsorum fratrum*
simulatio[c] ad nocendum arte fraudulentae insectationis
10 inrepit. Sed propheta, qui *ueritatem* esse mandata Dei
meminerit, iniustae *iniquitatis persecutionem* fideli animo
sustinet. Et quia *persecutionem* sciat fidei esse docimentum, non orat eam a se amoueri; sed *adiuuari* se
in ea postulat, et opem atque auxilium misericordiae
15 Dei precatur euangelici huius praecepti non ignarus :
*Qui non accipit crucem suam et sequitur me, non est me
dignus*[d].

8. *Veritas* ergo est in praeceptis Dei. *Veritas* nihil
falsum, nihil incertum, nihil imperfectum habet. *Persecutio*
autem iusto intentata *iniqua* est. *Iniquitas* enim praedi-
catorem necesse est oderit *ueritatis*; sed auxilium a Deo
5 est *ueritatis* praedicatori. Graues enim meminit has esse
persecutorum molestias, et quia iusto utiles sint, non putat
amouendas. Periculosa namque otiosae fidei pax est, et
faciles securis excubiis insidiae sunt. Bellis autem exerci-
tatum uirum non cito doli capient; et glorioso *certamine*
10 opus est, ut *corona* uictoriae deferatur[a]. Ob quod non
orat adimi sibi causam certandi, sed tribui auxilium
uincendi.

VL   RC   pA   r   S   m

7, 8 ministri *r* ‖ 10 subrepit *V r* ‖ 11 meminit *V* ‖ iniquitates *V* ‖ 12
et > *C pA* ‖ 13 a se > *pA m* ‖ moueri *C*   remoueri *S Ba. Er. Gi.
Mi.* ‖ iuuari *pA* ‖ 15 deprecatur *C* ‖ 16 accepit *V r Zi.*

8, 3 intenta *VL* ‖ 5 ueritatis : -tes *V* ‖ 6 persecutores *V*   -toris
r ‖ et : sed *Zi.* ‖ 11 adimi : dimitti *r*   pr. sibi *Ba. Er. Gi. Mi.* ‖
tribuit *V*

─────────

7. c. cf. II Cor. 11,26; Gal. 2,4 ‖ d. Matth. 10,38
8. a. cf. II Tim. 4,7-8

─────────

10. Tert., *Marc.*, 1,20,4, évoque aussi les manœuvres des «faux
frères» à l'aide du verbe *inrepsisse*.

attaquent, tantôt l'hypocrisie de «faux frères[c]» se fait
insidieuse pour causer du tort, par le biais d'attaques
trompeuses[10]. Mais le prophète, parce qu'il se souvient que
les commandements de Dieu sont la *vérité*, soutient dans la
fidélité la *persécution* que lui inflige l'injuste *iniquité*. Et
comme il sait que la *persécution* est une occasion de
montrer sa foi[11], il ne demande pas qu'elle soit écartée de
lui, mais il souhaite être alors *aidé*, et il implore
l'assistance et le secours de la miséricorde de Dieu, lui qui
n'ignore pas ce précepte de l'Évangile : «Celui qui ne
prend pas sa croix et ne me suit pas, n'est pas digne de
moi[d].»

8. La *vérité* est donc dans les préceptes de Dieu. La *vérité*
ne comporte rien de faux, rien d'incertain, rien d'impar-
fait[12]. Or la *persécution* dirigée contre le juste est *inique*.
En effet, l'*iniquité* hait nécessairement le héraut de la
vérité. Mais de Dieu un secours vient au héraut de la *vérité*.
Il se souvient en effet que ces violences des *persécuteurs*
sont pénibles, et pourtant, parce qu'elles sont utiles au
juste, il ne pense pas qu'il faille les écarter. En effet, la
paix d'une foi tranquille est dangereuse, et il est facile de
tendre une embuscade à des sentinelles sans inquiétude.
Au contraire, un homme qui a l'expérience de la guerre ne
se laissera pas aisément prendre par les ruses ; et il faut un
«combat» glorieux pour se voir accorder la «couronne» de
la victoire[a]. Aussi, ne demande-t-il pas que lui soit enlevée
une occasion de se battre, mais que lui soit accordé un
secours pour vaincre[13].

---

11. Même point de vue chez CYPR., *Fort.*, 9.
12. Définition rappelant celles du *uerum* par CIC., *Ac.*, 2, 46, 141 ou
2, 35, 113.
13. Sur les dangers d'une paix trompeuse, cf. CYPR., *Eccl. unit.*, 1.
Même comparaison du chrétien avec un soldat ou un athlète chez
CYPR., *Fort.*, 2 ; *Mort.*, 12.

9. Meminit autem non in leui se temptationum esse
87 pugna. Sequitur enim : Pavlo minvs consvmmavervnt
me in terra ; ego avtem non dereliqvi mandata tva.
Prope usque ad finem fidei iniustae persecutiones pro-
5 phetam redegerunt, illae scilicet, de quibus superius
diximus, *spiritales nequitiae in caelestibus*[a], quae nos ad
corporalia uitia ingestis cupiditatum inlecebris instigant.
Paene igitur est propheta *consummatus in terram*, id est
in corporum uitia et peccata deiectus. Vt enim *consum-*
10 *matio* bonorum ita et malorum est. Sed ingruentibus
licet his perniciosissimis inimicis ac *persequentibus se*[b]
mandata Dei non dereliquit ; et infirmata licet naturae suae
imbecillitate in praeceptis Dei permanet, hoc gloriosius
in *mandatis Dei* permanens, quo paene naturae suae
15 infirmitas sit subacta.

10. Concludit deinde modestiae et spei suae more
88 dicens : Secvndvm miserationem tvam vivifica me, et
cvstodiam testimonia oris tvi. *Viuificari* se tamquam
nondum *uiuens* precatur et *custoditurum se testimonia*
5 *oris Dei*, tamquam nunc non *custodiat*, pollicetur. Sed
cum *uiuit* in corpore, *uitam* ille non huius saeculi concupiscit ; et cum *testimonia* Dei in lege *custodiat*, tamen

---

VL RC pA r S m

9, 1 non > *C* ‖ se > *pA* ‖ temptatione *r* ‖ 2 pugna > *V r* ‖ 3
terram *m* ‖ derelinqui *C* ‖ 5 redigerunt *VL R r* ‖ quibus + iam *A* ‖ 8
poenae *R* ‖ terra *Gi. Mi. Zi.* ‖ 11 inimicis > *C pA* ‖ 12 derelinquit *L C*
pA r S m Mi. ‖ 14 quod *pA S m Ba. Er. Gi. Mi.*

10, 1 modestae *C pA m* ‖ 2 misericordiam *R Mi.* ‖ 5 nunc > *V r* ‖ 6
uiuat *pA S m Ba. Er. Gi. Mi.* ‖ 7 testimonia — custodiat > *V*

---

9. a. cf. Éphés. 6, 12 ‖ b. cf. *v. 86*

9. Mais il se souvient qu'il n'est pas engagé dans un combat facile contre les tentations. Suit en effet : Peu s'en faut qu'ils m'aient achevé sur terre ; mais moi je n'ai pas abandonné tes commandements. D'injustes persécutions ont amené le prophète presque à la perte de sa foi ; il s'agit de ces «esprits pervers dans les cieux[a]», dont nous avons parlé plus haut, qui nous incitent aux vices du corps, en nous présentant les séductions des passions. Donc le prophète a presque été *achevé*, jeté à *terre*, c'est-à-dire dans les vices et les péchés du corps. En effet, comme il existe un *achèvement* dans le bien, il en existe un aussi dans le mal. Mais, bien que ces ennemis si malfaisants l'assaillent et «le persécutent[b]», *il n'a pas abandonné les commandements de Dieu* ; et la faiblesse de sa nature a beau être fragile, il demeure dans les préceptes de Dieu, et tire d'autant plus de mérite de demeurer dans les *commandements de Dieu* que la fragilité de sa nature a failli succomber.

10. Il conclut, avec sa réserve[14] et son espérance habituelles, en disant : Selon ta miséricorde fais-moi vivre et je garderai les témoignages de ta bouche. Il demande à recevoir la *vie* comme s'il ne *vivait* pas encore et promet de *garder les témoignages de la bouche de Dieu*, comme si maintenant il ne les *gardait* pas. Mais, tout en *vivant* dans un corps, il ne désire pas la *vie* de ce monde ; et bien qu'il *garde les témoignages* de Dieu contenus dans la

87

88

---

14. Cf. 10, 18.

testimonia oris Dei custoditurum se pollicetur, quae euangelicis innouata praeceptis non adulterio tantum, sed
10 etiam desiderio adulterii[a] abstinentes sola fidei sanctificatione consummant, per Dominum nostrum Iesum
Christum, qui et *os* et *dextera*[b] et *uirtus* et *sapientia*
Dei[c] est, benedictus in saecula saeculorum. Amen.

VL   RC   pA   r   S   m

10, 9 innouatur *V* ‖ 10 sanctificationem *r* ‖ 11 iesus *V* ‖ 12 et os :
deus *V*   os *r S Ba. Er. Gi.*   > *L* ‖ 13 amen > *V r*
   explicit littera XI *VL r*   finit *R*   finit littera undecima *C*
pA   finit caph *S*

Loi, il promet cependant de *garder les témoignages de la
bouche de Dieu*, qui renouvelés par les préceptes de
l'Évangile, rendent parfaits par la seule sanctification de la
foi ceux qui s'abstiennent non seulement de l'adultère,
mais même du désir de l'adultère[a], par notre Seigneur
Jésus-Christ, qui, *bouche*, « droite[b] », « puissance » et « sagesse de Dieu[c] »[15] est béni dans les siècles des siècles. Amen.

---

10. a. cf. Matth. 5, 28 ‖ b. cf. Rom. 8, 34 ‖ c. cf. I Cor. 1, 24

---

15. Formule voisine en 9, 9.

LAMED

IN AETERNVM, DOMINE, PERMANET VERBVM TVVM IN CAELO, ET RELIQVA.

1. Sermonem prophetae non in humilibus ac peruulgatis demorari decet, sed semper excelsa et Deo digna tractare, atque ita, ut, dum nos ad innocentis uitae obseruantiam imbuit, ingenii quoque nostri humilitatem ad intelle-
5 gentiam diuinorum et inuisibilium sacramentorum extollat. Nec sane humana infirmitas in caelestem scientiam se ipsa proueheret, nisi Deo donum scientiae per doctrinam spiritus largiente ad cognitionem diuinae et imperspicabilis naturae erudiretur. Volens igitur propheta
10 praestare nos ac perficere Deo dignos et sciens repositum humanae spei esse, ut in caelestem gloriam, si disciplinam caelestis oboedientiae consectaretur, accederet, ita coepit :
89 IN SAECVLVM, DOMINE, PERMANET VERBVM TVVM IN CAELO.

VL RC pA r S m

lamed > *R m*   *pr.* incipit XII *L r*   *pr.* incipit littera duodecima feliciter *V*   *pr.* incipit *C A S*   + littera duodecima *C A*   + tractatus *S*

in aeternum — et reliqua : in aeternum domine et reliqua *Ba. Er.*   *omnes uersus litterae duodecimae R Gi. Mi.*   > *S* ‖ aeternum : saeculum *C p Zi.* ‖ caelo : finem *V* ‖ et reliqua > *C pA m*

1, 1 ac : aut *L pA Mi.* ‖ 4 nostri quoque *V r* ‖ 5 extollat > *C* ‖ 7 ipsam *S* ‖ deo donum : dono *R* ‖ 10 praestare : testare *VL* ‖

LAMED

POUR L'ÉTERNITÉ, SEIGNEUR, TA PAROLE DEMEURE DANS LE CIEL, ET LA SUITE.

1. Il convient que le prophète dans ses propos ne se limite pas à des sujets médiocres et très ordinaires, mais traite toujours de questions élevées et dignes de Dieu, et cela de telle façon que, tout en nous formant à la pratique d'une vie sans faute, il élève aussi la médiocrité de notre esprit jusqu'à l'intelligence des mystères divins invisibles[1]. Assurément, la faiblesse humaine ne progresserait pas d'elle-même jusqu'à la connaissance céleste, si elle n'était formée, grâce à Dieu qui accorde largement le don de science par l'enseignement de l'Esprit, à la connaissance de la nature divine impénétrable[2]. Donc, le prophète qui veut nous rendre parfaitement dignes de Dieu et qui sait qu'il est réservé à l'espérance humaine d'atteindre la gloire céleste à condition qu'elle poursuive sa formation à l'obéissance céleste, commence ainsi : Pour le siècle, Seigneur, ta parole demeure dans le ciel.

89

---

11 in > *pA m* ‖ 12 ascenderet *pA m Mi.* ‖ 13 domine > *R Ba. Er.* ‖ uerbum tuum permanet *L C pA S*

---

1. Rappel du sens général donné au psaume 118 et précisé dès exord., 1.
2. La science est un don de Dieu : *I Cor.* 12,8 ; Lact., *Inst.*, 1,1. Sur l'obéissance qui doit accompagner la générosité du don de l'Esprit, cf. Cypr., *Donat.*, 4.

2. *In caelo* ait, quia scit in terris propter falsitatem hominum non manere. Et quomodo *in caelo* maneat, ipsa ueluti corporalis contemplationis fide cernitur. Non est illic transgressio, non demutatio, non infirmitas, non
5 otium. Contueamur solis annuum cursum et menstruum lunae recursum, astrorum quoque aut stationes aut conuersiones aut demutationes; numquid non finibus suis et constitutis terminis ac decretis uicissitudinibus continentur? Nihil illic demutatur, nihil differtur, nihil negle-
10 gitur; sed in constitutionis suae manet lege et indefessis oboedientiae ministeriis perseuerat.

3. Sed seruauit hanc desinendorum et praeteritorum officiorum propheta rationem dicens : *In saeculum, Domine, permanet uerbum tuum in caelo.* Latini quidem interpretes ambigua id significatione et minus propria
5 transtulerunt. Nam quod apud illos est : Εἰς τὸν αἰῶνα, κύριε, id nobiscum est *in aeternum, Domine* translatum. Accipi autem *aeternum* ita potest, ut intellegatur nullo id quod *aeternum* est fine desinere. *Saeculum* uero, quod αἰῶνα graece est, intra spatium definiti temporis conti-
10 netur. Non enim ait : *In saeculum saeculi* neque *in*

VL   RC   pA   r   S   m

2, 2 caelos *V*   caelis *A m* ‖ 3 ipse *V* ‖ fidem *V* ‖ 5 mensuum *VL*   mensium *r* ‖ 7 conuersationes *V* ‖ finibus : *pr.* in *VL r* ‖ 9 differtur : deseritur *pA m* ‖ 10 indefessis : *pr.* in *C pA edd.*
3, 1 seruabit *V* ‖ praeteriturorum *pA r Mi. Zi.* ‖ 3 quidam *R r Ba. Er. Zi.* ‖ 4 pro patria *C* ‖ 5 apud illos est : graecitas habet *pA m Mi.* ‖ 8 saeculum : secundum *pA r*

3. Commentaire très proche de celui d'Origène (*Ch. p.*, p. 330, v. 89, l. 4-9). Le vocabulaire d'Hilaire s'inspire de celui des textes cosmologiques de Cic., *Nat. deor.*, 2, 19, 49-50. Sur la permanence qui règne dans les révolutions célestes, cf. *Nat. deor.*, 2, 21, 54-55.

2. Il dit : *Dans le ciel*, parce qu'il sait qu'elle ne demeure
pas sur terre, à cause de la fausseté des hommes. Et le
témoignage même de ce que d'une certaine façon contem-
plent nos yeux nous aide à voir comment elle demeure
dans le ciel. Là, il n'y a ni transgression, ni changement, ni
défaillance, ni relâche. Considérons la course annuelle du
soleil et le retour mensuel de la lune, considérons aussi les
stations, les révolutions ou les variations des astres ; ne se
tiennent-ils pas dans leurs limites, à l'intérieur des bornes
qui leur ont été fixées et des successions qui leur ont été
assignées ? Il n'y a, dans ce domaine, aucun changement,
aucune variation, aucune négligence ; mais chaque chose
reste soumise à la loi qui l'a établie et se maintient dans
l'indéfectible service de l'obéissance[3].

3. Mais le prophète a tenu compte de la fin promise et de
la disparition de ces fonctions en disant : *Pour le siècle*[4],
Seigneur, ta parole demeure dans le ciel. Les traducteurs
latins, il est vrai, ont donné à ces mots une signification
ambiguë et moins propre. En effet, ce qui chez les autres se
dit : Εἰς τὸν αἰῶνα, κύριε, a été traduit chez nous par : *Pour
l'éternité, Seigneur*. Or, on ne peut admettre *éternité* que si
l'on comprend que ce qui est *éternel* n'a aucune fin. Mais le
siècle, qui en grec se dit αἰῶνα, est contenu à l'intérieur
d'un laps de temps défini. Il ne dit pas en effet : *Pour le*

Minvcivs Felix (17, 5-6) a pu servir d'intermédiaire entre Hilaire et
Cicéron. Hilaire revient sur ces questions en *In psalm.* 68, 29 ; 134, 11 ;
143, 18 ; *Trin.*, 12, 53, textes commentés par J. Doignon dans « Ordre
du monde ... ».
    4. La leçon *in saeculum* ne se lit plus dans aucun manuscrit du
psautier romain (cf. Weber, *Psautier*, p. 301) ; tous les témoins ont *in
aeternum*, ce qui nous amène à rétablir *quidem* (l. 3) au lieu de *quidam*.
Si elle est personnelle, la leçon *in'saéculum* montre qu'Hilaire n'a pas
hésité, à l'occasion, à adapter le texte du psaume au commentaire
d'Origène.

saecula saeculorum, sed : *In saeculum uerbum tuum permanet.*
Scit post hoc *saeculum caelum* et terram praeterire Domino
dicente : *Amen dico uobis, caelum et terra praeteriet,
uerba autem mea non praeteribunt*[a]. Meminit etiam hoc
15 *saeculum praeteriturum* esse, ut sit *caelum nouum et terra
noua*[b]. Idcirco ait : *In saeculum, Domine, permanet uerbum
tuum in caelo*; quia post hoc *saeculum* transeunte *caelo
uerbum* hoc oboedientiae constitutae in creaturis, quae
reuelationem filiorum Dei expectent[c], non necesse sit
20 *permanere.*

4. Sed non idcirco non et in *terris* aliquando *Dei
uerbum* est, licet id tantum *in caelo* propheta praedicet
manere. Nemo enim nostrum est, qui non interdum donum
spiritalis gratiae sentiat, qui non aliquando in se habeat
5 *Dei uerbum*, cum sobrius, cum tranquillus est, cum
continens est, cum beniuolus est, cum misericors est;
in his enim cum sumus, manet in nobis *Dei uerbum*, cum
praeceptis eius bonarum rerum oboeditione famulamur.
Sed subrepentibus turbidarum adfectionum motibus, cum
10 subit pecuniae cura, cum aestus turpis ac lasciuae
cupiditatis accenditur, cum irae impetus commouetur,
cum ebrietas desideratur, iam non est in nobis manens
Dei uerbum. Est autem in his qui secundum apostolum

VL   RC   pA   r   S   m

3, 12 caelum et > *C* ‖ terra *L* ‖ 13 praeteriet : -rient *Ba. Er. Gi.
Mi.* ‖ 14 praeteribunt : transient *Ba. Er. Gi. Mi.* ‖ etiam : autem *C pA
m* ‖ 16 saeculo *L R Ba. Er.* ‖ 16-17 uerbum tuum permanet *S* ‖ 17
postquam hoc saeculum transierit in caelo *S Ba. Er. Gi.* ‖ 18 uerbum
+ tuum *V* ‖ 19 expectant *Ba. Er. Gi. Mi.* ‖ non > *C pA r²S m Ba. Er.
Gi. Mi.*

4, 1 et : ei *R* ‖ 2 prophetae *V* ‖ 6 beneuolens *pA m* ‖ 7 in nobis
> *R* ‖ 8 oboeditionem *V*   -ni *r*   oboedientiae *pA m* ‖ 10
lasciuiae *VL m* ‖ 11 irae impetus : ira pectus *R S Ba. Er. Gi.* ‖ 12 cum
ebrietas desideratur > *C pA m* ‖ 12-13 est ... manendi uerbum dei
R   manet uerbum dei *S Ba. Er. Gi.*

siècle du *siècle*, ni : *Pour les siècles* des *siècles*, mais : *Pour le siècle, ta parole demeure*[5]. Il sait qu'après ce *siècle*, le *ciel* et la terre passent, car le Seigneur dit : «Amen, je vous le dis, le *ciel* et la terre passeront, mais mes *paroles* ne passeront pas[a].» Il se souvient encore que ce *siècle* «passera», pour qu'il y ait «un *ciel* nouveau et une terre nouvelle[b]». C'est pourquoi, il dit : *Pour le siècle, Seigneur, ta parole demeure dans le ciel*, parce que, après ce *siècle*, le *ciel* disparaissant, cette *parole* qui rend compte de l'état d'obéissance des créatures, qui «attendent la révélation des fils de Dieu[c]», n'est pas appelée à *demeurer*.

4. Mais il n'est pas vrai pour autant que la *parole de Dieu* ne soit pas parfois sur «terre», bien que le prophète proclame qu'elle ne demeure que *dans le ciel*. Il n'est personne en effet parmi nous qui de temps en temps n'éprouve le don de la grâce de l'Esprit, qui parfois n'ait en soi la *parole de Dieu*, lorsqu'il est sobre, calme, chaste, bienveillant, miséricordieux ; en effet, lorsque nous sommes dans ces dispositions, la *parole de Dieu* demeure en nous, car nous nous soumettons à ses préceptes avec une obéissance dont témoignent nos bonnes actions. Mais, quand se manifestent les mouvements des passions agitées, que naît le souci de l'argent, que s'allume la flamme d'une passion honteuse et sensuelle, que part un accès de colère, que l'ivrognerie attire, alors la *parole de Dieu* ne demeure plus en nous. Mais elle est chez ceux qui, suivant l'Apôtre,

---

3. a. Matth. 24, 35 ‖ b. cf. Is. 65, 17 ; Apoc. 21, 1 ‖ c. Rom. 8, 19

---

5. Le commentaire d'*in saeculum* est très fidèle à celui d'Origène (*Ch. p.*, p. 332, v. 89, l. 21-24). Même citation de *Matth.* 24, 35. Sur la définition d'*aeternum* par *finis*, cf. TERT., *Anim.*, 24.

exuti *ueterem hominem cum* peccatis *suis nouum induunt*[a],
15 qui commortui Christo et *consepulti* iam *in nouitatem
uitae resurrexerunt*[b] et collocati sunt *in caelestibus*[c], qui
terrestris imagine derelicta *caelestis imaginem portant*[d].
In his enim tamquam *in caelo uerbum Dei permanet*,
in quibus hoc *uerbum* non offenditur ira, ebrietate, odio,
20 infidelitate, lasciuiis. Nam etsi aliquando manet, tamen
has cohabitationis suae contumelias non fert, ut semper
inesse *permaneat*. Si uero haec commemorata uitia semper
in nobis erunt, ne introire quidem polluta corporum
domicilia dignabitur.

5. Adest autem unicuique proximum, ut dictum est ;
stat enim ad ostium *uerbum Dei* et pulsat ostium animae
nostrae et dicit : *Ecce stans ante ostium pulso* ; *si quis
aperiet mihi ostium, ingrediar ad eum*[a]. Vult ergo semper
5 introire ; sed a nobis, ne introeat, excluditur. Cludimus
enim per haec corporis uitia animae nostrae aditum.
Quae si coeperit emundatis omnibus patere, ilico introibit
modo solis, qui clausis fenestrae ualuis introire prohibetur,

VL   RC   pA   r   S   m

4, 14 uetere homine *R Zi.* ‖ induerunt *Ba. Er. Gi. Mi.* ‖ 15 nouitate
VL C pA r m ‖ 17 terrestri *R* ‖ portat *VL* ‖ 20 lasciuia *pA S m Ba. Er.
Gi. Mi.* ‖ si *S* ‖ manet + in nobis *pA r S m Ba. Er. Gi. Mi.* ‖ tamen :
pr. non manet *pA* ‖ 21 has > *pA Ba. Er. Gi.* ‖ cohabitationis : ex quo
habitationis *pA*   habitationis *r m Mi.*   a sancto habitationis *Ba.
Er. Gi.* ‖ 22 inesse : in se *m* ‖ maneat *V r* ‖ commemora uitiam
V   quae commemoraui iam *r* ‖ 23 nobis : manibus *V r*
5, 1 proximo *R Gi* ‖ 2 hostium *R m* ‖ 4 aperuerit *R Gi.* ‖ 5
claudimus *Ba. Er. Gi. Mi.* ‖ 7 ilico : illi- *Mi.*   > *C pA m*

4. a. cf. Col. 3, 9-10 ‖ b. cf. Rom. 6, 4-5 ‖ c. cf. Éphés. 2, 6 ‖ d. cf.
I Cor. 15, 49
5. a. Apoc. 3, 20

ont dépouillé le «vieil homme avec ses» péchés «pour
revêtir l'homme nouveau[a]», qui, morts avec le Christ et
«ensevelis avec lui», sont «ressuscités» à une «vie nouvelle[b]» et sont placés «dans les cieux[c]», qui, ayant abandonné
l'«image du terrestre, portent l'image du céleste[d]». En
effet, comme *dans le ciel, la parole de Dieu demeure* chez
ceux en qui cette *parole* n'est pas offensée par la colère,
l'ivrognerie, la haine, l'infidélité, les plaisirs[6]. En effet,
même si parfois elle demeure, elle ne supporte cependant
pas de cohabiter avec ce qui l'outrage, au point d'y faire sa
demeure permanente. Mais si les vices que nous avons
évoqués sont toujours en nous, elle ne daignera même pas
entrer dans ces habitations souillées de nos corps[7].

5. Or, elle se tient très près de chacun, comme cela a été
dit ; car la *parole de Dieu* se tient à la porte et frappe à la
porte de notre âme et dit : «Voici que je me tiens à la porte
et je frappe ; si quelqu'un m'ouvre la porte, j'entrerai chez
lui[a].» Elle veut donc toujours entrer ; mais c'est nous qui
l'excluons, pour qu'elle n'entre pas. En effet, par ces vices
de notre corps, nous lui fermons l'accès de notre âme. Mais
si l'âme commence à s'ouvrir, après une purification
complète, aussitôt, elle entrera, comme le soleil que les
battants fermés d'une fenêtre empêchent d'entrer, mais

---

6. Reprise d'une idée contenue dans le commentaire d'Origène
(*Ch. p.*, p. 330-332, v. 89, l. 18-20.24-27). L'énumération des vertus et
des vices rappelle celle des «fruits de l'Esprit» et des «œuvres de la
chair» en *Gal.*, 5, 19-23.

7. En devenant un lieu d'habitation réservé à la parole divine,
dont la présence est incompatible avec celle des passions et des vices,
qui lui font outrage *(contumeliae)*, l'homme évoqué ici par Hilaire est
à l'image du sage stoïcien représenté dans le *De constantia sapientis* de
Sénèque qui, inaccessible à toute forme d'*iniuria* et de *contumelia*,
devient tout entier la possession de la vertu. Sur l'image du corps,
maison de l'âme, cf. *In Matth.*, 7, 6 ; 9, 2 (*SC* 254, p. 184 ; 204) et
J. Doignon, *Hilaire ...*, p. 311.

paténtibus uero totus immittitur. Ipsi quidem semper, ut
10 inluminet, promptum est, sed lumen sibi domus ipsa
obseratis aditibus excludit. Est enim *uerbum Dei sol
iustitiae*[b] adsistens unicuique, ut introeat, nec moratur
lucem suam repertis aditibus infundere. Manet igitur hoc
uerbum Dei in caelis per indefessam *caelestium* oboe-
15 dentiam. Quo exemplo in sanctis quoque, qui *caelestes*
secundum *caelestis imaginem* sunt[c], *Dei uerbum* manere
credendum est.

90a   **6.** Sequitur dehinc : In generationem et generationem veritas tva. Duplicem hanc sensus nostri intellegentiam, qua *uerbum Dei* manere ut *in caelo* ita et in
sanctis hominibus existimamus, uersus hic qui consequitur
5 confirmat. Non enim ait : *In generationem generationis*
aut a *generationibus generationum*, sed : *In generationem
et generationem ueritas tua*. Vtramque *generationem* simplici
significatione commemorat. Duas igitur *generationes* in
duobus populis cognouimus, quorum unus est legis et
10 prophetarum, alius est euangeliorum et apostolorum.
Veritas ergo *Dei* in solis his duabus *generationibus* manet.
Sed cum prior *generatio ueritatem Dei* intra se haberet,
nulla alia tum habuit. Erant enim plures *generationes*
gentium atque populorum. Et nunc cum haec eadem
15 *generatio* indigna exstitit, in qua *ueritas Dei* esset, hanc

VL RC pA r S m

5, 9 ipse *C pA r m Mi.* ‖ 10 in lumine *V* ‖ promptus *V pA r m Mi.* ‖
sibi : si *VL r* ‖ ipsa + sit *r* ‖ 11 deus *VL* ‖ 14 caelestium :
ministeriorum *pA m* ‖ 15 quo exemplo > *pA m* ‖ sanctis : his *pA m*
6, 1 deinde *R* ‖ generatione et generationem *R m Gi.*   generatione et generatione *C pA Mi.* ‖ 3 in[2] > *C* ‖ 4 omnibus *C* ‖ 5 in
> *R* ‖ generationem : regenerationem *C*   generatione *pA m Mi.* ‖ 6
a > *pA m Mi.* ‖ 6-7 generatione et generatione *C pA Mi.* generatione
et generationem *m Gi.* ‖ 10 euangeliorum : *pr.* et *V* ‖ 12 habere *V* ‖ 13
tunc *m*   eum *S Ba. Er.*

qui, dès qu'ils s'ouvrent, pénètre de tous ses rayons. Le
soleil, lui, est toujours prêt à l'illuminer, mais c'est la
maison elle-même qui le repousse, en lui fermant ses
accès[8]. En effet, la *parole de Dieu*, «soleil de justice[b]», est
là et se tient près de chacun, pour y entrer, et n'attend pas
pour répandre sa lumière, quand les accès lui sont ouverts.
C'est ainsi que cette *parole de Dieu* demeure *dans les cieux*
grâce à l'inlassable obéissance des êtres *célestes*. Suivant cet
exemple, il faut croire que dans les saints aussi, qui sont
célestes à l'«image du *céleste[c]*», la *parole de Dieu* demeure.

6. On lit ensuite : Pour une génération et une   90a
génération, ta vérité. La double interprétation qui nous
fait considérer que, de même qu'elle demeure «dans le
ciel», la «parole de Dieu» demeure aussi dans les saints, est
confirmée par le verset qui suit. Le prophète ne dit pas en
effet : *Pour la génération de la génération*, ou bien : *Depuis
les générations des générations*, mais : *Pour une génération et
une génération, ta vérité*. Dans une seule expression, il
évoque une double *génération*. Nous reconnaissons les deux
générations dans les deux peuples, dont l'un est celui de la
Loi et des prophètes, l'autre, celui des Évangiles et des
apôtres. La *vérité de Dieu* demeure donc en ces deux seules
générations. Mais au temps où la première *génération*
possédait la *vérité de Dieu*, aucune autre génération alors
ne la possédait. Il y avait en effet plusieurs *générations* de
nations et de peuples. Aujourd'hui, cette même *génération*
s'étant montrée indigne d'avoir en elle la *vérité de Dieu*,

5. b. Mal. 4, 2 (héb. 3, 20) ‖ c. cf. I Cor. 15, 48-49

8. Dieu comparé au soleil : Tert., *Marc.*, 2, 2.

eandem *Dei ueritatem*, praeter eam quae euangeliis credidit, non habet alia ulla *generatio*.

90b   **7.** Sequitur uero : Fvndasti terram, et permanebit.
Conuenerat ordini, ut post *caelum* dehinc *terra* nuncupa-
retur ; sed hoc quod medium est, id est : *In generationem
et generationem ueritas tua*[a], ob eam causam interuenisse
5 existimo, ut duplex illa de *caelo*, in quo *uerbum Dei*
manet[b], intellegentia confirmaretur. Nunc ergo tamquam
integer ordo seruatus est, cum post *caelum*, in quo
permanet Dei uerbum, fundata terra mansura est. Et
quidem hoc etiam de hac *terra* forte dictum intellegetur,
10 quae *fundata permanet*, quam secundum Salomonem *Deus
per sapientiam fundauit*[c], quae, cum fluidae sit *aquarum*
naturae superiecta et inconstanti innatet substrata elemento[d], ita tamen *sapientia* et uirtute et spiritu *Dei
fundata* fuerit, ut *permaneat*. Sed mihi propheticus sermo
15 etiam de *terra* humani corporis uidetur locutus, quae
ita *fundata* sit, ut in ea tamquam *in caelo uerbum Dei*
maneat. *Caelum enim et terra praeteribit*[e] ; et quomodo
haec *terra fundata* mansura est ? Nisi forte *fundata* in
hoc *saeculo* tantum mansura sit, id est secundum *saeculi*
20 huius constitutionem et ipsa mansura. Sed si *permansura*

VL   RC   pA   r   S   m

6, 16 eadem *V¹L* ǁ euangeliis : *pr.* cum *r*
7, 1 permanet *r* ǁ 2 terram nuncuparet *C* ǁ 3-4 generatione et
generatione *VL C pA Mi.*   generatione et generationem *R m Gi.* ǁ 6
intellegentia : *pr.* et *V* ǁ 8 sit *S* ǁ 9 intellegitur *R r S Ba. Er. Gi.* ǁ 10
quam : quae *V* ǁ 11 cum > *L* ǁ fluida *R* ǁ sint *VL r* ǁ aquarum :
quarum *V* ǁ 12 substrata : in substrato *m* ǁ 13 sapientia et : sapientiae
C pA r²m ǁ 14 maneat *VL r* ǁ 16 eam *L* ǁ 17 etenim *V r* ǁ 18 nisisi *VL
r* ǁ 19 mansura sit : mansit *V* ǁ 20 huius : humi *S*

7. a. *v. 90a* ǁ b. cf. *v. 89* ǁ c. cf. Prov. 3, 19 ǁ d. cf. Gen. 1, 9-10 ; Ps.
135, 6 ǁ e. Matth. 24, 35

aucune autre *génération* sinon celle qui a cru aux Évangiles
ne possède cette même *vérité de Dieu*[9].

7. Pour la suite : Tu as fondé la terre, et elle   90b
demeurera, il aurait été conforme à l'ordre qu'après le
«ciel», la *terre* fût nommée ; mais ce qui s'interpose, à
savoir : «Pour la génération et la génération, ta vérité[a]», a
été inséré, à mon avis, pour confirmer la double interprétation concernant le «ciel», où demeure la «parole de Dieu[b]».
En fait, un ordre presque intact a été maintenu, étant
donné qu'après le «ciel», où «demeure la parole de Dieu»,
la *terre* qui a été *fondée* est appelée à rester. Peut-être
comprendra-t-on que ces paroles sur la *terre* qui, *fondée*,
demeure, s'appliquent à celle que «Dieu», suivant Salomon,
a «*fondée*» dans sa «sagesse[c]», et qui, bien qu'elle ait été
placée au-dessus des «eaux» qui coulent et qu'elle flotte à
la surface d'un élément sans consistance[d], a cependant été
«*fondée*» par la «sagesse», la vertu et l'esprit de «Dieu» de
façon à *demeurer*[10]. Mais il me semble que les mots du
prophète ont aussi désigné la *terre* du corps humain[11], qui a
été *fondée* de telle sorte qu'en elle, comme «dans le ciel, la
parole de Dieu» demeure. «En effet le ciel et la *terre*
passeront[e].» Et comment comprendre que cette *terre* qui a
été *fondée* est appelée à rester, sinon ainsi : elle n'a été
fondée que pour rester dans ce «siècle», c'est-à-dire qu'elle
restera elle aussi suivant le plan établi pour ce «siècle».
Mais si elle est appelée à *demeurer*, mot qui veut dire

---

9. Commentaire du v. 90a inspiré d'Origène (*Ch. p.*, p. 332, v. 90-
91, l. 1-9). Sur le privilège d'Israël qui possédait, auparavant, seul, la
Loi, cf. *In psalm.* 143, 6 ; *Éphés.*, 2, 11-12.

10. Même allusion à *Prov.* 3, 19 dans le commentaire d'Origène
(*Ch. p.*, p. 334, v. 90-91, l. 19-22). La représentation de la terre
flottant à la surface des eaux rappelle Plin., *Nat.*, 2, 66 ; 2, 242.

11. Même rapprochement entre «terre» et «corps humain» chez
Cypr., *Domin. orat.*, 16 ; Tert., *Carn.*, 9, 2.

est, quo uerbo significatur in perpetuum mansura, earum
necesse est *generationum terra fundata* et mansura esse
credenda est, quibus ob *ueritatem* in his *Dei* manentem
caelestis horum nunc *terrenorum corporum gloria* prae-
25 paratur[f]. Et absolutius id ita consequenti uersu poterit
intellegi.

91 **8.** Ait enim : ORDINATIONE TVA PERSEVERAT DIES,
QVONIAM OMNIA SERVIVNT TIBI. *Dies* iste, qui nunc est, non
perseuerat, interuentu noctis exemptus. Aut si de huius
diei temporibus locutus esset, mentionem etiam noctis
5 fieri conuenerat, quae pari, ut *dies, Dei ordinatione*
persistit. Sed quia *dies* lux est et sanctus quisque *mundi*
istius *lumen est*[a], huius ergo *luminis dies* non ambigue
ordinatione Dei perseuerare credetur et *perseueraturus*, quia
omnia Deo seruiant. Nunc enim non *omnia Deo seruiunt*.
10 Numquid et peccatores *Deo seruiunt*? Numquid et hi
seruiunt, qui adhuc scabello Domini pedum subdendi
sunt? Dixit enim Dauid : *Dicit Dominus Domino meo :*
Sede a dextris meis, donec ponam inimicos tuos scamillum
pedum tuorum[b]. Et secundum apostolum : *Oportet eum*
15 *regnare, donec ponat inimicos suos sub pedibus eius*[c].
Ergo tunc *dies*, id est sanctorum *lumen* permanebit, cum
Deo coeperint uniuersa *seruire*.

VL RC pA r S m

7, 21 uerbo : modo *pA r² m* ‖ 25 ita : in *r*
8, 1 perseuerant *r* ‖ 3 exeptus *pA*   exceptus *m* ‖ de > *V* ‖ 5 dei
dies *A* ‖ 6 quia > *VL* ‖ et > *C pA m* ‖ 6-7 istius mundi *V r* ‖ 8
creditur *R pA S m edd.*   crederetur *C* ‖ 9 nunc — seruiunt > *C*
pA ‖ non > *m* ‖ 11 scabello : seruiunt scamillo *V* ‖ dei *C pA m* ‖ 12
enim : autem *Mi.* ‖ dixit *p²A r S m edd.* ‖ 13 scabellum *RC pA r S m*
Gi.   scamnellum *Ba. Er.* ‖ 15 inimicos : *pr.* omnes *L* ‖ eius : suis *R*
pA m Gi. Mi. ‖ 17 uniuersa : *pr.* in *V*

qu'elle est appelée à rester pour toujours, il faut croire
nécessairement que la *terre fondée* et appelée à rester est
celle des «générations» auxquelles est préparée, parce que
la «vérité de Dieu» demeure en elles, la «gloire céleste» de
ces «corps» aujourd'hui *«terrestres[f]»*. Et l'on pourra mieux
le comprendre d'après le verset suivant.

8. Il dit en effet : PAR TON ORDRE, LE JOUR PERSÉVÈRE,   91
PARCE QUE TOUTES CHOSES TE SERVENT. Ce *jour*, celui de
maintenant, ne *persévère* pas, puisqu'il est interrompu par
la venue de la nuit[12]. Ou bien, s'il avait parlé de la durée
de ce *jour*, il aurait fallu qu'il fît aussi mention de la nuit,
qui, comme le *jour*, se maintient également par un *ordre de
Dieu*. Mais puisque le *jour* est lumière et que tous les saints
«sont la lumière de» ce «monde[a]», nous croirons sans
hésiter que c'est le *jour* de cette «lumière» qui, par l'*ordre
de Dieu, persévère*, et qui *persévèrera*, parce que *toutes choses
serviront Dieu*. Aujourd'hui en effet, *toutes choses* ne *servent*
pas *Dieu*. Les pécheurs *servent*-ils *Dieu* ? Et ceux qu'il reste
encore à soumettre pour qu'ils soient le marchepied du
Seigneur, le *servent*-ils ? David en effet a dit : «Le Seigneur
dit à mon Seigneur : Assieds-toi à ma droite jusqu'à ce que
je fasse de tes ennemis ton marchepied[b].» Et suivant
l'Apôtre : «Il faut qu'il règne, jusqu'à ce qu'il place ses
ennemis sous ses pieds[c].»[13] Donc le *jour*, c'est-à-dire la
«lumière» des saints, demeurera, quand toutes choses
commenceront à *servir Dieu*.

7. f. cf. I Cor. 15,40
8. a. cf. Matth. 5,14 ‖ b. Ps. 109,1 ‖ c. I Cor. 15,25

12. Définitions du jour (l. 2-3.6) à rapprocher de celles d'*In Matth.*,
5,13 (*SC* 254, p. 164), ou de TERT., *Anim.*, 10.

13. Les différentes citations de ce verset par Hilaire ont été
étudiées par J. DOIGNON, «Les implications théologiques d'une
variante...».

9. Et haec quidem a nobis secundum propheticam
atque apostolicam doctrinam commemorata sunt, ut,
quamquam in praesentibus dictis futurorum bonorum
significari tempus intellegatur, in quo et *caelum nouum*
5 *et terra noua*[a] et felix demutandorum *corporum gloria*[b]
et aeterna abolitis terrenorum uitiorum noctibus nostri
luminis dies spei et expectationi nostrae praeparatur,
tamen ut magnificentiam Dei omnes huius quoque mundi
creationes indemutabili officiorum suorum constitutione
10 testentur, cum ita firmata, fundata statutaque *omnia*
sint, ut perpetuis, quibus manebunt, constitutorum ab
exordio temporum cursibus *perseuerent*.

10. Sed propheta *perseuerare* se ut *diem* postulat seque
92 iam *seruum* esse Domini sui meminit dicens : Nisi qvod
LEX TVA MEDITATIO MEA EST, TVNC FORTE PERISSEM IN
HVMILIATIONE MEA. Frequenter admonuimus *humilia-*
5 *tionem* id significari, cum temptationibus anima subiecta
est et infirmitati suae derelicta *humilis* efficitur. *Lex*
ergo *ei meditatio est*; et *nisi ei meditatio fuisset*, forsitan
in humiliatione perisset. Non est ergo *meditatio legis Dei*,
cum tribulamur et angustiamur, relinquenda, sed cum
10 uariis corporum infirmitatibus adfligimur, cum inter perse-

---

VL   RC   pA   r   S   m

9, 2 memorata *S* || ut > *R* || 6 oblitis *R* || 7 et > *VL* || praeparantur
R Ba. Er. Gi. Zi. || 8 ut : et *pA r m Mi. Zi.* || huius > *A* || 8-9 mundi
constitutiones *V*   mundi sub pedibus creationes *C*   muneratio-
nes *m* || 10 testentur *A r* || cum > *R²* || fundata firmata *V* || statutane
V || 11 sunt *R*

10, 1 ut > *pA Er.* || 1-2 seque iam seruum esse : et in sequenti
seruum se esse *S Ba. Er.* || 3 est > *C pA* || forsitan *Gi. Mi.* || 4
humiliationem meam *VL*   humilitate mea *r S Ba. Er.* || 5
significare *C pA r S m Mi.* || 7 ei[1] : enim *C* || ei[2] meditatio[2] : meditatio
ei *V Ba. Er. Gi. Mi.* || 8 humiliationem *V* || 9 cum > *VL* || 10
infirmitatis *A*

9. Ce commentaire, bien sûr, nous l'avons fait, conformément à l'enseignement du prophète et de l'Apôtre, pour montrer que, même si l'on comprend que dans les paroles qui nous intéressent est indiqué le temps des biens à venir — dans lequel «un ciel nouveau, une terre nouvelle[a]», une «gloire» bienheureuse pour nos «corps» appelés à être changés[b], un *jour* éternel fait de notre «illumination», quand auront disparu les ténèbres de nos vices terrestres, sont réservés à notre espérance et à notre attente —, cependant toutes les créations de ce monde aussi témoignent de la grandeur de Dieu par l'immuable organisation de leurs fonctions, puisque *toutes choses* ont été affermies, fondées et établies de manière à *persévérer* dans la perpétuité immuable du cours des temps fixés à l'origine[14].

10. Mais le prophète demande à *persévérer* comme le *jour* et se souvient qu'il est déjà le *serviteur* de son Seigneur, quand il dit : Si ta loi n'était l'objet de mon application, alors j'aurais peut-être péri dans mon humiliation. Nous avons maintes fois rappelé[15] que l'*humiliation* veut dire que l'âme est soumise aux tentations et qu'elle est *abattue*, parce qu'elle est abandonnée à sa faiblesse. Donc *la loi est l'objet de son application*, et *si elle n'avait pas été l'objet de son application, il aurait* peut-être *péri dans son humiliation*. Il ne nous faut donc pas abandonner notre *application* à la *loi de Dieu*, lorsque nous sommes en proie aux tribulations et à l'angoisse, mais, lorsque nous sommes atteints dans notre corps par différentes souffrances, lorsque nous sommes meurtris

92

---

9. a. cf. Is. 65, 17 ; Apoc. 21, 1 ‖ b. cf. I Cor. 15, 40-42

---

14. L'argument de l'ordre de l'univers invoqué pour prouver Dieu peut être emprunté à Min. Fel., 17, dépendant lui-même de Cic., *Tusc.*, 1, 70 ; *Nat. deor.*, 2, 55.

15. Cf. 9. 4.

cutionum bella uexamur, constans in nobis debet *legis* esse
meditatio. Vrant enim licet in excidium fidei ignes,
lacerent quoque ad periculum salutis nostrae flagella,
effodiant etiam ad eliciendam impietatis confessionem
15 redempta a Deo corpora ungulae, dicti tamen prophetici meminisse debemus, ut consortes ipsius simus. Dicamus et nos patientes atque uincentes : *Nisi quod lex tua
meditatio mea est, tunc forsitan perissem in humiliatione
mea*. Et beatitudinem *meditationis* huius iam in exordio
20 psalmorum propheta meminit dicens : *Beatus uir, qui non
abiit in consilio impiorum et in uia peccatorum non stetit
et in cathedra pestilentiae non sedit. Sed in lege Domini
fuit uoluntas eius, et in lege eius meditabitur die ac nocte*[a].
Et uere *beatus* erit, quisque *in Dei lege meditabitur*,
25 qua *meditatione* in ipsa quoque tribulationum *humiliatione*
seruabitur.

93   **11.** Dehinc sequitur : IN SAECVLVM NON OBLIVISCAR
IVSTIFICATIONVM TVARVM, QVIA IN IPSIS VIVIFICASTI ME.
Scit propheta secundum apostolum *finem legis* esse
Christum[a], in qua *iustificationum* obseruatio constituta
5 est, scit et in euangelia credituris *legem esse paedagogam*[b],
scit et *iustum ex fide uiuere*[c], scit et *legem spiritalem
esse*[d], scit quod qui ea quae in *lege sunt fecerit uiuet*[e],

---

VL   RC   pA   r   S   m

10, 11 legis debet *V* ‖ esse legis *S* ‖ 14 effodient *C*   fodiant *pA m
Gi. Mi.* ‖ 16-17 dicamus et nos > *r* ‖ 16 dicimus *C* ‖ 17 nos > *V* ‖
uincentes : dicentes *r* ‖ 18 est > *C pA* ‖ forte *RC A S m Mi.* ‖
humilitate *S Er. Gi. Mi. Zi.* ‖ 19 et : o *V*   > *r* ‖ iam > *C pA m
Mi.* ‖ 21-23 et in uia — die ac nocte : usque die ac nocte *r* ‖ 22-23 et in
cathedra — die ac nocte : et reliqua *C pA m* ‖ 23 fuit > *S Ba. Er.* ‖
ac : et *V Zi.* ‖ 24 quisquis *R edd.* ‖ dei in lege *S*   in lege dei *R edd.* ‖
25 quam *C*   quia *pA m Mi.* ‖ in > *V r* ‖ humiliatio *r*

11, dehinc sequitur > *A* ‖ 2 iustificationes tuas *R r Gi.* ‖ 4 quo *R
Gi.* ‖ conseruatio *r* ‖ 5 euangelio *VL r* ‖ 7 qui ea : quia *L C*

dans les combats des persécutions, l'*application* à la *loi*
doit être constante en nous. En effet, les bûchers peuvent
brûler pour anéantir la foi, les fouets aussi peuvent nous
lacérer jusqu'à mettre en péril notre vie, les ongles de fer
peuvent torturer notre corps racheté par Dieu pour nous
arracher une parole impie[16], nous devons cependant nous
souvenir de la parole du prophète, afin de lui être associés.
Disons, nous aussi, en supportant et en luttant victorieuse-
ment : *Si la loi n'était l'objet de mon application, alors
j'aurais peut-être péri dans mon humiliation.* Déjà, au
commencement des psaumes, le prophète s'est souvenu du
bonheur de ceux qui s'*appliquent* ainsi, en disant :
«Heureux l'homme, qui n'a pas marché suivant le conseil
des méchants, qui ne s'est pas tenu dans la voie des
pécheurs et ne s'est pas assis sur un siège de corruption.
Mais dans la *loi du Seigneur* sa volonté s'est tenue, et à sa
loi il *s'appliquera* jour et nuit[a].» Et vraiment, «heureux»
sera quiconque «*s'appliquera* à la *loi de Dieu*»; par cette
application, il sera protégé au milieu même de l'*humiliation*
des tribulations.

11. On trouve ensuite : Pour le siècle, je n'oublierai
pas tes règles de justice, parce qu'en elles tu m'as
fait vivre. Le prophète sait, suivant l'Apôtre, que la «fin
de la Loi», en laquelle est établie l'observance des *règles de
justice*, est le «Christ[a]»; il sait aussi que pour ceux qui
croiront aux Évangiles la «Loi est un pédagogue[b]»; il sait
aussi que le «juste *vit* par la foi[c]»; il sait aussi que la «Loi
est spirituelle[d]»; il sait que celui qui aura «fait» ce qui est
contenu dans la «Loi *vivra*[e]», et s'il déclare : *Pour le siècle,*

10. a. Ps. 1, 1-2
11. a. cf. Rom. 10, 4 ‖ b. cf. Gal. 3, 24 ‖ c. cf. Rom. 1, 17 ‖ d. cf.
Rom. 7, 14 ‖ e. cf. Rom. 10, 5

16. Énumérations semblables par Sen., *Contr.*, 10, 5, 9; Tert.,
Apol., 30, 7.

et idcirco ait : *In saeculum non obliuiscar iustificationum
tuarum*; *quia in ipsis uiuificasti me*; ut, quamquam *fides*
10 *euangelica finitis legis* sit operibus praedicanda, *iustificationum legis* tamen, quae sibi *uitae* initium sit, immemor
non sit, quia *legis iustificatio* euangelicae *iustificationis
fideique paedagoga* sit.

12. Constanter uero, cum sibi nulla *iustificationum Dei*
subrepere possit *obliuio*, id quod consequitur est professus
94 dicens : Tvvs svm ego, salva me ; qvia ivstificationes
tvas exqvisivi. Non omnibus uox professionis istius
5 competit, et rarus quisque est, qui *se Dei* audeat dicere.
Audebit sane ille qui dixit : *Mihi uiuere Christus est,
et mori lucrum*[a] et : *Viuo iam non ego, uiuit autem in
me Christus*[b]. Et qui huius fidei erunt similes, non
impudenter quod *Dei sint* confitebuntur. Vox ista est
10 animae Deo semper intentae ; opus istud est misericordiae
indefessae, continentiae immobilis, ieiunii usitati, largi-
tionis impaenitentis. Quomodo enim *se Dei esse* profite-
bitur in libidinem calens, in iram mobilis, in auaritiam
sollicitus, in ebrietatem sitiens, in gloriam saeculi inanis ?
15 Horum potius *erit* iste, non *Dei*. In quo enim haec

VL RC pA r S mB *(inde ab 12,13 :* in auaritiam*)*

11, 10 iustificationem *V r*
12, 2 sequitur *C pA m* ‖ profatus *pA* ‖ 5 et : sed *S Ba. Er. Gi.* ‖
audebat *C* ‖ 6 uiuere : uere *C* ‖ 10 deo > *R* ‖ 11 ieiuniis *L* ‖ uisitati
A ‖ 12 esse > *V* ‖ 14 solitus *r* ‖ 15 non : nomen *R*

12. a. Phil. 1, 21 ‖ b. Gal. 2, 20

17. L'idée directrice du commentaire du v. 93 — le prophète
n'oublie pas la Loi qui l'a conduit à l'Évangile — est contenue dans le
commentaire d'Origène (*Ch. p.*, p. 336-338, v. 93, l. 1-10).
18. La continence, le jeûne, la bonté font partie des biens
énumérés en *In Matth.*, 11, 9 (*SC* 254, p. 264). Ce sont les œuvres de la
sagesse, d'après *Gal.* 5, 22, et les manifestations de la patience selon

*je n'oublierai pas tes règles de justice, parce qu'en elles tu
m'as fait vivre,* c'est pour dire que, bien que la «foi» de
l'Évangile doive être annoncée quand auront été «ache-
vées» les œuvres de la «Loi», il n'oublie cependant pas les
règles de justice de la «Loi», qui marque pour lui le
commencement de la *vie,* parce que la *règle de justice* de la
«Loi» est le «pédagogue» qui le conduit vers la *règle de
justice* et la «foi» de l'Évangile[17].

12. Étant donné que l'*oubli* des *règles de justice de Dieu*
ne peut en aucune façon s'insinuer en lui, il a déclaré avec
assurance ce qui suit : Je suis tien, sauve-moi ; parce   94
que j'ai recherché tes règles de justice. Les paroles
de cette déclaration ne conviennent pas à tout le monde, et
rares sont ceux qui peuvent oser dire qu'ils *appartiennent à
Dieu.* Sans doute, osera le dire celui qui a dit : «Pour moi,
vivre c'est le Christ et mourir est un gain[a].» et : «Je vis,
mais non plus moi, c'est le Christ qui vit en moi[b].» Et ceux
qui auront une foi semblable ne confesseront pas impu-
demment qu'ils *appartiennent à Dieu.* Ces paroles sont
celles d'une âme toujours tendue vers Dieu ; elles sont le
fruit d'une inlassable miséricorde, d'une inflexible continence, de l'habitude du jeûne, d'une libéralité qui ne
regrette rien[18]. Comment en effet proclamera-t-il qu'il
appartient à Dieu celui qui brûle d'envie pour la débauche,
celui qui se laisse aller à la colère, celui qui s'agite pour
satisfaire sa cupidité, celui qui est avide d'ivrognerie ou de
la gloire de ce monde futile[19] ? C'est à ces passions d'abord
qu'il *appartiendra,* non *à Dieu.* En effet, comment celui en

Tert., *Patient.,* 7 ; 13, 2 ; 13, 5. L'amalgame entre les textes de Paul et
ceux de Tertullien a été étudié pour *In Matth.,* 11, 9, par J. Doignon,
Hilaire ..., p. 399-400.

19. La colère, l'adultère, la cupidité sont au nombre des œuvres de
l'impatience signalées par Tert., *Patient.,* 5, 19-20, d'après *Gal.*
5, 19 s.

passionum uitia abundabunt, quomodo non eorum *erit,*
quibus seruiet? Plures gentium dii; sed *unus* Paulo *Deus,*
ex quo omnia, et unus Dominus noster *Iesus, per quem*
omnia[c]. Constanter ergo propheta, cui soli seruit, quod
20 *suus sit* confitetur; et quia *suus sit,* ut *saluetur* orat.
Suus autem per id *est, quia iustificationes eius exquirat.*
Aliis quaerentibus gloriam mundi, aliis quaerentibus
agros, domos, pecuniam, ille iustitias Dei *exquirit* et
quod *Dei sit* gloriatur.

13. Est autem in istiusmodi pios ac religiosos uiros
ingens odium inreligiosorum. Et scit propheta uel saeculi
hominibus uel diabolo et ministris eius eum qui *se Dei*
profitetur *esse* pertaesum. Hoc etiam consequenti uersu
95 5 docet, quo ait : Me exspectaver**vnt** peccatores, **vt**
perderent; testimonia tva intellexi. Diabolo uel
ministris eius pugna est, omnem gloriam uiri fidelis auferre
et eum non ex portione Dei sinere esse, sed in damnationis
suae consortium adsumere. Longo itaque ac diutino
10 proelio contra fidem prophetae dimicatur. Sed memor
ille mandatorum Dei et *testimonia eius intellegens* restitit
atque permansit. Neque aliter spem eorum qui *perditionem*
suam *expectabant* elusit, quam quod uitae sibi in *testi-*
moniis Dei intellexit esse doctrinam. Arduum autem atque
15 difficile est *intellegere Dei testimonia,* et ultra praesentis

VL   RC   pA   r   S   mB

12, 16 quomodo + enim *V* ‖ 17 seruiat *V r* ‖ paulo : p. teste unus
C   solus *Ba. Er.* ‖ 18 iesus + christus *C pA mB* ‖ 21 eius > *S* ‖ 23
domum *A* ‖ iustitiam *pA mB* ‖ exquirit > *C*
13, 4 perosum *C pA B Mi.*   per iesum *R* ‖ hic *V* ‖ 5 qui *V r* ‖
me : *pr.* odiosum *VL r* ‖ 6 perderent + me *RC Ba. Er. Gi. Mi.* ‖ tua +
domine *S Ba. Er. Gi. Mi.* ‖ 7 pugna est : pugnam et *VL r*   cura est
pugnam et *S Ba. Er.*   cura est *Gi.* ‖ 8-9 damnationem suae
V   damnationem suam *r* ‖ 11 eius > *pA mB* ‖ 15 est > *pA mB*

qui abonderont les vices de ses passions n'*appartiendra*-t-il
pas à ce qu'il servira ? Nombreux sont les dieux des païens.
Mais, Paul, lui, n'a qu'«un Dieu, dont tout procède», et
nous n'avons qu'«un Seigneur, Jésus, par qui tout existe[c]».
Donc le prophète confesse avec assurance à celui-là seul
qu'il sert qu'il *est à lui*. Et puisqu'il *est à lui*, il demande à
être *sauvé*. Et il *est à lui, parce qu'il recherche ses règles de
justice*. Les uns cherchent la gloire du monde, les autres
cherchent des propriétés, des maisons, de l'argent[20] ; lui, il
recherche les formes de la justice de Dieu et il se félicite
d'*appartenir à Dieu*.

13. Cependant, vis-à-vis des hommes pieux et religieux
comme lui, la haine des impies est terrible. Et le prophète
sait que les hommes du monde ou le diable et ses serviteurs ont en aversion celui qui déclare *appartenir à
Dieu*. C'est ce qu'il montre encore par le verset suivant, où
il dit : LES PÉCHEURS M'ONT ATTENDU POUR ME PERDRE ;
J'AI COMPRIS TES TÉMOIGNAGES. Le combat du diable ou de
ses serviteurs consiste à ôter toute gloire à l'homme de foi
et à ne pas permettre qu'il appartienne à Dieu, mais à se
l'attacher pour l'associer à leur damnation. Aussi, un long
combat qui n'en finit pas est-il livré contre la foi du
prophète. Mais celui-ci, qui se souvient des commandements de Dieu et *comprend ses témoignages*, a résisté et
tenu bon. Et il n'a réussi à tromper l'attente de ceux qui
attendaient sa *perte* qu'en *comprenant* que sa doctrine de vie
résidait dans les *témoignages de Dieu*. Or, il est dur et
difficile[21] de *comprendre les témoignages de Dieu*, et leur

12. c. I Cor. 8,6

20. Énumération qui rappelle SALL., *Catil.*, 11,4 ; SEN., *Benef.*,
6,2,3 ; *Ep.* 80,10.
21. L'association de ces deux adjectifs est commune dans la langue
classique : CIC., *Inu.*, 2,163 ; *Leg.*, 1,38.

cognitiónis scientiam eorum *intellegentia* procedit. De *testi-*
moniis uero iam in psalmi exordio tractauimus. Per haec
enim praesentia legis *testimonia testimoniorum* aeternorum
cognitio praestatur. Denique id ipsum consequens sermo
20 demonstrat.

96a   **14.** Sequitur enim : Omni consvmmationi vidi finem.
Frequenter admonuimus non posse satisfactionem intellegentiae ex latinitatis translatione praestari. Alia enim uis
dicti huius est ex graeco enuntiati ; ita enim est : Πάσης
5 συντελείας εἶδα πέρας. Id quod cum Graecis πέρας nuncupatur, ultra *finem* est rerum statutarum neque aliquo, ut
desinat, continetur, sed *omnem* limitem sub indefinita
significatione transcendit. Quod autem nobiscum scribitur : *In finem, fine* eo qui significatur existimatur id, unde
10 agitur, contineri. Sed propheta, qui non corporalia neque
terrena testimonia legis intellegit, secundum graecam
significantiam ultra *omnem consummationem* contuetur.
Scit *consummationem* esse temporum legis, cum *post*
plenitudinem temporis[a] Deus in corpore contuendus sit ;
15 sed ultra hanc *consummationem uidet* ; *uidet* enim euan-

---

VL RC pA r S mB

13, 16 intellegentiam *V* ‖ 18 aeternorum > *V r*
14, 1 omni consummationem *V*   omnis consummationis *m Ba.*
Er. Gi. Mi. ‖ uide *C Mi.* ‖ 2 satisfactione *V* ‖ 4 est : ait *r* ‖ 4-5 πάσης —
πέρας > *mB Ba.* ‖ 5 graeco *r* ‖ πέρας > *m* ‖ 9 quo *C pA Mi.*   quod
mB ‖ existimabitur *C pA Gi. Mi.* ‖ 10 agimus *V r* ‖ 12-13 consummationem contuetur scit > *V* ‖ 13 esse > *R* ‖ legis : legit *r*   > *pA*
mB ‖ 14 temporum *VL R r S edd.* ‖ corporum *V* ‖ 15 uidet[2] > *VL* ‖
etenim *pA mB Mi. Zi.*

---

14. a. cf. Gal. 4, 4

---

22. Cf. 1, 7.
23. Cf. 4, 12 ; 5, 1 ; 5, 7 ; 12, 3. Sur l'aveu de «l'infériorité» de la
traduction latine par rapport au texte grec, voir J. Doignon,
Hilaire ..., p. 531-543.

compréhension va au-delà du savoir que donne une
connaissance pour le présent. D'ailleurs, nous avons déjà
parlé des *témoignages* au commencement du psaume[22]. En
effet, par ces *témoignages* de la Loi qui s'appliquent au
présent, nous est donnée la connaissance des *témoignages*
éternels. C'est ce que montre effectivement le développement suivant.

14. Suit en effet : POUR TOUT ACCOMPLISSEMENT, J'AI VU   96a
UNE FIN. Nous avons souvent rappelé[23] qu'on ne pouvait
obtenir un sens satisfaisant à partir de la traduction latine.
Autre est en effet la valeur des propos énoncés en grec où
l'on lit : Πάσης συντελείας εἶδα πέρας[24]. Ce que les Grecs
entendent par πέρας va au-delà de la *fin* des choses établies
et n'est contenu par rien qui le fasse cesser, mais dépasse
toute limite par sa signification indéterminée. Tandis que
lorsqu'on écrit chez nous : Pour la *fin*, on pense que ce
dont il s'agit est limité par la *fin* qui est indiquée[25]. Mais le
prophète qui ne comprend pas les témoignages corporels ni
terrestres de la Loi regarde, suivant le sens du mot grec,
au-delà de *tout accomplissement*. Il sait qu'il existe un
accomplissement des temps de la Loi, Dieu, « après la
plénitude du temps[a] », devant être visible dans un corps.
Mais il *voit* au-delà de cet *accomplissement*; il *voit* en effet

---

24. La forme εἶδα ne se trouve dans aucun psautier connu des
Septante. Tous s'accordent sur l'aoriste εἶδον. Εἶδα est présenté comme
une forme du dialecte alexandrin par R. KÜHNER, *Ausführliche
Grammatik der Griechischen Sprache*, t. 1, Hannover 1834, p. 179. Elle
apparaît dans un texte daté du IVᵉ-Vᵉ s., un poème orphique : *Les
Argonautiques* (v. 118, Vian, p. 82); cf. LIDDELL-SCOTT-JONES, *s.u.*
*εἴδω. Peut-on avancer l'hypothèse que le psautier grec d'Hilaire, du
IVᵉ s., était d'importation égyptienne ? Hilaire aurait pu en prendre
connaissance à son retour d'exil, en Italie du Nord, terre d'élection
pour les échanges entre l'Occident et Alexandrie, à partir de 350.

25. Les définitions de πέρας et de *in finem* ont été étudiées par
J. DOIGNON, *Hilaire...*, p. 535-538.

gelicae spei tempus. Sed et huius quidem *consummatio*
non ignorata ei est ; ultra id enim intellegentiae suae
oculos extendit. Namque et resurrectionis *consumma-*
tionem uidet ; scit uero et demutationis esse ordinem
20 constitutum apostolo dicente : *Vnusquisque autem suo*
ordine[b], et rursum : *Omnes quidem resurgent, sed non*
omnes commutabuntur[c]. Nouit et dies regni Domini nostri
Iesu Christi, ex quo in *regnum Dei patris* prouehemur[b]
et in illa inexquisita et *inuestigabilia Dei iudicia*[d] trans-
25 feremur. Scit et tempus esse *iudicii*. Et hoc scire ei ex
amplitudine mandatorum Dei licuit, quia se in immensae
cognitionis doctrinam diuinus sermo diffuderit.

96b   **15.** Ait enim : Latvm mandatvm tvvm vehementer.
Latum plane est, siue quod in infinitum cognitionem
humanae ignorantiae extendit, siue quod multa sunt
in quibus Dei praeceptis obtemperetur atque placeatur
5 secundum diuisiones et munera gratiarum. Non enim ab
omnibus omnia exspectantur[a], neque uniuersi uniuersa
ad summam placendi implere possunt. Alius ieiunio
placet, alius simplicitate *fidei* promeretur, alius uitia
eleemosynis redimit, alius se caritate consummat ; sicut
10 alii curationum concessa uirtus est, alii prophetiae

VL   RC   pA   r   S   mB

14, 16 et > *m* ‖ 16-17 consummatio non : consummationem *C* ‖ 17
ignota *Ba. Er. Gi. Mi.* ‖ ei > *C pA mB* ‖ est ei *S* ‖ 19 uero : enim *S Ba.*
Er. Gi. Mi. ‖ demutationi *V* ‖ 20 autem : enim *C*   + in *p S B Ba.*
Er. Mi. Zi. ‖ 22 omnes > *A* ‖ 23 prouehimur *VL R r* ‖ 24 exquisita *V* ‖
transferemus *V* ‖ 25 haec *pA mB Mi.* ‖ 26 dei > *A m* ‖ immensam *S*
Ba. Er. Gi. ‖ 27 doctrinam : diuinam *R* ‖ infuderit *R*
15, 2 quia *m* ‖ 4 placeatur : obtemperetur *pA Gi. Mi.* ‖ 7 ad
summam : adsumant *VL* ‖ 8 simplicitatem *R* ‖ fide *L* ‖ 8-9 alius —
redimit > *VL r* ‖ 9 se > *VL r* ‖ caritatem *V r*

14. b. I Cor. 15, 23-24 ‖ c. I Cor. 15, 51 ‖ d. cf. Rom. 11, 33
15. a. cf. Rom. 12, 3

le temps de l'espérance évangélique. Mais il n'ignore pas
non plus l'*accomplissement* de ce temps-là, au-delà duquel,
en effet, il porte le regard de son intelligence. En effet, il
voit aussi l'*accomplissement* de la résurrection. Et il sait
qu'un ordre a été établi pour ce changement aussi, comme
le dit l'Apôtre : «Mais chacun à son rang[b]», et encore :
«Certes tous ressusciteront, mais tous ne seront pas
changés[c].» Il connaît aussi les jours du règne de notre
Seigneur Jésus-Christ, d'où nous passerons dans le «royaume» de «Dieu le Père[b]»[26] et serons transférés en vue de ces
«jugements de Dieu» qui sont «au-delà de» toute recherche
et de «toute découverte[d]». Il sait aussi qu'il y a un temps
du «jugement». Et il a pu savoir cela grâce à l'ampleur des
commandements de Dieu, parce que la parole divine s'est
déployée en un enseignement dont la connaissance est sans
mesure.

15. Il dit en effet : Large est ton commandement   96b
extrêmement. Il est *large* assurément, soit parce qu'il
étend à l'infini le pouvoir qu'a l'ignorance humaine de
connaître, soit parce qu'il y a de nombreuses façons d'obéir
aux préceptes de Dieu et de lui plaire, suivant la diversité
et les dons de la grâce. En effet, on n'attend pas de chacun
qu'il ait tous les dons[a] ; personne ne peut réaliser en tout la
plénitude de ce qui plaît. L'un est agréable par le jeûne, un
autre tient son mérite de la pureté de sa «foi», un autre
rachète ses fautes par ses aumônes[27], un autre atteint la
perfection par la charité ; de la même façon, à l'un a été
accordé le pouvoir de guérir, à un autre a été attribuée la
«science» de la prophétie, à un autre a été donnée la

---

26. A rapprocher de *In psalm.* 148,8, où, d'après *I Cor.* 15,24,
Hilaire montre que, lorsque le Christ remettra son pouvoir entre les
mains de Dieu, nous serons appelés nous-mêmes au royaume de Dieu.
27. Cf. Cypr., *Eleem.*. 1.

scientia contributa est, alii *fidei* firmitas data est, alii
sapientia et cognitio donata est[b]. *Latum* igitur *mandatum
Dei* est et in omnia spei nostrae genera diffunditur,
ut non difficile sit, si uoluntas adsit, praecepto Dei
15 obtemperare, cum *latum* et diffusum sit ad placendum
officiosae religionis uarietate. Neque solum *latum*, sed
uehementer latum, latitudinis infinitate hac ipsa superlatiui
adiectione monstrata.

VL   RC   pA   r   S   mB

15, 11 data est > *V* ‖ 12 latum > *V* ‖ 17 infinitae *VL* ‖ superlatiua
C pA r mB Mi. ‖ 18 adfectionem *V* ‖ monstrata + amen *R Zi.*
    finit *R*   finit littera XII *L C pA*   explicit littera duodecima *V*
r   explicit lamech *S*

solidité de la « foi », à un autre ont été accordées la
« sagesse » et la connaissance[b]. C'est ainsi que le *commandement de Dieu* est *large* et s'étend à toutes les formes de
notre espérance, de sorte qu'il n'est pas difficile, si l'on a la
volonté, d'obéir au précepte de Dieu, puisqu'il est *large* et
d'une étendue permettant de plaire par la diversité des
fonctions religieuses. Et il n'est pas seulement *large*, mais
large extrêmement : l'adjonction de ce superlatif montrant
par elle-même l'infinité de sa *largeur*.

15. b. cf. I Cor. 12, 8-10

MEM

VT DILEXI LEGEM TVAM, DOMINE! TOTA DIE MEDITATIO EST MIHI.

1. Vtile hoc nobis ac necessarium prophetae opus est, quod ad perfectam Dei cognitionem atque oboeditionem edocemur, duabus rebus maxime infirmitati nostrae congruis instituti, ut et Deum, qui ignoratus sit, nouerimus
5 et mandatis eius secundum uoluntatem decreti sui obtemperemus. Perfectum enim legis et prophetarum et euangeliorum uirum in omni psalmi istius corpore propheta conformat uel ex sua uel ex alterius, quem instituat, persona, cui in fiducia sit haec de se quae subiecta
10 sunt praedicare. Est autem dignum contueri qua uerborum diligentia, qua intellegentiae absolutione nos in singulis quibusque dictorum generibus propheta confirmet.

2. Dicit enim in tertiae decimae litterae uersu : Qvo-
MODO DILEXI LEGEM TVAM, DOMINE! TOTA DIE MEDITATIO

VL RC pA r S mB

mem > *R m*   *pr.* incipit XIII *L r*   *pr.* incipit littera XIII
feliciter *V*   *pr.* incipit *C pA S*   *pr.* littera XIII *Mi.*   + littera
XIII *C p*   + littera quarta decima *A*
   ut — mihi : quomodo dilexi et c. *Ba. Er.*   *omnes uersus litterae
tertiae decimae R Gi. Mi.*   > *S* ‖ ut : quomodo *R r Mi. Zi.* ‖ mihi
est *mB*   mea est *C*
   1, 2 quo *pA r S mB Ba. Er. Mi.* ‖ perfectum *V* ‖ 3 duabus + nos
pA mB Mi. ‖ maximis *VL* ‖ infirmitatis *B* ‖ 4 instituit *C pA mB
Mi. Zi.*   institutis *r*   institutum *S* ‖ dei *L* ‖ 6 et[1] > *R Zi.* ‖

MEM

COMME J'AI AIMÉ TA LOI, SEIGNEUR! TOUT
LE JOUR ELLE EST L'OBJET DE MON APPLI-
CATION.

1. Utile pour nous et nécessaire est l'action du prophète,
qui consiste à nous instruire en vue d'une connaissance de
Dieu et d'une obéissance parfaites, en nous donnant une
double formation tout à fait adaptée à notre faiblesse et
consistant pour nous à connaître Dieu, qui est ignoré, et à
nous soumettre à ses commandements, selon le dessein de
sa volonté. En effet, dans tout le corps de ce psaume, le
prophète façonne l'homme parfait de la Loi, des prophètes
et des Évangiles, en son nom propre ou au nom d'une autre
personne qu'il forme et à qui la confiance du prophète
permet de prendre à son compte les paroles qui suivent[1].
Et il vaut la peine de remarquer avec quel soin dans
l'expression, avec quelle exactitude dans le sens, le
prophète nous encourage dans chacune de ses paroles.

2. Il dit en effet dans ce verset de la lettre treize :
COMME J'AI AIMÉ TA LOI, SEIGNEUR! TOUT LE JOUR ELLE   97

---

8 confirmat *C pA mB Ba. Er. Gi.* ‖ 9 in > *C* ‖ 10 praedicere *C* ‖
12 confirmat *pA mB*

---

1. Au sujet de l'expression *uel ex sua uel ex alterius ... persona*, voir
M. J. RONDEAU, *Les Commentaires patristiques ...*, p. 93.

EST MIHI. Promptum utique fuerat dixisse : *Quomodo* feci
legem tuam! Sed quia maius meritum est amantem aliquid
5 potius agere quam timentem, idcirco ait : *Vt dilexi legem
tuam.* Differt enim longe obsequium amoris a timoris
officio ; nec habet gratiam uoluntatis necessitatis operatio.
Non omnia enim ad perfecti obsequii consummationem
sibi illa sufficiunt quae, quamuis opus suum impleant,
10 tamen, quia coacta sunt, merito plenae gratiae indigent.
Vult igitur propheta opus suum *dilectionis* potius quam
terroris esse, et ex caritate obsequium suum, non ex metu
suscipi. Multi ieiunant, dum a nobis obiurgari timent.
Multi aliquid in usum indigentium praebent, dum expro-
15 brari inreligiosam auaritiae suae et inutilem cupiditatem
pertimescunt. Multi ecclesiam adeunt, dum argui absen-
tiam suam et neglegentiam erubescunt. Sed non omnes
id quod faciunt et amant. In amore ergo non potest
incidere necessitas obsequellae, quia nemo id quod *diligit*
20 non uult. In facto uero potest et non subesse *dilectio*,
dum id efficitur, quod non fecisse aut terror aut pudor
sit. Sed propheta in nullo infirmus est. Quod amat, facit
et quod facit, indeficienter exercet. *Legem* enim, quam
diligit, omni *die* et sine intermissione *meditatur.* Non
25 subrepunt alia occupationum studia, non interueniunt
diuersi saecularium curarum aestus, nec in eum incidit
interiectu nouae alicuius cognitionis obliuio ; semper idem
est et in eodem est. Tantus ipse in *dilectae* sibi *legis
meditatione* est, quantus *dies* uniuersus in tempore sit.

VL RC pA r S mB

2, 4 meritatum *C* ‖ aliquod *V* ‖ 5 ut > *V r S Ba. Er.* ‖ 17 non > *VL
r* ‖ 18 et : *pr.* non *r* ‖ amorem *pA S mB Ba. Er. Gi. Mi.* ‖ 19 incedere
C ‖ quianimo *VL* ‖ 20 et > *C pA mB Mi.* ‖ non > *VL r* ‖ 23 exercuit
V r   exercit *L* ‖ quam : quia *R Gi. Zi.* ‖ 24 diei *VL* ‖ et > *C pA mB
Mi.* ‖ 26 diuersa *V* ‖ 26-28 nec in eum — tantus > *C pA* ‖ 27
cognitionis : opinionis *r*   obliuionis *mB*   cogitationis *Gi. Mi.*

---

2. Reprise d'une partie du commentaire d'Origène (*Ch. p.*, p. 346,
v. 97, l. 28-29) sur l'opposition amour-crainte évoquée en *I Jn* 4,18.
3. Le prophète, vis-à-vis de la loi de Dieu, a la même attitude que

EST L'OBJET DE MON APPLICATION. Il aurait été assurément plus simple de dire : *Comme* j'ai accompli *ta loi* ! Mais, parce qu'il y a plus de mérite à faire quelque chose avec amour qu'avec crainte, il dit : *Comme j'ai aimé ta loi* ! En effet l'obéissance qui caractérise l'amour est fort éloignée de l'obligation qui caractérise la crainte, et une conduite imposée n'a pas le prix d'un acte volontaire[2]. En effet, on n'est pas en mesure d'atteindre la perfection dans l'obéissance par des actions qui, malgré leur efficacité, n'ont pas le mérite d'être faites de plein gré, parce qu'elles ont été imposées. Le prophète veut donc que sa conduite soit inspirée par l'*amour* plutôt que par la peur, et il veut que son obéissance procède de la charité, non de la crainte. Beaucoup jeûnent, dans la crainte de nos reproches. Beaucoup font quelque chose au profit des indigents, par peur de se voir reprocher une cupidité et une avarice impies et inutiles. Beaucoup fréquentent l'église, honteux qu'on leur fasse grief de leur absence et de leur négligence. Mais on n'aime pas toujours ce qu'on fait. Donc, dans l'amour, il n'est pas possible que s'introduise une obéissance forcée, parce qu'il n'est personne qui ne veuille ce qu'il *aime*, tandis qu'un acte peut être exempt d'*amour*, quand on l'accomplit en ayant peur ou honte de ne pas l'avoir fait. Mais le prophète ne connaît aucune faiblesse. Ce qu'il aime, il le fait et à ce qu'il fait, il s'exerce sans défaillance. En effet il *s'applique* à la *loi*, qu'il *aime*, tout le *jour* et sans interruption. Il ne se glisse pas en lui d'engouement pour d'autres occupations ; il ne se produit pas d'agitation qui disperse dans les soucis de ce monde, et sur lui ne tombe pas l'oubli d'une idée parce que s'en interpose une nouvelle ; il est toujours le même et dans le même état. Son *application* à la *loi* qu'il *aime* est aussi étendue que la durée de la *journée* entière dans le temps[3].

---

le sage stoïcien vis-à-vis des lois de la cité. Il se refuse aux actions dictées par la contrainte, comme le sage (cf. CIC., *Par.*, 5, 34). Rapprocher *semper* idem *est* de SEN., *Dial.*, 2, 6, 3 : *unus* idemque *inter diuersa sit.*

3. Et quia, ut superius commemorauimus, *legis* et
prophetarum atque euangeliorum hominem in se propheta
demonstrat, ait in consequenti uersu : SVPER INIMICOS
MEOS PRVDENTEM ME FECISTI MANDATO TVO, QVONIAM IN
SAECVLVM MIHI EST. *Mandata Dei prudentius* propheta
quam *inimici eius* intellegit. Sed quid commune nobis
et *inimicis* nostris in praeceptis est Dei, qui non solum
ne mediocriter quidem comperta habent, uerum ne initium saltim cognoscendi consectantur? Et quid magnum,
si *inimicis suis* in *mandatis Dei* propheta *prudentior* sit?
Quando enim inanimantia saxa et aut metalla aut ligna
uenerantes consequi aliquid de uiuentis atque aeterni Dei
cognitione potuissent, ut his comparatis fieret propheta
prudentior? Sed omnis hic impiorum error ipsum illud
nomen cum lege et prophetis et apostolis respuit, retrac-
tat, horrescit.

4. Sed ueros habet alios propheta hic sanctus *inimicos*,
quibus *prudentius* in *mandatis Dei* est eruditus. *Mandatum
Dei* in prophetis et in lege haeretici habent, sed nullo
eorum per imperitiam inreligiosae uoluntatis utuntur.
Mandatum legis Iudaei tamquam proprium et heredi-

VL RC pA r S mB

3, 1 et > *C* ‖ 3 consequenti uersu : consequenter *VL R*   consequenti *C pA r S mB Ba. Er. Gi.* ‖ 5 saeculo *V* ‖ 6 quia *m* ‖ 7 qui : qui
ea *pA Mi.*   quod ea *mB* ‖ 8 ne[1] > *C* ‖ 9 saltem *C pA r S mB Ba. Er.
Gi. Mi.* ‖ quidem *V r* ‖ 11 et > *V*[1] *r S Ba. Er. Gi. Mi.* ‖ aut[1] > *C pA
mB* ‖ 13 comparatus *pA S mB Mi.* ‖ 14 omnibus *r* ‖ illum *VL* ‖ 15
detrectat *pA S mB Ba. Er. Gi. Mi.*
    4, 1 ueros : uiros *VL C r*   inimicos *pA mB*   > *S Ba. Er. Mi.* ‖
alios habet *V r* ‖ sanctos *C* ‖ inimicos > *C pA mB* ‖ 2 dei > *C pA
mB* ‖ 3 et > *C* ‖ 5 mandatatum *VL*

3. Et puisque, comme nous l'avons précédemment rappelé, le prophète représente en sa personne l'homme de la *Loi* et des prophètes ainsi que celui des Évangiles, il dit dans le verset suivant : PLUS QUE MES ENNEMIS, TU M'AS ÉCLAIRÉ DANS TON COMMANDEMENT, PARCE QU'IL EST À MOI POUR LE SIÈCLE. Le prophète est plus *éclairé* que *ses ennemis* pour comprendre les *commandements de Dieu*. Mais, qu'y a-t-il de commun entre nous et nos *ennemis*[4] à propos des préceptes de Dieu, puisque non seulement ils n'en ont pas une science moyenne, mais encore ne s'attachent même pas à s'initier au moins à leur connaissance ? Et est-ce une marque de supériorité pour le prophète que d'être plus *éclairé* que *ses ennemis* sur les *commandements de Dieu* ? A quel moment en effet les adorateurs de pierres inanimées ou de métaux et de bois[5] auraient-ils pu savoir quelque chose du Dieu vivant et éternel, pour que, par comparaison avec eux, le prophète fût plus *éclairé* ? Mais toute l'erreur des impies rejette, en même temps que la Loi, les prophètes et les apôtres, le nom même de Dieu[6] ; elle le dénigre, en a horreur.

4. Mais les vrais *ennemis* en comparaison desquels notre saint prophète a une connaissance plus *éclairée* des *commandements de Dieu* sont autres. Les hérétiques ont dans les prophètes et la Loi le *commandement de Dieu*, mais ils leur sont inutiles, à cause du manque d'information de leur volonté impie. Les Juifs revendiquent pour eux, comme un bien propre et héréditaire, le *commandement* de

---

4. Rapprocher cette interrogation de TERT., *Praescr.*, 7, 9.
5. Même énumération en *Trin.*, 1, 4, texte rapproché par J. DOIGNON, *Hilaire...*, p. 88, d'*In psalm.* 61, 2, et de LACT., *Inst.*, 2, 2, 2. Voir aussi MIN. FEL., 24, 8.
6. Cf. LACT., *Inst.*, 5, 10, 11 ; 5, 23, 1.

tarium sibi uindicant, sed spiritalis *circumcisionis* auctorem[a] non habentibus quid *circumcisio* in signo tantum
constituta iam proderit? Quid sabbati religio *Dominum
sabbati* nescientibus opis adferet[b]? Quid *paschae agnus*
10 et *liminum sanguis*[c] et *azymorum* festiuitas[d] *agnum Dei*[e]
et *azyma sinceritatis*[f] et *sanguinem* salutis[g] ignorantibus
auxilii praestabit? *Mandata* exercent, sed efficientiam
mandatorum et tempus ignorant. Legem legunt, sed eam
legente et nesciente Iudaeo Christianus intellegit. *Inimicus*
15 plane hic prophetae est, parricidales manus unigenito
Dei filio inferens et saluatorem generis humani et uitae
aeternae largitorem morte, quantum in ipso est, condem-
nans. Prae his ergo omnibus in *Dei mandato prudentior*
est.

5. Atque ut absolute hos *inimicos* significasse intelle-
99   geretur, id quod consequitur adiecit : Svper omnes
docentes me intellexi, qvoniam testimonia tva
meditatio mea est. Didicisti, o Dauid, a Moyse legem,
5 et Aaron tibi sacrificiorum omnium doctor est, Iesus
iteratae circumcisionis magister est[a], Samuel *ungendi* tibi
sacramentum in temetipso et prophetae et *regis* ostendit[b];
quid est istud quod loqui ausus es, quod *super omnes
te docentes intellexeris*? Sed superior uersus, *super* quos

VL   RC   pA   r   S   mB

4, 6-7 auctorem — circumcisio > *V r¹* ‖ 8 procederit *C* ‖ deum *R S*
edd. ‖ 9 opes *V*   opus *C*   operis *mB* ‖ adferret *VL* ‖ 10 et¹ > *V C*
pA mB Mi. ‖ 11 azimam *R Gi.* ‖ 14 et > *R* ‖ intelleget *R* ‖ 16
salutarem *C pA mB* ‖ 17 mortem *V*
5, 2 omnes > *C* ‖ 3 me > *C* ‖ 5 dictor *V* ‖ est > *L* ‖ 6 ungendo *S*
Ba Er   ungenti *pA mB* ‖ 7 sacramento *C* ‖ 9 docentes te *C pA mB*
Mi. ‖ superior : super *V*

4. a. cf. Col. 2,11 ‖ b. cf. Matth. 12,8 ‖ c. cf. Ex. 12,5.7.11 ‖ d. cf.
Ex. 12,15 ‖ e. cf. Jn 1,29 ‖ f. cf. I Cor. 5,8 ‖ g. cf. Rom. 3,25
5. a. cf. Jos. 5,2 ‖ b. cf. I Sam. 16,1.13

la Loi[7]. Mais puisqu'ils ne reconnaissent pas l'auteur de la
« circoncision » spirituelle[a], à quoi leur servira désormais la
« circoncision » qui ne fut établie que pour être un signe ?
De quelle aide sera le respect scrupuleux du sabbat à ceux
qui méconnaissent le « Seigneur du sabbat[b] » ? Quel secours
l'« agneau pascal », le « sang » au « seuil des maisons[c] », la fête
des « azymes[d] » apporteront-ils à ceux qui ignorent
l'« agneau de Dieu[e] », les « azymes de pureté[f] » et le « sang »
du salut[g] ? Ils pratiquent les *commandements*, mais ignorent la réalisation des *commandements* et son heure. Ils
lisent la Loi, mais, alors que le Juif la lit sans comprendre,
le chrétien la comprend. L'*ennemi* du prophète, c'est bien
celui qui porte une main parricide[8] sur le Fils Unique de
Dieu et contribue à condamner le sauveur du genre
humain et le dispensateur de la vie éternelle par sa mort.
C'est donc par rapport à ces hommes-là qu'il est plus
éclairé sur le *commandement de Dieu*.

5. Et pour que l'on comprenne bien que ce sont là les
ennemis qu'il a désignés, il a ajouté ce qui suit : PLUS QUE   99
TOUS CEUX QUI M'ENSEIGNENT, J'AI COMPRIS, PARCE QUE
TES TÉMOIGNAGES SONT L'OBJET DE MON APPLICATION. De
Moïse, David, tu as appris la Loi, Aaron t'enseigne tous les
sacrifices, Josué est ton maître pour la « seconde circoncision[a] », Samuel te montre, en l'appliquant sur toi, le rite
d'« onction » du prophète et du « roi[b] ». Comment se fait-il
que tu aies osé dire que tu as *compris plus que tous ceux qui
t'enseignent* ? Mais le verset précédent montre qui sont *tous*

---

7. Hilaire condamne les hérétiques et les Juifs, comme TERTUL-
LIEN (*Marc.*, 3) condamne « l'hérésie » et « l'incrédulité des Juifs ».
Origène (*Ch. p.*, p. 346, v. 98, l. 3) dénonce seulement « les Juifs de la
circoncision ». Le grief fait ici aux Juifs est repris de *Rom.* 2, 17-24,
mais il est formulé dans une terminologie empruntée au droit. Les
deux adjectifs *proprium* et *hereditarium* sont rapprochés par VLP.,
Dig., 19, 1-10.

8. Cf. *Act.* 7, 52.

10 *omnes docentes se intellegat*, ostendit, id est super inimicos.
Et rursum hic, qui nunc est uersus inferior, qui inimici
sint declarat, id est *omnes docentes*. *Claues* enim se
caelorum habere profitentur et *doctores* esse se *legis*
glorianturᶜ. Et cum omnia *legis testimonia* aduentum
15 Domini nostri Iesu Christi *testentur*, *super doctores suos*
propheta *intellegit*, qui unigenitum Dei filium in carne
uenturum, *testimonia* eius *meditans*, semper expectet. O
felix discipuli *intellegentia*! o *doctorum* miserabilis impe-
ritiaᵈ! *docentes* nesciunt, et *intellegunt* qui *docentur*.
20 Caret autem propheta uitio iactantiae; *intellegentiae* enim
praestantiam unde adeptus esset ostendit. Nam superius
ait quod *super inimicos suos prudentior* a Deo in *mandatis*
eius esset effectusᵉ. *Intellegentia* enim omnis ex eo est,
qui *prudentiorem* eum esse constituit. *Super docentes se*
25 ergo *intellegit*.

6. Et quia interdum ex naturae diuersitate soleat
accidere ut discipulus *prudentior* sit magistro, tamen hoc
ipsum diligentiae suae et studii esse demonstrat. Ait
100 enim : Svper seniores intellexi, qvia mandata tva
5 exqvisivi. Et *super docentes intellegit*ᵃ et *super seniores*
intellegit, doctrinae atque *intellegentiae* suae officium
cum ipsa temporis antiquitate demonstrans, id est populi
ante se anterioris significans aetatem. In quo utrumque
conuenit, ut et antiquior sit et se putet esse *doctorem*.

VL RC pA r S mB

5, 10 se > *C pA mB* ‖ id est > *V r* ‖ 12-13 caelorum se *mB Ba. Er.*
Gi. Mi.   caelorum *VL r*   seculorum *C* ‖ 15 iesum *V* ‖ 16 quia *C*
pA mB Mi. ‖ 17 testimonio *VL* ‖ 18 mirabilis *Mi.* ‖ 20 propheta > *R* ‖
21 praestantia *V r* ‖ 24 esse eum *pA mB Mi.* ‖ se > *R*
6, 1 interdum : et i. *V*   ei i. *r* ‖ 2 accedere *C* ‖ 3 studii + sui *A* ‖
4 intellexit *V r* ‖ 5 et — intellegit > *V r* ‖ 8 antiquioris *VL r*

ceux qui l'enseignent et qu'il *dépasse* en *intelligence* ; ce sont
ses ennemis, tandis que le verset placé après indique qui
sont ses ennemis ; ce sont *tous ceux qui* l'enseignent. Ils
proclament en effet qu'ils ont les «clés» des «Cieux» et se
vantent d'être des «docteurs de la Loi[c]». Et comme tous
les *témoignages* de la «Loi» *témoignent* de la venue de notre
Seigneur Jésus-Christ, le prophète *comprend plus que ses
maîtres*, puisqu'il attend toujours, en *s'appliquant* à ses
témoignages, le Fils Unique de Dieu qui doit venir en
prenant chair. Ô heureuse *intelligence* du disciple ! Ô
misérable ignorance des *maîtres[d]* ! Ceux qui *enseignent* ne
savent pas, tandis que ceux qui reçoivent l'*enseignement*
comprennent. Mais le prophète est à l'abri d'un reproche de
forfanterie ; il a montré en effet d'où lui venait cette
supériorité d'*intelligence*. En effet il a dit plus haut que
c'est par Dieu qu'il avait été rendu «plus éclairé que ses
ennemis» dans «ses commandements[e]». Toute son *intelligence* vient en effet de celui qui l'a rendu plus «éclairé».
C'est ainsi qu'il *comprend plus que ceux qui l'enseignent*.

6. Et comme généralement le fait que le disciple soit
plus «éclairé» que le maître tient à l'inégalité des natures,
le prophète montre que dans son cas particulier elle est le
résultat de son application et de son effort. Il dit en effet :
PLUS QUE LES ANCIENS J'AI COMPRIS, PARCE QUE J'AI   100
RECHERCHÉ TES COMMANDEMENTS. «*Plus que* ceux qui
l'enseignent, *il comprend[a]*» et *plus que les anciens, il
comprend* ; il mentionne que son devoir d'apprendre et de
comprendre est lié au passé et fait ainsi allusion à la
génération du peuple qui le précédait. En celui-ci,
sont réunis ces deux caractères : il est plus ancien et
s'estime chargé d'«enseigner». Mais celui qui reçoit

5. c. cf. Matth. 23, 13 ; 16, 19 ; Lc 11, 52 ; 5, 17 ‖ d. cf. I Cor. 1, 19 ‖
e. cf. *v. 98*
    6. a. cf. *v. 99*

10 Sed *super* eum ille *intellegit*, qui et *docetur* et iunior est ;
intellegit uero, *quia mandata Dei exquisierit*, quae *doctor*,
dum se *docere* credit, ignorat.

7. Consequens autem est ut qui *super seniores* et
doctores intellegit, fructum *intellegentiae* suae reddat,
scilicet ut ea quae cognita et perfecta habere coepit,
exerceat. Et uideamus an hoc ipsum consequentibus sit.
101   5 Ait enim : Ab omni uia mala prohibvi pedes meos,
vt cvstodiam verbvm tvvm. Perfecta haec et euangelici
uiri uox est, ab omni se *malitiae uia* abstinere et, tot
ubique occurentibus erroris semitis, nulla earum per
quam nequitia adeatur incedere.

8. Sed altius nescio quid in eo propheta significat, cum
dicit : *Prohibui pedes meos*. Natura corporis nostri fert
nos in omnem criminum cursum, et humanarum cupiditatum impetus in hanc nos *uiam* cogit. Sed qui *super*
5 *seniores* et *docentes intellegit*[a], per *intellegentiae* doctrinam
se *prohibuit* et exeuntem procurrentemque reuocauit.
Resistendum ergo est et obnitendum, ut nosmetipsos
ab omni uia mala primum arceamus, tum deinde, si qui
nos instinctus eo coeperit ferre, retrahamus ; et prius

VL RC pA r S m

6, 10 qui : quia V ‖ 11 mandata + ea VL C pA r mB ‖ doctor > V
r
7, 1 qui + se C ‖ 2 doctiores r ‖ 4 an : in V ‖ 6 euangeli V ‖ 7
malitiae : mala C ‖ 9 nequitiam V ‖ intendere m
8, 1 significat > V ‖ 2 naturae V ‖ ferimus C   ferimur pA r² mB
Mi. ‖ 4 hac V¹L ‖ 6 prouocauit V   p. pedem r ‖ 7 obtinendum C pA
mB ‖ 8 quis V C r S Ba. Er. Gi. Mi.   quae pA m¹B   quo m² ‖ 9
instinctu VL C pA r mB ‖ eo : suo C pA r mB ‖ trahamus V

8. a. cf. *v. 99-100*

l'«enseignement» et qui est plus jeune *comprend
davantage*[9] ; et il *comprend, parce qu'il a recherché les
commandements de Dieu,* que le «savant» ignore, alors
même qu'il croit les «enseigner».

7. Il est logique que celui qui *comprend plus que les
anciens* et les «savants» donne un fruit à son *intelligence,*
c'est-à-dire qu'il mette en pratique ce qu'il a commencé à
bien connaître et à réaliser parfaitement. Et voyons si c'est
bien ce que l'on a dans la suite. Il dit en effet : DE TOUTE
VOIE MAUVAISE J'AI ÉCARTÉ MES PAS, AFIN DE GARDER TA
PAROLE. Parfaites et dignes d'un homme de l'Évangile sont
ces paroles qui disent de s'abstenir de toute *voie* de
méchanceté et, au milieu de tant de sentiers de l'erreur qui
se présentent, de ne s'engager sur aucun par où soit
rencontré le mal.

8. Mais il indique un je-ne-sais-quoi de plus profond en
disant : *J'ai écarté mes pas.* La nature de notre corps nous
pousse à courir vers toute sorte de fautes et l'élan des
passions humaines nous engage sur cette *voie.* Mais celui
qui «comprend plus que les anciens» et «ceux qui
l'enseignent[a]», grâce au savoir de son «intelligence», s'est
tenu à l'*écart* et s'est lui-même rappelé à l'ordre, alors qu'il
partait pour se lancer dans cette course[10]. Il nous faut
donc résister et faire effort[11], pour, tout d'abord, nous
tenir *loin de toute voie mauvaise,* et ensuite, si un instinct a
commencé à nous y porter, faire marche arrière ; et il faut

9. Sur les deux peuples, la supériorité du plus jeune sur le plus
ancien, cf. TERT., *Iud.,* 1, 8.
10. TERTULLIEN rappelle aussi que la faute est d'autant moins
excusable qu'on a reçu de Dieu la connaissance du bien et du mal
(*Paen.,* 5, 4 ; cf. 5, 5).
11. Formule voisine chez CYPR., *Patient.,* 13, exhortant à la
patience.

10 nostramet ipsi potestate sumus inhibendi, ut deinceps
custodiamus Dei uerbum. Antea autem propria inhibitione
opus est, ut possit *Dei uerbi* esse *custodia.* Neque enim
quisquam *uerbum* ante *custodiet,* et tum *prohibere* se
poterit. *Prohibitio* enim ea demum est, ut id quod fiebat
15 fieri arceatur ; *custodia* uero tum firma est, cum se quis
a malis inhibens bona obseruet sine intermissione *custo-
diae.*

9. Qualis autem *custodia uerbi Dei* esse debeat, sequens
102 uersus docet. Sequitur enim : A ivdiciis tvis non
declinavi ; qvia tv legem posvisti mihi. Haec est igitur
uera custodia, nullam in partem *a Dei* se *iudiciis* deflectere
5 neque leui saltim *declinare* decessu, sed intentum semper
et semper immobilem in eo in quo institit permanere.

10. Non *declinat* autem, quia *legem sibi Deus statuerit*[a].
Legem quidem Moyses *statuerat* ; sed hic idem propheta
in psalmo altero orauerat dicens : *Domine, constitue
legislatorem super eos* ; *sciant gentes quoniam homines
5 sunt*[b]. Ea enim *lex,* quam Moyses scripserat, *paedagoga
nobis in Christo fuit*[c] ; et idcirco *super docentes se* et
seniores intellexit[d], quia *legem* euangelicam, quae Moysi
lege continetur, *intellegit.* Haec ergo per Dominum nostrum

VL   RC   pA   r   S   mB

8, 10 nostra et *R Ba. Er. Gi.* ‖ 12 post sit *V* ‖ uerbum *VL r* ‖ 13
quisque *m* ‖ prohiberi *V r* ‖ 16 obseruat *Ba. Er. Gi. Mi.*
9, 1 autem > *C* ‖ uerbum *C A* ‖ 3 est > *r* ‖ 5 discessu *r* ‖ 6 et
semper > *V r* ‖ insistit *r*
10, 1 dominus *pA m Mi.* ‖ 4 sciant : *pr.* ut *r* ‖ 7 seniores : *pr.* super
r ‖ intellegit *R Gi. Zi.* ‖ 8 nostrum > *V*

---

10. a. cf. *v. 33* ‖ b. Ps. 9, 21 ‖ c. cf. Gal. 3, 24 ‖ d. cf. *v. 99-100*

d'abord que nous nous retenions par nos propres forces,
pour *garder* ensuite la *parole de Dieu*. Un mouvement de
retenue de notre part est d'abord nécessaire, pour que nous
puissions ensuite *garder la parole de Dieu*. Il n'est pas vrai
en effet que l'on *gardera* d'abord la *parole* et que l'on
pourra alors *écarter* ses pas. Il n'y a en effet de mouvement
d'*écart* que si l'on empêche le mouvement commencé ;
quant à l'action de *garder*, elle est solide, lorsqu'on se tient
à l'écart du *mal*, pour observer ce qui est bien, sans arrêter
de le *garder*[12].

9. La façon dont on doit *garder la parole de Dieu*, le
verset suivant nous l'apprend. On lit en effet à la suite :
De tes jugements je n'ai pas dévié, parce que tu m'as   102
donné une loi. La véritable façon de garder consiste donc
à ne pas se détourner *des jugements de Dieu* pour prendre
une autre direction, à ne pas en *dévier*, fût-ce d'un léger
écart, mais à demeurer toujours ferme et toujours
inébranlable sur la position à laquelle on s'est arrêté.

10. Le prophète ne *dévie* pas, parce que « Dieu a établi
pour lui une *loi*[a] ». Moïse avait bien « établi une *loi* » ; mais
notre prophète avait encore demandé dans un autre
psaume : « Seigneur, établis un législateur sur eux ; que les
nations sachent qu'elles sont des hommes[b]. » La *loi* que
Moïse avait rédigée « fut notre pédagogue dans le Christ[c] » ;
et s'il a « compris plus que ses maîtres » et « les anciens[d] »,
c'est parce qu'il « comprend », contenue dans la *loi* de
Moïse, la *loi* de l'Évangile. C'est donc elle qui fut donnée
par notre Seigneur, elle qui a formé tout « homme » à la

---

12. Couleur stoïcienne du vocabulaire : *inhibere* est employé par
Sen., *Dial.*, 5, 1, 1 : « *(irae) impetus* inhibere » ; *Ep.* 29, 8 : « *Vitia etiam
si non excidero*, inhibebo. » L'adjectif *immobilis* (§ 9) se trouve chez
Sen., *Dial.*, 7, 16, 1, et Cypr., *Fort.*, 13 : *Aduersus ... minas mundi
animus* immobilis *perstat*.

lata est, haec omnem *hominem* in *scientiam* Dei erudiuit.
10 Et idcirco ad id quod dixerat : *Constitue legislatorem
super eos*, adiecit : *Sciant gentes quoniam homines sunt* ;
id est ex *terra* genitae et in cognitionem Dei ex *limo*
conformatae[e]. Quod enim antea per ignorationem *legis*
Moysi nesciebant, nunc per praedicationem Domini nostri
15 Iesu Christi *sciunt* ; et ut originem suam, id est corporis
naturam in nouo *latore legis* agnoscunt, ita et *gloriam
noui huius latoris legis expectant*[f], in exordio sui iam
ad imaginem et similitudinem Dei constituti[g].

11. Et praedicationis huius euangelicae dulcedinem in
103 consequentibus propheta testatur. Ait enim : Qvam
DVLCIA FAVCIBVS MEIS ELOQVIA TVA, SVPER MEL IN ORE
MEO! *Mel in ore*, non etiam in *faucibus dulce* est. Extra
5 regionem enim *oris* corporalium saporum nullus est
sensus. Sed *Dei eloquia* in *faucibus dulcia* sunt, in
animam scilicet defluentia et interna penetrantia ; non
in ore modo cibi placentia, sed illic *dulcia* ubi cognitionis
et prudentiae et intellegentiae sensus est. Et ideo *eloquia*
10 in *faucibus* et *in ore mel dulce* est. Sed ut *mel* per
aegritudinem aestumque febrium ea quae acciderint *oris*
amara mitificat, ita animae nostrae amaritudines et
tristes cupiditatum insalutarium febres infusa *Dei eloquia*
mitificant, si modo non *ore* contineantur, sed *faucibus*
15 deuorentur.

VL RC pA r S mB

10, 9 in > *V* ‖ 10 ad > *VL R¹ r¹* ‖ 12 in > *V* ‖ 13 confirmatae *L
R* ‖ 18 constitutae *pA S mB* edd.

11, 1 et > *V r* ‖ 3 in ore : ori *Ba. Er. Gi. Mi.* ‖ 7 interna : in interna
VL C   interius *S*   intima *Ba. Er.* ‖ 10 melle dulciora sunt *C pA
r² mB Mi.* ‖ 11 acciderit *V* ‖ 14 uiuificant *VL RC r* ‖ contingantur *r*

10. e. cf. Gen. 2, 7 ‖ f. cf. Phil. 3, 20 ; Tite 2, 13 ‖ g. cf. Gen. 1, 26

13. Cf. 10, 8.
14. Commentaire inspiré par celui d'Origène (*Ch. p.*, p. 354,
v. 102). Même citation de *Ps.* 9, 21.

«science» de Dieu. Et c'est pourquoi, à la suite de ce qu'il
avait dit : «Établis un législateur sur eux», il a ajouté :
«Que les nations sachent qu'elles sont des hommes», c'est-
à-dire qu'elles sont nées de la «terre» et formées de «boue»
pour parvenir à la connaissance de Dieu^e[13]. En effet, ce
qu'auparavant les hommes ne savaient pas à cause de leur
ignorance de la *loi* de Moïse, ils le «savent» maintenant par
la prédication de notre Seigneur Jésus-Christ ; et de même
qu'ils reconnaissent leur origine, c'est-à-dire leur nature
corporelle dans le nouveau «législateur», de même ils
«attendent» la «gloire» de ce nouveau «législateur^f», eux
qui, dès leur origine, ont été formés «à l'image et à la
ressemblance de Dieu^g»[14].

11. Et le prophète témoigne dans la suite de la douceur
de cette prédication de l'Évangile. Il dit en effet : COMME   103
SONT DOUCES TES PAROLES À MA GORGE, PLUS QUE LE MIEL
DANS MA BOUCHE. Le *miel* est *doux dans la bouche*, il ne
l'est plus dans la *gorge*. En effet, hors de la région de la
bouche, on ne perçoit pas le goût des choses[15]. Mais les
paroles de Dieu sont *douces* dans la *gorge*, c'est-à-dire quand
elles descendent doucement dans l'âme et pénètrent au-
dedans de nous. Elles ne procurent pas du plaisir, comme
la nourriture, *dans la bouche*, mais elles sont *douces* là où se
trouve la perception de la connaissance, de la sagesse et de
l'intelligence. Et c'est pourquoi ces *paroles* sont un *miel
doux* dans la *gorge* comme *dans la bouche*. Mais de même
que le *miel* adoucit ce qui se présente d'amer dans la *bouche*
à cause de la maladie et de la chaleur de la fièvre[16], de
même les *paroles de Dieu*, quand elles ont pénétré en nous,
adoucissent les amertumes de notre âme et les funestes
fièvres des plaisirs malsains, à condition qu'elles ne soient
pas gardées dans la *bouche*, mais soient avalées et
descendent dans la *gorge*.

15. Cic., *Nat. deor.*, 2, 56, 141, plaçait aussi le siège du goût dans la
bouche.
16. Voir les remarques de Lucrèce (1, 936-942 ; 4, 11-16) sur le
pouvoir adoucissant du miel.

104   **12.** Sequitur deinde : A MANDATIS TVIS INTELLEXI;
PROPTEREA ODIVI OMNEM VIAM INIQVITATIS. *Intellegentes*
nos faciunt praecepta, sed praecepta re atque opere
expleta : id est, ut ea quae his continentur, in quantum
5 possumus, expleamus. Ergo efficienda praecepta sunt,
ut simus *intellegentes*. Et licet a Deo *intellegentia* perfecta
sit, tamen a nobis incipiendum est, ut possimus perfectam
intellegentiam promereri. His enim qui non per se inchoant,
clausa a Deo omnia sunt. Et idipsum propheticus sermo
10 per Esaiam docet dicentem : *Ne dicas de mandatis meis
quod cognoueris ea*; *neque cognouisti, neque credidisti ea,
neque ab initio aperui tibi aures. Cognoui enim quod
spernens sperneris, et quod inicus adhuc ex uentre uocandus
esses*[a]. Ergo non indulgetur scientia non adpetentibus eam.
15 Et quia Deus *cordium scrutator* est[b], his qui *spreturi*
eam essent *obtusae aures* sunt et hebes *sensus* est[c]. Sed
propheta *a* praeceptis Dei *intellegit*, praecepta scilicet
agens *intellegentiam* consecutus; *intellegens* uero *omnem
iniquitatis uiam odit.*

  13. Humanae enim naturae omnes diuersarum adfectionum adiacent motus, ut sunt *odii* et amoris. Sed amor
impendendus est in dilectionem bonorum, *odium* autem
adsumendum est ex offensa malorum. Nostrum ergo est,

VL   RC   pA   r   S   mB

  12, 3 uos *V r*   non *pA mB* ‖ faciant *r* ‖ praecepta[1] + sola *pA
mB* ‖ sed praecepta re > *L* ‖ re > *V* ‖ 4 completa *C pA mB* ‖ 5
possimus *pA mB* ‖ 6 sumus *V* ‖ 8 non + hoc *pA mB Mi. Zi.* ‖ 9 ipsum
VL m ‖ 10 eseiam *VL*   isaiam *C pA r S mB* ‖ dicens *V r* ‖ dicat *V* ‖
12 aperui tibi aures : qui aperuit tibi aures cognouisti *r mB* ‖ 13
sperneres *R pA S Gi. Mi. Zi.*   spreueris *Ba. Er.* ‖ 15 quia : qua
V   qui *R* ‖ 19 odit iniquitatis uiam *pA mB Mi.*   uiam iniquitatis
odit *RC Zi.*

  13, 1 enim : autem *R* ‖ 2 odio et amoris *C*   odia et amores *pA
mB Mi.* ‖ 3 dilectionum *L* ‖ 4 ex : et *L* ‖ nostrum : bonum *pA S m¹B
Ba. Er.*

12. On trouve ensuite : Grâce à tes commandements, 104
j'ai compris ; à cause de cela j'ai haï toute voie
d'injustice. Les préceptes nous aident à *comprendre*, mais
les préceptes qui sont effectivement mis en pratique ; c'est-
à-dire qu'il faut que nous mettions en pratique, autant que
nous le pouvons, ce qui est contenu en eux[17]. Nous devons
donc accomplir les préceptes, pour *comprendre*. Et bien que
l'*intelligence* parfaite vienne de Dieu, c'est à nous cependant que doit revenir l'initiative, afin que nous puissions
mériter d'avoir une *intelligence* parfaite. En effet, à ceux
qui ne font pas d'eux-mêmes ce premier mouvement, tout
a été fermé par Dieu. C'est ce que montrent les paroles du
prophète par la bouche d'Isaïe qui dit : « Ne dis pas de mes
commandements que tu les as connus ; tu ne les as pas
connus, tu n'as pas cru en eux, et, depuis le début, je ne
t'ai pas ouvert les oreilles. J'ai su en effet que tu serais très
méprisant et que tu devais dès la conception être appelé
injuste[a]. » Donc la connaissance n'est pas accordée à ceux
qui ne la cherchent pas. Et comme Dieu est celui qui
« scrute » les « cœurs[b] », ceux qui devaient la « mépriser » ont
eu les « oreilles bouchées », et l'« intelligence » émoussée[c].
Mais le prophète, *grâce aux* préceptes de Dieu, *comprend*,
c'est-à-dire qu'en exécutant les préceptes, il a obtenu
l'*intelligence* ; et en *comprenant*, il *hait toute voie d'injustice*.

13. A la portée de la nature humaine, on trouve en effet
tous les mouvements constituant les sentiments opposés,
comme le sont la *haine* et l'amour[18]. Mais l'amour doit
s'employer à aimer les hommes de bien, tandis que la *haine*
doit naître de l'offense des méchants. Il nous appartient

---

12. a. Is. 48,7-8 ‖ b. cf. Jér. 17,10 ‖ c. cf. Rom. 11,8 ; II Cor. 3,14

---

17. Cf. la définition des commandements en 1,6.11 ; 2,10.
18. Cf. Cic., *Leg.*, 1,32.

5 modo utilis organi corpora nostra in coaptatos et conci-
nentes modos temperare, ut non uitia diligamus, ut non
uirtutes bonas *oderimus*, ut unicuique nos generi decenter
atque utiliter coaptemus. Propheta *mandata Dei* diligit ;
et qui *mandata Dei* diligit, *iniquitatis uias odit*. Vt enim
10 perfectae fidei et obsequellae est oboedientiam diligere
et id quod quis agit adfectu caritatis explere et necessitatem agendi amantis uoluntate praecurrere, ita et
magnae innocentiae est *iniquitates* non modo non agere,
sed *odisse*, quia interdum nos ab his metus et terror
15 auertat. *Odium* autem nobis eorum iudicium uerae et
perfectae de his opinionis insinuat. Diligamus ergo iustitiam, modestiam, frugalitatem, misericordiam ; et *oderimus* rixas et *ebrietates*, caedes, superbias, stupra, cum
quibus necesse est et diabolum *oderimus*[a]. Diligentes
20 uero pacem, ueritatem, iustitiam diligemus eum qui est
pax[b], *iustitia*[c] et *ueritas*[d], Dominum nostrum Iesum
Christum, qui est benedictus in saecula saeculorum.
Amen.

VL   RC   pA   r   S   mB

13, 5 corpora : corda *A* ‖ consentientes *C pA* ‖ 6 modo *C* ‖ 8 dei
> *VL* ‖ 9 et qui — diligit > *C pA* ‖ 10 et > *C pA mB Mi. Zi.* ‖
oboedientiam + dei *r* ‖ 11 ait *C* ‖ 13 non[1] : nos *VL*   > *C* ‖ 15
earum *pA S mB edd.* ‖ 16 insinuet *pA mB* ‖ 20 iustitiam + dei *C* ‖
diligamus *C* ‖ 21 domini *V* ‖ 22-23 saeculorum amen > *m* ‖ 23 amen
> *B*

explicit littera XIII *Lr*   littera XIII explicit *V*   finit
R   finit littera XIII *C pA*   finit mem *S*

donc de modeler notre corps à la façon d'un instrument, selon des rythmes accordés et harmonieux, de sorte que nous n'aimions pas les vices, que nous ne *haïssions* pas les bonnes dispositions, que nous nous adaptions à l'une et l'autre catégorie de sentiments comme il faut et opportunément[19]. Le prophète aime les *commandements de Dieu*, et celui qui aime les *commandements de Dieu, hait les voies de l'injustice.* De même en effet que le propre d'une foi et d'une soumission parfaites est d'aimer l'obéissance, d'agir avec un sentiment de charité, et de faire passer avant la contrainte dans l'action la volonté d'amour, de même aussi c'est le propre d'une vie à l'écart de toute faute que de ne pas commettre l'*injustice* et même de la *haïr*, parce que la crainte et l'effroi qu'elle nous inspire nous en détournent. La *haine* que nous en avons, fait naître en nous un jugement consistant en une opinion vraie et parfaite à leur sujet. Aimons donc la justice, la retenue, la sobriété, la miséricorde ; et *haïssons* les disputes, l'«ivrognerie», les coups, l'orgueil, la débauche, ce qui nous fera nécessairement *haïr* aussi le diable[a]. Et en aimant la paix, la vérité, la justice, nous aimerons celui qui est la «paix[b]», la «justice[c]» et la «vérité[d]», notre Seigneur Jésus-Christ, qui est béni dans les siècles des siècles. Amen.

---

13. a. cf. Gal. 5, 19-21 ‖ b. cf. Éphés. 2, 14 ‖ c. cf. I Cor. 1, 30 ‖ d. cf. Jn 14, 6 ; I Jn 5, 6

---

19. Comparaison musicale rappelant Cic., *Off.*, 1, 145 (cf. aussi *Rep.*, 2, 69), reprise en *In psalm.* 136, 7.

LVCERNA PEDIBVS MEIS VERBVM TVVM, ET LVMEN SEMITIS MEIS, ET RELIQVA.

1. Vita sensusque hominum in errore ac potius nocte inscientiae manet, dum carnali infecta contagio in profundo ignorantiae per grauitatem naturae, cui admixta est, detinetur. Quando enim per semetipsum causam
5 et rationem originis suae nouerit? Quando sciet qui uitae suae fructus sit, quae condicio spei, quae promerendae posteritatis uia? Neque enim quisquam tam demens aut inops sensu est, ut in id, cum nullus esset, natum se esse existimet, ut rursum, postquam natus
10 est, nullus esset; cum sine dubio meminerit ex bonitate Dei profectum esse, quod natus est, nec id in bonitatem eius malitiae cadat, ut in nobis hoc suum, quod nascimur, munus interimat. Sed propheta cognitione rerum caeles-

---

VL RC pA r S mB

nun $> m$ *pr.* incipit littera XIIII feliciter *V*   *pr.* incipit
XIIII *L r*   *pr.* incipit *C pA S*   *pr.* littera XIV *Mi.*   + littera
XIIII *C pA*   + tractatus *S*
lucerna — et reliqua : lucerna pedibus meis et c. *Ba. Er.*   *omnes*
uersus litterae quartae decimae R Gi. Mi. $> S$ ‖ tuum + domine *L*
RC pA r² S m Mi. ‖ et reliqua $> C pA mB$
1, 2 scientiae *VL pA r S mB* ‖ manent *C pA Mi.* ‖ 4 semetipsam *pA*
S mB Ba. Er. Mi. ‖ 5 sciet : si *R Ba. Er. Gi.* $> S$ ‖ quis *Ba. Er.*
Gi. ‖ 7 potestatis *pA mB* ‖ 8 in $> C$ ‖ 9 esse $> r$ ‖ 11 id $> VL r$ ‖ 12
malitia *r* ‖ addat *C* ‖ quo *R pA S mB Mi. Zi.* ‖ 13 cognitione $> L$

NUN

TA PAROLE EST UNE LAMPE POUR MES PAS, ET
UNE LUMIÈRE POUR MES SENTIERS, ET LA
SUITE.

1. La vie et la pensée de l'homme demeurent dans
l'erreur ou plutôt la nuit de l'inconscience, tant que,
souillées par leur contact avec la chair, elles sont
maintenues dans l'abîme de l'ignorance, à cause de la
pesanteur de la nature à laquelle elles sont mêlées. Quand,
en effet, l'homme connaîtra-t-il par lui-même la cause et la
raison de son origine ? Quand saura-t-il quel est le fruit de
sa vie[1], quelle est la condition de son espérance, quelle est
la voie qui lui fait mériter un avenir ? Personne en effet
n'est assez insensé ou dépourvu d'intelligence pour penser
que sa naissance le destine à ce qu'il était quand il n'était
rien, de sorte qu'après être né, il ne serait à nouveau plus
rien[2], alors qu'il se souvient sans doute qu'il a dépendu de
la bonté de Dieu qu'il naquît et qu'il ne serait pas
conforme à sa bonté d'avoir cette forme de méchanceté
consistant à détruire en nous ce don qui est le sien, celui de
notre naissance. Mais le prophète, digne de connaître les

---

1. Quelques alliances de mot cicéroniennes : *error ... inscientia* (l. 1-
2, cf. *Fin.*, 1, 46) ; *causam et rationem* (l. 4-5, cf. *Off.*, 1, 67) ; *uitae suae
fructus* (l. 6, cf. *Diu.*, 2, 24).
2. Hilaire retrouve ici , pour le condamner, un thème de la
consolation classique : Sen., *Polyb.*, 9, 2 ; *Marc.*, 19, 5.

tium dignus et in lucem scientiae munere Dei et eloquio
15 collocatus ducem ad bene et innocenter uiuendum eum
sequitur qui *lux uera* est et qui *omnem hominem* lucificat[a].

2. Hanc ergo uitae suae ignorantiam quodam praelato
105a lumine ad intellegentiam dirigit dicens : Lvcerna pedibvs
meis verbvm tvvm. Scit se, nisi *uerbo Dei* inluminatum,
has corporum tenebras et hanc saeculi noctem ferre
5 non posse. Scit ubique adesse *lapides offensionum*[a], laqueos
funium, scrobes fouearum. Vt enim quis nocte egressus
lucernam antefert et quo *pedem* inferat contuetur atque
ad singulos gressus lumine praeeunte sollicitus est, ita
unusquisque nostrum manens in se *uerbum Dei* in omnes
10 operum processus tamquam *lucernam* praetendit. Omnis
etenim doctrina caelestis dux nobis ad iter uitae est,
quae *lucernae* modo in hac nocte saeculi praeferenda
est, cum aliquid aut agimus aut cogitamus aut loquimur,
ut ea in omnem progressum cuiuscumque operationis
15 utamur.

3. Iubet Dominus in euangeliis hanc praeceptorum
suorum *lucernam* non otiosam et inutilem occuli, dicens :

VL   RC   pA   r   S   mB

1, 14 et[1] : ut *S Ba. Er. Gi.* || luce *S Ba. Er. Gi.*
2, 1 ignorantem *C* || 2 diriget *C* || 3 tuum + domine *RC pA r S mB
Ba. Er. Gi. Mi.* || 4-5 ferre non posse : non posse euadere *pA r mB
Mi.* || 6 scrobes : *pr.* et *pA mB Mi.* || egressus > *r* || 7 lucernam
anteferet *VL R*   ante per lucernam *pA*   ante lucernam *m*
ante egressus lucernam *B* || qui *m* || inferat > *A* || 9 dei > *A* || 10
professus *L*   progressus *r* || 11 adque *V r* || 12 lucerna *C* || 13 aut
aliquid *C pA mB* || aut cogitamus > *V*
3, 2 inutilem : non utilem *m* || oculis *C r mB Ba. Er. Gi.*

---

1. a. cf. Jn 1,9
2. a. cf. Rom. 9,32

---

3. Les idées principales de cette introduction — impossibilité pour
l'homme de parvenir au vrai savoir tant qu'il est dans un corps, et par

réalités célestes et accédant, par le don de Dieu et sa
parole, à la lumière de la connaissance, suit comme guide,
pour vivre dans le bien et sans péché, celui qui est la « vraie
lumière » et qui éclaire « tout homme[a] »[3].

2. Il amène donc à l'intelligence l'ignorance propre à sa
vie, grâce à une lumière qu'il porte en quelque sorte
devant lui ; il dit : TA PAROLE EST UNE LAMPE POUR MES
PAS. Il sait, qu'à moins d'être illuminé par la *parole de
Dieu*, il ne peut supporter ces ténèbres du corps et cette
nuit du monde. Il sait que partout il y a des « pierres
d'achoppement[a] », des réseaux de filets, des fosses où sont
tendus des pièges. En effet, de même qu'en sortant la nuit
on porte devant soi une *lampe*, on regarde où l'on porte ses
pas, on fait attention à chacun d'eux en s'aidant de la
lumière que l'on a devant soi, de même chacun de nous a
devant lui, comme une *lampe*, la *parole de Dieu* qui
demeure en lui pour l'aider dans toutes ses démarches et
son action. En effet, l'ensemble de l'enseignement céleste
est pour nous un guide sur la route de la vie[4] et, comme
une *lampe*, il faut le porter en avant dans cette nuit du
monde, lorsque nous agissons, pensons ou parlons[5], afin
qu'il nous serve à avancer en toutes nos actions.

3. Le Seigneur dans l'Évangile nous invite à ne pas
laisser sans emploi ni utilité cette *lampe* de ses préceptes ; il

105a

---

ses propres moyens ; nécessité de trouver la lumière qui ne peut être
que Dieu pour échapper à la nuit — font écho à nombre de formules
du premier chapitre du *De ira Dei* de LACTANCE.

4. La *doctrina caelestis* est un « guide » pour la vie, comme la
philosophie l'était pour CIC., *Tusc.*, 5, 5 : *O uitae philosophia dux...*

5. Tricolon avec homéotéleute, sur le modèle de CIC., *Par.*, 34 :
Nihil dicit, nihil facit, nihil cogitat, mais le commentaire suit de près,
parfois littéralement, celui d'Origène (*Ch. p.*, p. 358, v. 105, l. 15-17).
Sur la division parole, action, pensée, cf. M. HARL, *Ch. p.*, Notes,
p. 692.

Nemo enim lucernam accendit et ponit eam sub modio[a].
Quae enim *lucernae*, si *modio* tegatur, utilitas est?
5 Vsum suum tantum intra id quod operitur impendit.
Iubet igitur eam in *candelabro*[a], id est in officii sui
sede constitui. Itaque hanc doctrinam atque hoc *uerbum
Dei* intra nos receptum non otiosum neque inutile
tamquam *modio* occulamus, sed lumen istud nobis ipsis
10 primum et rursus ex nobis omnibus gentibus praebeamus.
Sequenti quoque istud mandato Dominus admonuit
dicens : *Sint lumbi uestri praecincti, et lucernae uestrae
ardentes*[b]. Iubet ergo nihil nos agere in obscuro, quia
omnis in peccatis *agens odit* lumen et *diligit tenebras*[c].
15 Vult has *lucernas nostras* esse semper *accensas*, ne quando
in nocte huius saeculi relinquamur. Iudaeis *in tabernaculo
testimonii lucerna accenditur*[d] et haec omni festiuitatis
suae tempore *ardet*. Illi hoc quod *agunt* nesciunt[e]. Sed
nos in his *tabernaculorum* nostrorum, id est corporum
20 *testimoniis ardentes lucernas* semper habeamus et festiui-
tatem spei nostrae earum luce peragamus.

4. Apostolos quoque, quos *sal terrae*, quos et *lumen
mundi* Dominus nuncupat[a], per hanc significationem
hos et *lucernas* esse ecclesiae ostendit dicens : *Lucerna
corporis tui est oculus tuus*[b], *corporis* scilicet *ecclesiae*[c],
5 quae *unum corpus in Christo* est, nosque inuicem eius

VL RC pA r S mB

3, 5 usum : *pr.* ut *C* ‖ quo *R pA S m² edd.* ‖ 9 modio : *pr.* in *C pA S
mB Mi.* ‖ occultamus *C* ‖ 11 isto *VL* ‖ 17 omnis *r* ‖ 18 suae > *r* ‖ hoc
> *pA Mi.*
4, 1 quoque > *r* ‖ 5-6 membra eius *Ba. Er. Gi. Mi.*   membra *S*

3. a. Matth. 5, 15 ‖ b. Lc 12, 35 ‖ c. cf. Jn 3, 19-20 ‖ d. cf. Ex.
27, 21 ‖ e. cf. Lc 23, 34
4. a. cf. Matth. 5, 13-14 ‖ b. Matth. 6, 22 ; cf. 6, 23 ‖ c. cf. Col. 1, 24

dit : « Personne en effet n'allume une *lampe* et la met sous
le boisseau[a]. » Quelle est en effet l'utilité d'une « *lampe* », si
elle est recouverte d'un « boisseau » ? Elle ne rend service
qu'à l'intérieur de l'espace qui est recouvert. Il nous invite
donc à la mettre sur un « candélabre[a] », c'est-à-dire à
l'endroit où le veut sa fonction. Aussi cet enseignement et
cette *parole de Dieu* recueillis en nous, ne les laissons pas
cachés, sans emploi ni utilité, sous une sorte de « boisseau »,
mais donnons cette lumière, d'abord à nous-mêmes, puis, à
partir de nous, à toutes les nations[6]. Le Seigneur nous en a
aussi avertis dans le commandement suivant, en disant :
« Que vos reins soient ceints et vos *lampes* allumées[b]. » Il
nous invite donc à ne rien faire dans l'obscurité, parce que
« tout homme qui vit » dans le péché « hait » la lumière et
« aime les ténèbres[c] ». Il veut que « nos *lampes* » soient
toujours « allumées », pour que nous ne soyons jamais
délaissés dans la nuit de ce monde. Pour les Juifs, la
« *lampe* » est « allumée dans la tente du témoignage[d] » et elle
« brûle » tout le temps que dure leur fête. Eux, ne savent
pas ce qu'ils « font[e] ». Mais nous, gardons toujours les
« *lampes* allumées » dans ces « témoignages » de nos « tentes »,
c'est-à-dire de nos corps et célébrons la fête de notre
espérance à la lumière de ces lampes[7].

4. De même les apôtres, qu'il appelle le « sel de la terre »,
et encore la « lumière du monde[a] » : le Seigneur montre, en
les appelant ainsi, qu'ils sont aussi les *lampes* de l'Église ; il
dit : « La *lampe* de ton corps, c'est ton œil[b] » ; le « corps »,
c'est l'« Église[c] » qui est « un seul corps dans le Christ », dont

---

6. L'exégèse de *Matth.* 5, 15 ne suit pas ici Origène (*Ch. p.*, p. 360,
v. 105, l. 25-33), mais ce que dit Cypr., *Eccl. unit.*, 5, sur le
rayonnement de l'Église. *Matth.* 5, 15 est expliqué différemment en *In
Matth.*, 4, 13 (*SC* 254, p. 130-132).

7. Origène (*Ch. p.*, p. 360, v. 105, l. 33-41) cite aussi *Lc* 12, 35 et
fait allusion à *Ex.* 27, 21, mais il ne nomme pas les Juifs.

membra sumus[d]. Primum enim unicuique nostrum *Dei
uerbum* sibi *lucerna* est; deinde uir apostolicus *toto
corpori suo*, id est *ecclesiae lucerna* est. Neque enim
omne *corpus* aut *pes* aut *oculus* aut *manus* est[e]. Ergo
10 si *oculi, totius corporis* pars lucidissima et ob id *membris*
ceteris praestans, erunt *tenebrae*[b], id est, si apostolorum
lucernae non *ardebunt lumine* ipso in *tenebris* sito, quanta
totius corporis nox manebit? Iohannes praedicator paenitentiae *lucerna* et Iudaeis et gentibus fuit, Domino
15 dicente : *Ille erat lucerna ardens et lucens, et uos uoluistis
ad horam exultare in lumine eius*[f]. Habemus ergo doctrinae
lumen; *exultemus in eo*, non *ad horam*, sed semper;
neque ad tempus, sed in aeternum. Beatae *uirgines*
illae et utiles *olei* mercatrices solae in *lampadum suarum*
20 *lumine cum sponso* thalamum ingressae sunt, ceteris negle-
gentibus et *dormientibus* ab ingressu thalami exclusis[g].

5. Ad omnem igitur animae nostrae *pedem* utamur
Dei uerbo ut *lucerna*, sed *lucerna* semper *ardente*, semper
in officium suum per nostram prudentiam praeparata.
Verbum autem, quod *pedibus lucerna* est, ipsum illud et
105b 5 SEMITIS LVMEN est. Sensim enim et domestice ingredien-

---

VL RC pA r S mB

4, 7 sibi : oculus siue *pA r² S mB Ba. Er. Mi.* ‖ toti *r² S mB Er. Gi.
Mi. Zi.* ‖ 8 corpore *V* ‖ 11 ceteris : uisceris *R*   suis c. *S* ‖ erint *VL
r¹*   erant *R* ‖ 12 sito : sit *V r* ‖ 15 uultis *C* ‖ 21 ad *V*
5, 2 sed : sit *r²*   > *VL r¹* ‖ lucerna² > *VL r¹* ‖ ardens *r²* ‖ 3
prouidentiam *VL p Mi.* ‖ 5 incedentibus *R Gi. Mi. Zi.* ‖ 5-7
ingredientibus — iter > *C pA*

---

4. d. cf. Rom. 12, 4-5 ; I Cor. 12, 12 ‖ e. cf. I Cor. 12, 14-16 ‖ f. Jn
5, 35 ‖ g. cf. Matth. 25, 1-13

---

8. Origène (*Ch. p.*, p. 360, l. 41 s.) cite aussi *Matth.* 6, 22 dont il
commente les mots « corps » par « Église » et « flambeau » par « homme
doué de vue spirituelle ». Sur le sens de *uir apostolicus*, cf. *In Matth.*,
22, 4 ; 25, 2. Ces lignes sur l'Église ont été commentées par M. Figura,
Das Kirchenverständnis ..., p. 146-147.

nous sommes à notre tour les «membres[d]». D'abord,
chacun de nous a dans la *parole de Dieu* sa propre *lampe*;
ensuite l'homme apostolique est une *lampe* pour «tout son
corps», c'est-à-dire l'«Église[8]». En effet, le «*pied*», l'«œil»
ou la «main» ne sont pas tout le «corps[e]». Si donc les
«yeux», qui sont la partie la plus lumineuse de «tout le
corps» et qui, à ce titre, l'emportent sur les autres
«membres», sont «ténèbres[b]», c'est-à-dire si les «*lampes*»
des apôtres n'«éclairent» pas, parce que leur «lumière» est
elle-même située dans les «ténèbres», dans quelle nuit
profonde le «corps tout entier» demeurera-t-il[9]? Jean, qui
prêchait la pénitence, fut une *lampe* pour les Juifs et les
païens, car le Seigneur dit : «Il était la *lampe* qui brûle et
qui luit, et vous avez voulu vous réjouir un moment à sa
lumière[f].» Nous avons donc la «lumière» de l'enseignement; «réjouissons-nous en elle», non «un moment», mais
toujours, ni pendant un temps, mais éternellement.
Bienheureuses ces «jeunes filles» qui, pour un bon usage,
ont acheté de l'«huile» pour la «lumière» de «leurs *lampes*»
et sont entrées, seules, «avec l'époux» dans la chambre,
tandis que les autres qui avaient été négligentes et
s'étaient «endormies» étaient exclues de l'entrée de la
chambre[g][10]!

5. Pour chaque *pas* que fait notre âme, servons-nous
donc de la *parole de Dieu* comme d'une *lampe*, mais d'une
lampe toujours «allumée», toujours préparée par notre
prévoyance à remplir sa fonction. D'ailleurs la *parole*, qui
est une *lampe pour les pas*, est aussi une LUMIÈRE POUR LES   105b
SENTIERS. Ceux qui se déplacent peu et chez eux ont

9. La supériorité des yeux, évoquée par Origène à propos de ce
v. 105, et réaffirmée par Hilaire (*In psalm.* 138, 34), est un thème de
l'anthropologie lactancienne : *Opif.*, 8, 9; 8, 16-17.

10. Origène (*Ch. p.*, p. 362, v. 105, l. 48-56) fait aussi référence à
Jn 5, 35 et *Matth.* 25, 2.

tibus *lucerna* opus est ; peregrinum autem et publicum
iter ingredientibus *lumen* potius necessarium est, ne
latro insidietur, ne ambiguae uiae error occurrat. Per
incrementa enim a minori ad maius acceditur, ut ei
10 cui *uerbum Dei* primum *lucerna* sit *pedibus*, id ipsum
uerbum ei fiat *lumen* in *semitis*. Sed *lucerna pedibus*
et *lumen semitis* utilem profectum praestare debent. Et
uideamus an dignum aliquid propheta subiecerit.

106   **6.** Ait enim : Ivravi et statvi cvstodire ivdicia
ivstitiae tvae. Iam non in nocte saeculi errat, nec
pedem metuit *offendere*[a]. Sacramentum enim omne fir-
matae scientiae res est, et *iurandi* religio ex ueritatis
5 cognitione suscipitur. *Iurat* ergo propheta ; nec tantum
iurat, sed et *statuit*, quia sacramenti uinculum firmitas
sit *statutorum. Statuit* ergo iurans *custodire iudicia iustitiae
Dei.* Et difficile est *statuta* conuelli, et optimum est
statuere iurata.

7. Sed meminit nihil esse in Dei *iudiciis* iniustum.
Si enim humana *iudicia* ea uere *iudicia* existimantur,
quae ex arbitrio *iusti iudicii* sanciuntur, nedum modo

VL RC pA r S mB

5, 8 uitae *L* ‖ 9 enim > *C* ‖ minore *C pA mB Mi.* ‖ accenditur
C   ascenditur *pA mB Mi.* ‖ 10 cui + et *VL R r* ‖ 11 fit *V¹ r* ‖ in
> *Mi.* ‖ 12 semitis : *pr.* in *L R S Ba. Er. Gi. Zi.* ‖ debet *VL r*
  6, 2 erat *RC B* ‖ 3 omne : omnem *L*   > *A* ‖ confirmatae *C pA
mB* ‖ 6 et > *C* ‖ 6-7 quia — statuit > *C*
  7, 2 ea uere iudicia > *R* ‖ 3 ex > *C A* ‖ iudiciis *r* ‖ faciuntur
C   efficiuntur *pA mB* ‖ nec dum modo *C*   quomodo *pA S mB
Ba. Er. Gi. Mi.*

---

6. a. cf. Ps. 90,12 ; Matth. 4,6

11. La distinction entre *lucerna* et *lumen* est présentée comme chez
Origène (*Ch. p.*, p. 362, v. 105, l. 57-60).

besoin d'une «lampe», alors que ceux qui se déplacent au loin et sur la voie publique doivent plutôt avoir une *lumière*, de peur qu'un bandit ne tende un piège, ou qu'ils ne se mettent à chercher une voie difficile à trouver[11]. On passe en effet progressivement d'un degré moins grand à un degré plus grand[12], en ce sens que, si la *parole de Dieu* est d'abord une «lampe pour les pas» de quelqu'un, cette même *parole* devient une *lumière* sur ses *sentiers*. Mais une «lampe pour les pas» et une *lumière pour les sentiers* doivent servir à quelque chose. Et voyons si le prophète a donné à son affirmation une suite digne.

6. Il dit en effet : J'ai juré et me suis engagé à garder les jugements de ta justice. Il ne marche plus au hasard dans la nuit de ce monde et ne craint plus de «faire un faux pas[a]». Tout serment en effet suppose que l'on soit sûr de ce que l'on sait, et l'engagement sacré d'un *serment* ne se prend que si l'on connaît la vérité. Donc, le prophète *jure*. Et il ne se contente pas de *jurer*, mais encore il *s'engage* : le lien du serment marque la solidité d'un *engagement*. Il *s'engage* donc, en *jurant*, à *garder les jugements de la justice de Dieu*. Il est difficile de rompre un *engagement* et il est très bon de *s'engager* sur ce que l'on *jure*.

7. Mais le prophète se souvient qu'il n'y a aucune injustice dans les *jugements* de Dieu. En effet si les *jugements* humains sont considérés comme de vrais *jugements*, quand les sentences reposent sur la décision d'un *jugement juste*, à plus forte raison ne faut-il pas douter qu'il

106

---

12. *Per incrementa* : expression du vocabulaire de la rhétorique. Fortunatien (*Rhet.*, 3, 1, Halm, p. 120-121) distingue parmi les huit modes de l'ordre naturel d'un discours le mode *per incrementa*, l'*incrementum* étant le procédé qui consiste à aller du plus petit vers le plus grand.

ambigendum sit nihil esse in Dei *iudiciis* iniustum.
5 Amittimus liberos; iniustum hoc *iudicium* existimamus.
Numquid iniuste Deus in Iob *filios* dedit *diabolo* potestatem[a]? Damna nostra tamquam inique accidentia dole-
mus. Numquid egere solum illum perfectum uirum Deus
sine *iustitiae* ratione permisit? Cruciamur doloribus et
10 contra Deum impatientiae nostrae querellis increpamus.
Anne incerto consilio exesus uermibus[b], *sanie* defluens[c],
perfossus ulcere fuit[d]? Certe haec omnia ad docimentum
fidei et ad praemium gloriosae patientiae profecerunt.
Infirmitas nostra efficit ut malum esse id quod patimur
15 existimemus. Ceterum Dei semper uoluntas est ut patientia passionum probemur; nos uero diuini *iudicii iustitiam*,
dum sine docimento fidei latere uolumus, improbamus.

8. Sed qui superius et *iurauerat et statuerat* ut *custodiret
iudicia iustitiae Dei*, dignum aliquid sacramento et
constitutione sua in obseruandis debet praestare *iudiciis*.
Non enim leue est, quod *custoditurum* se *statuit iuratus*.
5 Et quid illud sit, sequens uersus loquitur. Ait enim :
107 HVMILIATVS SVM VSQVEQVAQVE, DOMINE; VIVIFICA ME
SECVNDVM VERBVM TVVM. Vnigenitus Dei filius naturae
nostrae ex uirgine sibi corpus adsumens, cum in se
ipso ueram et perfectam humanae prudentiae formam

VL   RC   pA   r   S   mB

7, 9 iustitiae : -a et *C* ‖ 11 acne *VL r* ‖ 12 documentum *pA r S mB*
Ba. Er. Gi. Mi. ‖ 13 praemia *V r* ‖ proficerunt *VL* ‖ 14 ut : et *r* ‖ 15
semper dei *R*
8, 1 et statuerat > *V* ‖ 2 sacramentum *C* ‖ 4 se > *C* ‖ iratus *V* ‖ 5
quod *V* ‖ loquetur *VL r*

---

7. a. cf. Job 1, 6.18-19 ‖ b. cf. Job 17, 14 ‖ c. cf. Job 2, 8 ‖ d. cf. Job
2, 7

---

13. Lieu commun de la défense de CYPRIEN contre les accusations
qui visent Dieu (*Demetr.*, 5 s.), et de la pensée stoïcienne (SEN., *Ep.*
85, 26 ; 85, 28).

n'y a aucune injustice dans les *jugements* de Dieu. Nous
perdons nos enfants; nous pensons que c'est un *jugement*
injuste. Dieu a-t-il donné injustement au «diable» un
pouvoir sur les «fils» de Job[a]? Nous souffrons de nos
pertes, en les taxant de malheurs injustes. Est-ce sans tenir
compte de la *justice* que Dieu a permis que cet homme
parfait soit seul dans le besoin? Nous sommes torturés par
la souffrance et nous nous en prenons à Dieu en nous
plaignant de notre incapacité à la supporter. Est-ce par
une décision prise à la légère qu'il a été dévoré par la
vermine[b], couvert de «pus[c]», marqué d'ulcères[d]? Tous ces
maux assurément ont eu l'avantage d'éprouver sa foi et de
lui donner la récompense que lui valait sa glorieuse
endurance. Notre faiblesse nous fait considérer comme un
mal ce que nous supportons[13]. Mais c'est toujours la
volonté de Dieu que nous fassions nos preuves en
supportant la souffrance[14]; nous, nous critiquons la *justice*
du *jugement* divin, voulant vivre à l'abri, sans que notre foi
soit mise à l'épreuve.

8. Mais celui qui, plus haut, *avait juré et s'était engagé
à garder les jugements de la justice de Dieu* doit avoir
une conduite digne de son serment et de sa décision
d'observer les *jugements*. En effet, ce qu'il *s'est engagé* à
garder, après avoir *juré*, n'est pas sans importance. Le
verset suivant nous dit de quoi il s'agit. Il dit en effet :
J'AI ÉTÉ HUMILIÉ COMPLÈTEMENT, SEIGNEUR; FAIS-MOI   107
VIVRE SELON TA PAROLE. Puisque le Fils Unique de Dieu
acceptant pour lui le corps de notre nature, reçu d'une
vierge, avait montré en sa propre personne l'image
véritable et achevée de la sagesse humaine, il faut savoir

---

14. Dans un contexte semblable (rapprocher la formule d'Hilaire
de CYPR., *Patient.*, 17) CYPR., *Patient.*, 18, se sert également de
l'exemple de Job.

10 praebuisset, quid a se disci tamquam exemplo doctrinae
uoluerit noscendum est. Ait enim : *Venite ad me omnes
qui laboratis et onerati estis, et ego uos reficiam. Tollite
iugum meum super uos et discite a me, quoniam mitis
sum et humilis corde*; *et inuenietis requiem animabus*
15 *uestris*[a]. Ipse utique perfectus et sine *peccato* solus et
unus *in cuius ore dolus* non fuit[b], hoc praecipuum a se
doctrinae sumi uoluit exemplum, mansuetudinis scilicet
et *humilitatis*, per quae *animabus requies inueniretur*.

9. Scit insolentem esse et incapacem rerum secundarum
naturae nostrae infirmitatem. Alii per opes insolescunt
nescientes de largitione opum dictum esse : *Eleemosyna
enim . abscondit peccatum*[a]; et rursum : *Dispersit, dedit*
5 *pauperibus, iustitia eius manet in saeculum saeculi*[b]; et
Dominum ipsum his qui *esurientem* cibassent, *sitientem*
potassent, peregrinum domo recepissent, *nudum uestissent,
infirmum uisitassent*, clausum *carcere* consolati essent,
dixisse[c] : *Venite, benedicti patris mei, possidete praeparatum*
10 *uobis regnum a constitutione mundi*[d]. Alii gloriae saeculi
tument   nescientes   hunc   principalem   *benedictionum*
caelestium fuisse sermonem : *Beati pauperes spiritu,
quoniam ipsorum est regnum caelorum*[e]. Alios nobilitas
carnalis in fastidium erigit non cogitantes illis qui in

VL   RC   pA   r   S   mB

8, 11 noscendum : non secundum *V*   non silendum *r* ‖ 16 in
> *V* ‖ 18 quem *V*

9, 1 scit : sed et *VL r* ‖ esse > *A* ‖ 2 opera *VL r* ‖ 3 elemosyna *VL
R Ba.*   elemosina *C pA r S mB*   eleemosina *Gi.* ‖ 4 abscidit *pA
mB* ‖ 5 saeculum saeculi : aeternum *L RC pA S mB Ba. Er. Gi. Mi.* ‖ 6
deum *C pA S mB Ba. Er. Gi. Mi.* ‖ 7 uestissent : ueste texissent *RC
pA S mB edd.* ‖ 8 consulati *V* ‖ 10 gloria *pA r S mB Ba. Er. Gi. Mi.* ‖
11 scientes *VL* ‖ hanc *C Ba. Er.* ‖ benedictionem *C Ba. Er. Gi. Mi.* ‖
12 sermonum *Ba. Er.* ‖ 14 fastigium *V¹ C S Ba. Er. Gi. Mi.*   fastum
pA mB

---

8. a. Matth. 11, 28-29 ‖ b. cf. I Pierre 2, 22

quelle leçon il a voulu qu'on apprît de lui se proposant
comme modèle. Il dit en effet : « Venez à moi, vous tous
qui peinez et êtes chargés, et moi je vous redonnerai des
forces. Prenez mon joug sur vous et recevez mes leçons, car
je suis doux et *humble* de cœur ; et vous trouverez le repos
pour vos âmes[a]. » Lui qui de toute façon était parfait, qui
seul était sans « péché » et qui fut le seul « dans la bouche de
qui » il n'y a pas eu de « ruse[b][15] », a voulu que l'on reçût de
lui, comme leçon principale de son enseignement, la
douceur et l'« *humilité* », pour que, par elles, le « repos fût
donné aux âmes ».

9. Il sait que la faiblesse de notre nature est orgueilleuse
et ne peut se contrôler quand tout lui est favorable. Les
uns s'enorgueillissent à cause de leurs biens, ignorant qu'il
a été dit de la largesse des biens : « Car l'aumône cache le
péché[a] » ; et encore : « Il a dispersé, il a donné aux pauvres,
sa justice demeure pour le siècle du siècle[b] », ignorant que
le Seigneur lui-même a dit à ceux qui l'avaient nourri
« quand il avait faim », fait boire « quand il avait soif »,
recueilli quand il était sans abri, « vêtu quand il était nu,
visité quand il était malade », consolé quand il était en
« prison[c] » : « Venez, les bénis de mon Père, recevez le
royaume préparé pour vous depuis la fondation du
monde[d]. » D'autres tirent vanité de la gloire du monde,
sans savoir que la principale parole des « béatitudes »
célestes est : « Heureux les pauvres en esprit, car le
royaume des cieux est à eux[e]. » Il en est d'autres que leur
naissance charnelle dresse dans l'orgueil, mais ils ne
pensent pas à la parole adressée à ceux qui sont nés de

9. a. Sir. 3, 30 ‖ b. Ps. 111, 9 ‖ c. cf. Matth. 25, 35-36 ‖ d. Matth.
25, 34 ‖ e. Matth. 5, 3

15. CYPR., *Patient.*, 9, utilise aussi *I Pierre* 2, 22 dans une
exhortation à suivre le Christ comme exemple de patience.

15 Christo renati sint dictum esse : *Vos autem genus electum,*
regale sacerdotium, genus sanctum[f]. Aliae sunt saeculi
leges, alia Dei munera. Diabolus cum Dominum *templare*
ausus est, suum esse saeculum gloriatur[g]. Dominus uero
mori nos saeculo iubet, ut *uiuamus* ipsi[h]. Cum Domino
20 opum contemptus opulentia est, cum Domino terreni
honoris despectus *caelorum regnum* est, cum Domino
humilitas cordis generosae et regiae natiuitatis ornatus
est. Hoc igitur *a se disci* uoluit, quod uirtutum omnium
maximum est.

10. Apostolus etiam ad *humilitatem* nos docens talibus
adhortatur : *Hoc enim sapite in uobis, quod et in Christo*
Iesu, qui cum in forma Dei esset, non rapinam existimauit
esse se aequalem Deo, sed se exinaniuit formam serui
5 *accipiens, et habitu repertus ut homo. Humiliauit se*
factus oboediens usque ad mortem, mortem autem crucis.
Habemus exemplum ab unigenito Deo *humilitatis*; sed
uideamus et praemium. *Propter hoc enim eum Deus*
exaltauit et donauit ei nomen quod est super omne nomen,
10 *ut in nomine Iesu omne genu flectat caelestium et terrestrium*
et infernorum, et omnis lingua confiteatur quia Dominus
Iesus in gloria Dei patris[a]. Hoc *humilitatis* fuit
praemium, ut corpus adsumptum *in gloria Dei patris*

VL   RC   pA   r   S   mB

9, 15 renati > *B* ‖ sunt *C pA r S mB Ba. Er. Gi. Mi.* ‖ 16 gens
sancta *C pA S mB Ba. Er. Gi. Mi.* ‖ aliae : alii *V¹ r* ‖ 17 reges *V¹ r* ‖
alii *r* ‖ 18 deus *V r* ‖ 20 opum — cum domino > *L* ‖ 22 et > *VL r*
10, 1 etiam > *V* ‖ 3 in > *L* ‖ 4-6 sed se — crucis : et reliqua usque
ad mortem crucis *r* ‖ 5 habitum *L* ‖ 8 uidemus *VL* ‖ 9 ei : illi *C r S Ba.*
Er. Gi. Mi. ‖ 9-12 quod est — dei patris : usque in gloria est dei patris
r ‖ 10 flectant *V*   flectatur *pA mB Ba. Er. Gi. Mi.* ‖ 11 quia + est
A ‖ 12 gloria + est *VL C p r S mB Ba. Er. Gi. Zi.*

9. f. I Pierre 2,9 ‖ g. cf. Lc 4,2.6 ‖ h. cf. Rom. 6,11
10. a. Phil. 2,5-11

nouveau dans le Christ : «Mais vous, vous êtes une race
élue, un sacerdoce royal, une race sainte[f].» Autres sont les
lois du monde, autres sont les dons de Dieu[16]. Ayant osé
«tenter» le Seigneur, le diable se vante que le monde lui
appartienne[g]. Mais le Seigneur nous ordonne de «mourir»
au monde, pour que nous «*vivions*» pour lui[h]. Avec le
Seigneur, le mépris des biens matériels est richesse ; avec le
Seigneur, le dédain de la gloire terrestre donne le
«royaume des cieux» ; avec le Seigneur, l'*humilité* de cœur
est l'ornement d'une naissance noble et royale[17]. Voilà
donc la «leçon» qu'il a voulu que l'on «reçût» de lui, et il la
donne comme la première de toutes les vertus.

10. L'Apôtre aussi nous enseignant l'*humilité* nous
exhorte avec ces mots : «Ayez en effet en vous les
sentiments qui furent aussi en Christ Jésus, lui qui, étant
en forme de Dieu, n'a pas estimé comme une usurpation
d'être égal à Dieu, mais il s'est anéanti, prenant forme
d'esclave, reconnu à sa manière d'être pour un homme. Il
s'abaissa, se faisant obéissant jusqu'à la mort, et à la mort
de la croix.» Nous tenons de Dieu Fils Unique le modèle de
l'*humilité* ; mais voyons aussi la récompense. «C'est pourquoi en effet Dieu l'a exalté et lui a donné le nom qui est
au-dessus de tout nom, afin qu'au nom de Jésus tout genou
fléchisse aux cieux, sur terre et dans les Enfers, et que
toute langue confesse que le Seigneur Jésus est dans la
gloire de Dieu le Père[a].» Telle fut la récompense de
l'*humilité* : élevé dans la «gloire de Dieu le Père» son corps

---

16. Les richesses et la gloire sont dénoncées par Cypr., *Donat.*, 11-
12.

17. Les paradoxes réunis ici — mépris des richesses = opulence ; le
Seigneur élèvera qui s'abaisse — sont caractéristiques de l'*Épître de
Jacques* (cf. 1,9-10 ; 2,5 ; 4,10).

maneret, *ut in nomine eius genu caelestia et terrestria*
15 *et inferna* curuarent. Manens enim *in Dei forma non*
ui aliqua sibi ac *rapina* id quod erat praesumendum
existimauit, scilicet ut *Deo esset aequalis. Erat* enim *in*
Dei forma, nihilque ei ex eius *gloria* deerat, *in cuius*
forma manebat ; sed *formam serui* per *humilitatem accepit*
20 *et habitu ut homo repertus est, humilians se* per *oboedientiam*
usque ad mortem ; nec solum *usque ad mortem,* sed *usque*
ad mortem crucis. Caelum ex praecepto Dei ipse *firmauit*[b],
mundum ex iussu paterno in hanc speciem tanti decoris
ornauit, *terram* et quae in his sunt creauit[c]. Sed numquid
25 ob illa meruit *hominem* adsumptum *in* aeterni *patris*
gloria collocare ? *Humilitatis* hoc praemium est, *humilitatis*
haec merces est, ut, quia manens antea *in forma Dei*
esset in *forma serui* deinceps effectus, et manens *in*
forma Dei et effectus in *forma serui confessione caelestium*
30 *et terrestrium et infernorum* esse *in Dei patris gloria*
nosceretur.

11. Verens quoque idem apostolus ne quos ipsa illa
diuinorum munerum gratia efficeret insolentes, ait :
Vnicuique data est demonstratio spiritus ad utilitatem[a].
In eo enim quod ait : *Ad utilitatem,* docuit eo *utiliter*

VL   RC   pA   r   S   mB

10, 15 curuaret *C* ‖ forma dei *pA mB Mi.* ‖ 17 dei *VL r S* ‖ 19 serui
+ sui *pA mB* ‖ 20 ut homo repertus est > *V*[1]   repertus ut homo *r* ‖
21 nec solum usque ad mortem > *r* ‖ sed + et *r* ‖ 22 mortem > *V* ‖
formauit *S Ba. Er. Gi.* ‖ 23 iusso *C r* ‖ 24 his : ea *S Ba. Er. Gi. Mi.* ‖ 25
illam *r* ‖ 26 gloriam *VL r* ‖ hoc — humilitatis[2] > *V r* ‖ 27 mercis *V* ‖
antea : ante *C*   > *V r* ‖ 29 in > *V*[2]*L C r*
11, 2 ait + enim *VL R*[1] *r* ‖ 4 humiliter *pA mB Mi. Zi.*

---

10. b. cf. Ps. 32,6 ‖ c. cf. Hébr. 1,10
11. a. I Cor. 12,7

---

18. *Phil.* 2,5-11 : texte-clef pour Hilaire qui, dans les seuls
Tractatus super Psalmos, le cite intégralement en *In psalm.* 2,33 ; en

y demeure, «afin qu'à son nom les genoux» ploient «aux cieux, sur terre et dans les Enfers». Demeurant en effet «en forme de Dieu, il n'a pas estimé» qu'il lui fallait revendiquer par la force et l'«usurpation» ce qu'il était, c'est-à-dire «être égal à Dieu». Il «était» en effet «en forme de Dieu» et rien ne lui manquait de la «gloire» de celui «en forme de qui» il demeurait. Mais il «prit» par *humilité* «forme d'esclave et fut reconnu à sa manière d'être pour un homme», «*s'abaissant*» par «obéissance jusqu'à la mort», et non seulement «jusqu'à la mort», mais «à la mort de la croix». Conformément à ce que lui avait prescrit Dieu, il a lui-même «affermi le ciel[b]»; conformément à l'ordre de son Père, il a embelli le monde jusqu'à lui donner cet éclat d'une si grande beauté; il a créé la «terre» et ce qu'il y a en elle[c]. Mais a-t-il mérité pour autant de placer l'«homme» qu'il avait pris «dans la gloire de son Père» éternel? La récompense de l'*humilité*, le prix de l'*humilité* est que, puisque demeurant auparavant «en forme de Dieu» il s'était ensuite incarné en «forme d'esclave», celui qui à la fois demeurait «en forme de Dieu» et s'était incarné en «forme d'esclave» fut reconnu par la «confession» des «êtres célestes, terrestres et infernaux dans la gloire de Dieu le Père»[18].

11. Le même apôtre craignant aussi que cette grâce des dons divins ne rendît certains hommes orgueilleux dit : «A chacun a été donnée la manifestation de l'Esprit en vue du service[a].» En disant : «En vue du service», il nous a appris qu'il fallait s'en «servir avec profit», afin que l'assurance

---

partie en *In psalm.* 53,5; 62,12; 65,12; 67,6; 126,17; 138,5; 138,23; ou y fait allusion en *In psalm.* 55,5; 67,21; 123,9; 131,3; 138,19; 142,2. L'exégèse de *Phil.* 2,5 s. par Hilaire, dans les *Tractatus* et le *De Trinitate*, a été étudiée par P. HENRY, art. «kénose», *DBS* 5, 1957, c. 118-121 ; P. GALTIER, *Saint Hilaire...*, p. 121 s. ; A. FIERRO, *Sobre la gloria...*, p. 121-180.

5 *utendum*, ne forte quemquam *spiritalium* donorum confi-
dentia efficeret insolentem[b], et Dei gratia per insolentiae
uitium fieret otiosa. Ex persona autem sua ipse demonstrat etiam hoc se a Deo gratiae consecutum, ne per
confidentiam plurium in se gratiarum in aliquem tumorem
10 superbiae tolleretur, dicens : *Et propter eminentiam*
reuelationum datus est mihi stimulus carnis, angelus
satanae, qui me colaphizaret, ne extollar[c]. Etiam hoc ille
uas electionis[d] et doctor gentium meruit, ne ultra humanae
infirmitatis naturam per *spiritalium* in se munerum
15 confidentiam superbiret. Ezechiam regem scriptura laudat
quod *fecerit rectum* et bonum *in conspectu* Dei[e], sed
non usque in finem potuit haec manere laudatio. Scriptum
enim est in secundo Praeteritorum libro : *Et cecidit*
Ezechias ab altitudine cordis sui[f]. Vbi *cor* in *altum*
20 erexerat, ubi in superbiam se per confidentiam laudationis
extulerat, praeteritorum gestorum gratiam per superbiae
crimen amisit.

12. Propheta igitur sacramento constituens ut *iusta Dei*
iudicia custodiret[a], hoc primum opus sumpsit, ut *humilis*
fieret, neque solum *humilis*, sed *humilis* ualde ; per
adiectionem hanc consummatae in se *humilitatis* modes-
5 tiam docens. Et erant causae in eo plures superbiendi.
Praebebat insolentiae causas nobilitas ex Iuda[b], et in eo
primum potestas benedictionis *regiae* inchoata[c]. Mansit

VL RC pA r S mB

11, 7 uitio *VL* ‖ 8 se : esse *R*   esse se *Zi.* ‖ 12 colaphizet *S m¹*
Ba. Er. Gi.   colaphizat *m²* ‖ 13 metuit *Gi. Mi. Zi.* ‖ 15 confidentiam superbiret : gratiam efferetur *pA m*   g. superbiret *B* ‖ 17
laudatio : *pr.* ista *R* ‖ 18 praeteritorum : paralipomenon *pA S m²B²*
Ba. Er. ‖ 20 ubi > *V r*
12, 4-5 modestiae docens *C*   modestiam edocens *pA mB Mi.*

---

11. b. cf. Rom. 12,16 ‖ c. II Cor. 12,7 ‖ d. cf. Act. 9,15 ‖ e. cf.
IV Rois 18,3 ‖ f. II Chr. 32,26
12. a. cf. *v. 106* ‖ b. cf. I Sam. 17,12 ‖ c. cf. I Sam. 16,1.13

que donnent les dons de l'«Esprit» ne rendît personne
orgueilleux[b] et que la grâce de Dieu ne restât pas
inemployée, à cause du péché d'orgueil. D'ailleurs, son
exemple le montre, il a obtenu de Dieu la grâce de ne pas
être bouffi d'orgueil par l'assurance que lui donnait la
présence en lui de grâces nombreuses ; il dit : «Et à cause
de l'excellence de ces révélations, une écharde dans la chair
m'a été donnée, un ange de Satan, chargé de me souffleter,
pour que je ne me grandisse pas[c].» Ce «vase d'élection[d]» et
ce docteur des païens a même mérité de ne pas tirer
orgueil, en dépassant l'état naturel de la faiblesse humaine, de la confiance que lui donnaient les dons de l'«Esprit»
qu'il avait en lui. L'Écriture glorifie le roi Ézéchias d'avoir
«fait ce qui est droit» et bon «aux yeux de» Dieu[e], mais ce
titre de gloire n'a pu lui rester jusqu'à la fin. Il est écrit en
effet dans le second livre des *Paralipomènes*[19] : «Et
Ézéchias est tombé à cause de la hauteur de son cœur[f].»
Comme il avait porté «haut» son «cœur», comme il s'était
laissé aller à l'orgueil par confiance dans sa glorification, il
perdit par son péché d'orgueil la faveur que lui avaient
value ses actions passées.

12. Donc, le prophète, s'engageant par serment à
«garder les justes jugements de Dieu[a]», s'est donné comme
première tâche de se faire *humble*, et non seulement
humble, mais très *humble*, montrant par cet adverbe la
réserve d'une *humilité* parvenue en lui à sa perfection. Il
avait pourtant plus d'une raison de s'enorgueillir. Sa noble
naissance qui le rattachait à Juda lui donnait des motifs
d'orgueil[b] et c'est en lui que pour la première fois a été
inauguré le pouvoir que donne la consécration «royale[c]».

---

19. Les livres des *Chroniques* (ou des *Paralipomènes*) sont appelés
ici *Praeteritorum (libri)*, mais *Paralipomenon (libri)* en *Instr. psalm.*,
15. D'après la *Biblia patristica* et Sabatier (t. 1, p. 680), *II Chr.* 32, 26,
ne se trouve chez aucun auteur antérieur à Hilaire.

enim aliquandiu ex Dauid tribu *regiae* potestatis familia,
ex qua secundum carnem rex aeternus emersit[d]. Erat etiam
10 prudentissimus ; ait enim : *Inuisibilia et occulta sapientiae
manifestasti mihi*[e]. Meruit etiam et propheta esse, cum
dicitur : *Aperiam in parabolis os meum, eructabo absconsa
a constitutione mundi*[f]. Humanae quoque opulentiae copiis
abundauit. Ait enim ipse : *Ecce congregaui de paupertate
15 mea auri talenta milia tot et argenti alia et aeris et ferri,
quorum numerus non est*[g]. Hinc familiae nobilitas, hinc
regis potestas, hinc *sapientiae* fiducia, hinc prophetae
meritum, hinc copiae facultatum ; non erexerunt tamen
in superbiam neque in aliquem fastidii tumorem *extu-*
20 *lerunt.* Tuto ergo postulat dicens : *Viuifica me secundum
uerbum tuum,* id est ut tamquam nondum *uiuens* aeternae
uitae uitam secundum uerbum Dei mereatur, quia eum
humilitatis modestia intra disciplinam et doctrinam
praedicationis euangelicae contineret.

108   **13.** Sequitur deinceps : Voluntaria oris mei fac
beneplacita, Domine, et ivdicia tva doce me. Digna
exsequitur propheta sacramento constitutionis suae. Primum enim *humilis* ualde effectus est[a] ; sequenti nunc
5 orat ut *uoluntaria oris sui beneplaceant.* Non contentus
est iam praescriptis legis contineri neque tantum necessi-
tati oboedientiae subiacere. Lex praeceperat *malum pro*

VL RC pA r S mB

12, 8 aliquando *r* ‖ 10 sapientiae + tuae *r Mi.* ‖ 12 eructuabo *R
S* ‖ 14 abundabit *V* ‖ 15 milia tot : centum millia *pA r mB Mi.* ‖ alia :
mille millia *pA r mB Mi.* ‖ 17 prophetiae *C pA r m Ba. Er. Gi. Mi.* ‖
19 fastidium *VL*   fastigii *C pA r S mB Gi. Mi.* ‖ morem *VL* ‖ 20 me
> *L* ‖ 21 ut tamquam : ut   > *C*   uitam quam *R* ‖ 22 uitam :
uita *C* ‖ uerbum + tuum *V* ‖ mereatur : *pr.* uiuere *r* ‖ quia eum : qui
cum *r*

13, 1 deinceps sequitur *Ba. Er. Gi. Mi.* ‖ uoluntariae *L* ‖ 2
beneplacita : bene *V* ‖ dignae *R*   digne *S edd.* ‖ 3 sacramentum *R S
edd.*   -ta *C¹ mB* ‖ 4 humilitatis *V r* ‖ 6 etiam *pA mB Mi.* ‖
7 precerat *V*   praecipiebat *pA mB Mi.*

En effet, issue de la tribu de David, est demeurée un certain temps une famille destinée à avoir le pouvoir «royal»; «d'elle, suivant la chair», est sorti le «roi» éternel[d]. Il était aussi très avisé; il dit en effet : «Tu m'as révélé ce qu'il y a d'invisible et de caché dans la sagesse[e].» Il mérita en outre d'être prophète, puisqu'il est dit : «J'ouvrirai ma bouche en paraboles, je proférerai ce qui a été caché depuis la création du monde[f].» Il eut aussi en quantité les ressources que donnent les richesses humaines. Il dit en effet lui-même : «Voici que j'ai tiré de ma pauvreté mille talents d'or, autant d'argent, de bronze et de fer, ces talents qui n'ont pas de nombre[g].» Ainsi avait-il et la noblesse de famille et le pouvoir «royal» et l'assurance que donne la «sagesse» et la dignité de prophète et l'abondance des richesses. Pourtant, cela n'a pas soulevé son arrogance et ne l'a pas «gonflé» d'orgueil et de dédain. Il demande donc avec confiance : *Fais-moi vivre selon ta parole*, c'est-à-dire que comme s'il ne *vivait* pas encore, il demande à mériter de *vivre* de la *vie* éternelle *selon la parole de Dieu*, parce que la réserve que lui imposait son *humilité* le faisait rester dans les limites de la formation et de l'enseignement de la prédication évangélique.

13. Ensuite vient : Fais que soient agréées les volontés de ma bouche, Seigneur, et enseigne-moi tes jugements. Le prophète exécute ce qui est digne de son serment et de son engagement. D'abord, en effet, il a été rendu très «humble[a]»; il demande ensuite ici que les *volontés de sa bouche soient agréées*. Il ne se contente plus de s'en tenir aux prescriptions de la Loi ni d'être soumis à la nécessité de l'obéissance. La Loi avait prescrit qu'il fallait

108

---

12. d. cf. Rom. 1,3 ‖ e. Ps. 50,8 ‖ f. Ps. 77,2 ‖ g. I Chr. 22,14
13. a. cf. *v. 107*

malo esse *reddendum*[b]. Dauid iste, cum Saul totis imperii
sui uiribus persequentem frequenter captum et conclusum
10 habuisset, non modo non peremit, sed etiam cum honore
dimisit dicens : *Non inferam super eum manum meam,
quia Christus Domini est*[c]. Hunc etiam cum in bello
peremptum comperisset, fleuit et uindicauit[d]. Filius
quoque eius Abessalon regnum occupat, exercitum con-
15 trahit, patrem bello parricidali persequitur. Sed militibus
Dauid dicit : *Parcite puero Abessalon*[e]. Illi quidem ad
resistendum necessitas imposita est, ut regi ; sed pietas
et bonitas adfuit ad parcendum, ut prophetae. Mortuum
quoque adfectu paterno et dolore defleuit[f]. Haec enim
20 *uoluntaria*, non legitima sunt ; et his obtemperare libertatis
potius quam necessitatis officium est.

14. Habet hanc apostolus *uoluntariae* doctrinae, non
et legitimae consuetudinem dicens : *De uirginibus autem
praeceptum Domini non habeo, consilium autem do*[a], aut
cum gloriam *uiduitatis* et *continentiam* laudat, non inhibita
5 potestate *nubendi*, sed meritum caelibatus praedicat[b].
Vltra legem instituit et ultra praeceptum adhortatur,
uoluntaria legitimis anteponens. Et rursum ait : *Numquid
non habemus potestatem manducandi et bibendi? Numquid
non habemus potestatem mulieres circumducendi, sicut*

VL   RC   pA   r   S   mB

13, 8 esse > *R Zi.* ‖ totis + se *pA mB Mi. Zi.* ‖ 9 persequentem :
pr. se *Ba. Er. Gi.*   sequentem *V* ‖ 12 dominus *V* ‖ in > *VL r* ‖
13 conterisset *C* ‖ 14 eius > *r* ‖ 16 ille *R* ‖ 17 set *VL*   et *r* ‖
19 et > *r*
14, 1 necnon *r* ‖ 2 consuetudinis *V* ‖ 4 continentiae *r* ‖ inhibet *C
pA mB Mi.*   inhibet a *S*   inhibet iam *Zi.* ‖ 5 potestatem *C pA
mB Mi. Zi.* ‖ merito *VL C r* ‖ caeli beatus *VL* ‖ praedicator *VL RC r
mB Ba. Er. Gi.* ‖ 6 praeceptum + a deo *r*

13. b. cf. Ex. 21, 23-25 ; I Sam. 24, 18 ‖ c. I Sam. 24, 7.11 ‖ d. cf.
II Sam. 1, 11-16 ‖ e. II Sam. 18, 5 ‖ f. cf. II Sam. 19, 1
14. a. I Cor. 7, 25 ‖ b. cf. I Cor. 7, 8

«rendre» le «mal» «pour» le «mal[b]». Mais notre David,
alors qu'il avait pris et emprisonné Saül qui ne cessait de le
poursuivre avec toutes les forces de son empire, non
seulement ne le mit pas à sa mort, mais encore le renvoya
dans l'honneur en disant : «Je ne porterai pas sur lui ma
main, parce qu'il est l'oint du Seigneur[c].» Ayant encore
appris sa mort à la guerre, il le pleura et le vengea[d]. De
même son fils Absalon s'empare du trône, réunit une
armée, poursuit son père au cours d'une guerre parricide.
Mais David dit aux soldats : «Épargnez le jeune
Absalon[e].» La nécessité de résister s'est imposée à lui, en
tant que roi ; mais la piété et la bonté l'assistèrent, en tant
que prophète, pour pardonner. Il le pleura aussi à sa mort,
poussé par ses sentiments paternels et sa douleur[f]. Ces
attitudes en effet sont dictées par la *volonté*, non par la
Loi ; et s'y soumettre est affaire de liberté plutôt que de
nécessité[20].

14. L'Apôtre a l'habitude de donner un enseignement
dicté par la *volonté*, sans l'être par la Loi, quand il dit :
«Pour ce qui est des vierges, je n'ai pas de précepte du
Seigneur, mais je donne un avis[a][21]», ou bien lorsqu'il fait
l'éloge de la gloire du «veuvage» et celui de la «continence»
sans entraver la possibilité du «mariage», mais qu'il
proclame le mérite du célibat[b]. Son enseignement va au-
delà de la Loi et son exhortation, au-delà du précepte ; il
met ce qui est *volontaire* avant ce qui est légitime. Il dit
encore : «N'avons-nous pas la possibilité de manger et de
boire ? N'avons-nous pas la possibilité de faire suivre
partout des femmes comme les autres apôtres et les frères

---

20. L'opposition *libertas-necessitas* est un lieu commun de la pensée
stoïcienne. Cf. Sen., *Ep.*, 51, 9.

21. Tert., *Cast.*, 4, 1, se sert aussi de *I Cor.* 7, 25 pour montrer que
l'Apôtre parle de sa propre initiative. Origène (*Ch. p.*, p. 366, v. 108,
l. 3-4) cite aussi *I Cor.* 7, 25.

10 *ceteri apostoli et fratres Domini et Cephas? Aut ego solus*
et Barnabas non habemus potestatem non operandi? Sed
non utimur hac potestate[c]*.* Potestas in licito est, cum lex
infidelitati nostrae parcens praescriptis nos grauibus non
onerat. At uero *uoluntatis* professio ex incremento fidei
15 est, cum in his quae moderata lex nobis est, nosmetipsos
uoluntariae deuotionis studio continemus.

15. Haec igitur *uoluntaria*, ut Deo sint placita, propheta
orat, quia illa quae ex praescripto legis gerantur, ipsa
seruitii sui necessitate peraguntur. Causam autem semper
praetendit deprecationis suae. Postea enim quam *uolun-*
5 *taria oris sui* ut *beneplacita* essent orauit, adiecit : *Et*
iudicia tua doce me. Iudicia legis agit et, quantum in
se est, gestis atque operibus exercet ; sed nondum ea
intellegit. *Scit enim esse legem spiritalem*[a]. Et illud quod
sub specie praesentium operationum continetur nosse
10 festinat ; ea enim quis necesse est *doceri* postulet, quae
ignorat.

16. Totum autem se propheta secundum sacramenti
sui constitutionem Deo dedit[a]. *Humiliatus* est ualde[b],
uoluntaria oris eius placentia sunt ; nunc eius anima in
Dei manibus semper est et legis Dei non obliuiscitur
109   5 dicens : Anima mea in manibvs tvis semper ; et legem
tvam non svm oblitvs. Totum *quod uiuit, Deo uiuit*[c].

VL   RC   pA   r   S   mB

14, 10 et > *V r* ‖ 11 non[2] : haec *pA*   hoc *S mB* Ba. Er. Gi.
Mi.   > *C* ‖ 12 hac > *RC pA S* ‖ in licita *VL R*   ob illicita
pA   illicita *r m¹B*   licita *m²*
15, 2 praecepto *L* ‖ geruntur *V r*   generantur *L C* ‖ ipse *V* ‖ 3
seruitio *V r* ‖ 4 post *r* ‖ 5 ut > *R* ‖ 6 ait *C* ‖ 9 nosse > *V* ‖ 10 postulat
V
16, 3 uoluntariae *VL* ‖ placenti *V* ‖ tunc *C pA* ‖ eius : enim *C* ‖
anima : quae *m* ‖ 4 leges *R* ‖ 5 mea > *r* ‖ 6 deo uiuit : deo *V*   uiuit
deo *r*

du Seigneur et Céphas? Ou bien Barnabé et moi seul n'avons-nous pas la possibilité de ne pas travailler? Mais nous n'usons pas de cette possibilité[c].» La «possibilité» est du domaine de ce qui est permis quand la Loi, ménageant notre infidélité, ne nous écrase pas sous de lourdes prescriptions. Mais la profession d'un choix *volontaire*, qui résulte d'un progrès dans la foi, est possible, quand nous nous fixons avec l'ardeur d'une piété *volontaire* dans l'obéissance à ce que la Loi a fixé pour nous.

15. Le prophète demande donc que ces *volontés* plaisent à Dieu, parce que les actions faites d'après une prescription de la Loi sont accomplies sous la seule contrainte de l'obligation qu'elles imposent. Mais il avance toujours la raison de sa prière. En effet, après avoir demandé que les *volontés de sa bouche soient agréées*, il a ajouté : *Et enseigne-moi tes jugements*. Il accomplit les *jugements* de la Loi et, autant qu'il le peut, il les met en pratique dans sa conduite et ses actions, mais il ne les comprend pas encore. « Il sait en effet que la Loi est spirituelle[a] », et il a hâte de connaître ce qui est contenu sous l'apparence de réalisations présentes ; il est en effet nécessaire que l'on demande à être *enseigné* sur ce que l'on ignore.

16. Suivant l'engagement de son serment le prophète s'est donné tout entier à Dieu[a]. Il a été très «humilié[b]» ; les *volontés de sa bouche* sont agréables ; maintenant, son âme est toujours entre les mains de Dieu et il n'oublie pas la loi de Dieu ; il dit : Mon âme est entre tes mains toujours, et je n'ai pas oublié ta loi. Tout «ce qu'il vit, il le vit pour Dieu[c]». Son intelligence et son esprit tout entiers sont

109

---

14. c. I Cor. 9, 4-6
15. a. Rom. 7, 14
16. a. cf. *v. 106* ‖ b. cf. *v. 107* ‖ c. cf. Rom. 6, 10

Omnis eius sensus et spiritus in Deo est; nullum tempus
admittitur quo subrepere *legis* possit *obliuio*. In omnibus
operibus et cogitationibus Deus cogitatur. *Lex* in memoria
10 est, *in Dei manibus semper anima* uiuentis est.

17. Scit quam sibi istud utile sit, scit quam sit
necessarium cotidie se *manibus Dei* gestis atque operibus
suis et per indefessam memoriam *legis* inserere. Ait enim :
110   POSVERVNT LAQVEVM MIHI ; ET DE MANDATIS TVIS NON
5 ERRAVI. Scit in hac saeculi silua plures *laqueos* extendi,
plures uitae suae captiones parari. Sermo, cogitatio, opus
nostrum semper adiacentes habent *laqueos*, cum interdum
occurrit causa irae, doloris adfectio, querellae necessitas,
malae cupiditatis occasio. Haec *diabolus angelique eius*[a],
10 *ab initio* transgressores et ab exordio *peccatores*[b], *laqueos*
semper extendunt. Sed cuius *in manibus Dei anima* est
et qui numquam *legis Dei* immemor est[c], his undique
licet *laqueis* circumiectis a praeceptis tamen non aberrauit.
Semper enim Deum cogitans ab his euolat, ut in psalmo
15 altero loquitur : *Sicut passer liberatus ex laqueo uena-*
torum[d]. Et Dominus ipse per prophetam ait : *Liberate*
uos ex laqueo uenatorum et a uerbo conturbationis[e].

18. *Non enim iniuste tenduntur retia auibus*[a]. In
caelestem scientiam homo eruditus es ; quid tibi cum

VL RC pA r S mB

16, 7 eius : enim *C mB* ‖ 8 quod *VL C m¹B* ‖ 9 operibus : *pr.* suis
pA mB Mi. ‖ 10 anima uiuentis semper *C pA mB Mi.*
17, 1 scit¹ + etiam *Mi.* ‖ scit² > *V* ‖ 2 dei > *C* ‖ gestum *V*
r   legis *R* ‖ 3 per > *V r* ‖ 4 posuerunt + peccatores *pA S mB Ba.*
Er. Gi. Mi. ‖ et > *V* ‖ 5 laqueos extendi plures > *V* ‖ 8 afflictio *r* ‖ 9
hos *S Ba. Er. Gi. Mi.*   nos *pA*   nobis *r mB* ‖ 10 et > *r* ‖
laqueos + extendit *V* ‖ 11 sed > *V* ‖ 13 aberrabit *Mi.* ‖ 14 dominum
C pA mB ‖ 15 alio *r S Ba. Er. Gi. Mi.* ‖ 16 per > *C*
18, 1 iuste *C* ‖ 2 caelesti scientia *r* ‖ est *VL*

17. a. cf. Matth. 25, 41 ‖ b. cf. Jn 8, 44 ; I Jn 3, 8 ‖ c. cf. *v. 109* ‖ d.
Ps. 123, 7 ‖ e. Ps. 90, 3

en Dieu ; il ne laisse passer aucun moment où puisse se
glisser l'*oubli* de la *Loi*. En toutes ses actions et réflexions,
il pense à Dieu. Sa *loi* est en sa mémoire ; *entre les mains de
Dieu est toujours l'âme* du vivant.

17. Il sait combien il est utile pour lui, il sait combien il
lui est nécessaire de se mettre chaque jour entre les *mains
de Dieu*, dans ses actions et sa conduite et par un
indéfectible souvenir de sa *loi*. Il dit en effet : ILS ONT   110
POSÉ POUR MOI UN FILET, ET JE N'AI PAS ERRÉ LOIN DE TES
COMMANDEMENTS. Il sait que dans la forêt de ce monde
plusieurs *filets* sont tendus, plusieurs pièges contre sa vie
sont préparés. Nos paroles, nos pensées, nos actes passent
toujours à côté de *filets* quand viennent à se présenter un
motif de colère, un sentiment de douleur, la nécessité d'une
récrimination, un sujet de mauvais désir. C'est de cette
façon que le «diable et ses anges[a]», qui «depuis le début»
ont transgressé la loi de Dieu et qui depuis le commencement sont des «pécheurs[b]», tendent toujours des *filets*.
Mais celui dont l'«âme est entre les mains de Dieu» et qui
n'est jamais sans se souvenir de la «loi de Dieu[c]», bien que
des *filets* aient été partout jetés autour de lui, ne s'est
cependant pas écarté des préceptes. En effet, celui qui
pense toujours à Dieu échappe par son vol aux filets,
comme il le dit dans un autre psaume : «Comme un
passereau qui s'est libéré du *filet* des chasseurs[d].» Et le
Seigneur lui-même dit par la bouche du prophète :
«Libérez-vous du *filet* des chasseurs et de la parole qui jette
le trouble[e].»

18. «En effet on ne tend pas injustement des filets aux
oiseaux[a][22].» Toi qui es homme, tu as été formé à la

18. a. Prov. 1, 17

22. En *In psalm.* 123, 8, Hilaire associe de même *Prov.* 1, 17 à *Ps.*,
123, 7.

terrenis operibus et gestis est? *Auis* effectus es; cur
non in naturae tuae elemento moraris? *Volucres* enim
5 *caeli* nuncupantur[b]; non *iniuste* ergo illis in possessione
terrenae habitationis insidiae sunt. Saeculo renuntiasti;
quid tibi cum saeculi rebus? Quid quereris captus in
saeculo? Quid quereris iniuriam *laquei* in regione non
tua? Dic potius et utere ipse tu uoce psalmistae dicentis
10 ista : *Quis dabit mihi pinnas sicut columbae? Et uolabo
et requiescam*[c]. Natura *auium* est ut non, cum *uolent*,
requiescant; tu autem iam factus *columba uolando
requiescis*, id est in *caelestem* te sedem et cognitionem
a *laqueis* terrenis *uolatu* fidelis animae ecferendo.

111   **19.** Dehinc sequitur : Hereditavi testimonia tva in
saecvlvm; qvia exvltatio cordis mei svnt. *Heres*
secundum humanam consuetudinem omnia eius obtinet,
cuius et *heres* est. Sed humanas *hereditates* dedignatur
5 propheta; *testimonia Dei hereditauit.* Gratum ipsi, si Dei
fiat ipse *testis, quia exultatio cordis sui sit,* si se Deo
inter persecutionum bella *testetur.* Sic et meminimus his
testimoniis apostolos gratulatos, cum exeuntes de consessu
persecutorum laetati sunt propter Dei *nomen dignos* se
10 iniuriis iudicatos[a]. *Testimonia* ergo *eius exultatio eorum
cordis fuit.* Sed propheta, ut et *apostoli*, licet inter multas

VL RC pA r S mB (usque ad 18,6 : sunt)

18, 3 opibus *V*   opiribus *L* ‖ es *C* ‖ aues *VL* ‖ es > *VL r* ‖ 4 in
non *VL* ‖ 5 passione *V* ‖ 7-8 captus — quereris > *C pA* ‖ 10 ita *VL p¹
r* ‖ 11 cum + non *V r* ‖ 13 te > *C*
19, 2 haerens *V*   maerens *C* ‖ 5 testimonia : *pr.* qui *Ba. Er. Gi.
Mi.* ‖ 6 si : se *L* ‖ se : de *Zi.* ‖ dei *pA S m Ba. Er. Gi. Mi.*

18. b. cf. Matth. 8, 20 ‖ c. Ps. 54, 7
19. a. cf. Act. 5, 40-41

connaissance céleste; qu'as-tu à faire avec les occupations
et les événements de la terre? Tu as été fait «oiseau»;
pourquoi ne demeures-tu pas dans ton élément naturel?
On parle des «oiseaux du ciel[b][23]»; il n'est donc pas
«injuste» qu'il y ait pour eux des pièges quand ils
appartiennent à la terre. Tu as renoncé au monde.
Pourquoi te mêles-tu des affaires du monde? Pourquoi te
plains-tu d'être pris dans le monde? Pourquoi te plains-tu
du mal d'un *filet*, dans une région qui n'est pas la tienne?
Parle plutôt comme le psalmiste qui dit : «Qui me donnera
des ailes comme à la colombe? Et je m'envolerai et je me
reposerai[c].» Il n'est pas dans la nature des «oiseaux» de «se
reposer», quand ils «volent». Mais toi qui désormais es
devenu «colombe», tu «te reposes» en «volant», c'est-à-dire
en te laissant porter par le «vol» d'une âme fidèle, loin des
filets de la terre jusqu'à la demeure et à la connaissance
«célestes»[24].

19. Ensuite vient : J'AI HÉRITÉ DE TES TÉMOIGNAGES   111
POUR LE SIÈCLE ; PARCE QU'ILS SONT LA JOIE DE MON CŒUR.
Suivant la coutume établie chez les hommes, un *héritier*
obtient tout le bien de celui dont il est l'*héritier*. Mais le
prophète dédaigne les *héritages* des hommes; il a *hérité des
témoignages de Dieu*. Ce serait pour lui une satisfaction, s'il
devenait en personne *témoin* de Dieu, *parce que la joie de
son cœur serait* de pouvoir être *témoin* pour Dieu au milieu
des combats des persécutions. De même, nous nous
souvenons aussi que les «apôtres» se sont félicités de ces
témoignages, quand, sortant de devant l'assemblée de leurs
persécuteurs, ils se réjouirent d'avoir été jugés «dignes» de
violences injustes pour le «nom» de Dieu[a]. *Ses témoignages
ont* donc *été la joie de leur cœur*. Mais, bien qu'il détienne
comme les «apôtres», au milieu des nombreuses persé-

---

23. Cf. *Gen.* 6, 7 ; 9, 2 ; etc.

24. Sur ce texte et d'autres semblables (*In Matth.*, 10, 18 = *SC* 254,
p. 236-238 ; *In psalm.* 138, 24), cf. J. DOIGNON, «Être changé en une
'nature aérienne'».

persecutiones haec *testimonia Dei*, id est *testandi* de eo
cum *exultatione cordis* tamquam *hereditatem* retineat,
tamen etiam illa *Dei testimonia hereditate* adquisita habet,
15 quae sub *testibus* dicta sunt. Moyses legem sub *testibus*
dedit *caelo* atque *terra*[b], Esaias sub *testibus* arguit *caelo*
atque *terra*[c], *apostolus* iam celsioribus *testimoniis* ut
praedicator euangelicus usus est dicens : *Testor uobis
coram Deo et Christo Iesu et angelis eius*[d]. Haec ergo
20 *testimonia* sub his scripta et sub his *testata* et in his
testata tamquam noui patrimonii *heres* occupat; non ex
parte, sed totum. Ius enim *hereditatis* ex solido est. Etsi
inter plures secundum humanam successionem *hereditas*
diuidatur, tamen *hereditas* ipsa nomine *heredis* ex solido
25 est.

20. Ac ne quod a multis dici saepe solet rationis
aliquam habeat auctoritatem, cum adserunt proprium Dei
munus esse ut quis in Dei rebus atque operibus uersetur,
excusantes infidelitatem suam, quod cessante erga se Dei
5 uoluntate maneant infideles. Est quidem in fide manendi
a Deo munus, sed incipiendi a nobis origo est. Et uoluntas
nostra hoc proprium ex se debet, ut uelit. Deus inci-
pienti incrementum dabit, quia consummationem per se

VL   RC   pA   r   S   mB

19, 13 exultationem *V*   exultatio *r* ‖ 14 habent *m* ‖ 16 dedit :
statuit *pA m* ‖ 16-17 esaias — terra > *pA m* ‖ 19 domino *V¹ r* ‖ iesus
V ‖ haec : ecce *C* ‖ 20 sub his testata et > *r* ‖ 20-21 et in his testata
> *V p¹* ‖ 22 totum : *pr.* in *Er. Gi. Mi.* ‖ solo deo *m*
20, 1 ne quod : nec quod *C*   neque *m* ‖ 6 incipiendi a :
incipienda *VL r*   impediendi a *Ba. Er.* ‖ et : ut *VL* ‖ 7 debet : *pr.*
habere *Ba. Er. Gi. Mi.* ‖ uellet *C* ‖ 8 quia : qua *V*   quam *r* ‖ per se
> *r*

---

19. b. cf. Deut. 4, 26 ; 30, 19 ‖ c. cf. Is. 1, 2 ‖ d. I Tim. 5, 21

cutions, ces *témoignages de Dieu*, c'est-à-dire la charge *héréditaire* de *témoigner* de Dieu avec la *joie au cœur*, le prophète a cependant aussi acquis par *héritage* ces *témoignages de Dieu*, qui ont été donnés devant *témoins*. Moïse a donné sa Loi avec le «ciel» et la «terre» pour «*témoins*[b]», Isaïe a accusé avec le «ciel» et la «terre» pour *témoins*[c], l'«Apôtre», parce qu'il était héraut de l'Évangile, a utilisé de ce fait des *témoignages* plus importants; il dit: «Je vous l'*atteste* devant Dieu, Jésus-Christ et ses anges[d].» Donc de ces *témoignages* écrits devant eux, *portés* devant eux, *portés* à propos d'eux, celui qui est pour ainsi dire l'*héritier* d'un nouveau patrimoine prend possession, non pas en partie, mais totalement. En effet, le droit sur l'*héritage* forme un tout indivisible. Même si un *héritage* est divisé entre plusieurs personnes en vertu du droit de succession qu'ont établi les hommes, cependant le titre d'*héritier* lui-même forme un tout indivisible[25].

20. Qu'on ne donne aucune autorité à l'affirmation couramment répétée par beaucoup suivant laquelle un don propre de Dieu amène l'homme à participer à la vie et aux œuvres de Dieu; ils excusent ainsi leur propre infidélité, en prétendant qu'ils restent infidèles parce que la volonté de Dieu à leur égard cesse de se manifester. Certes, c'est un don de Dieu qui permet de rester dans la foi; mais, à l'origine, l'initiative est en nous. Et même notre volonté doit tirer d'elle cette propriété de vouloir. Dieu favorisera le progrès de celui qui commence, parce que notre

---

25. Ces remarques sur l'héritage se lisent dans les traités juridiques. L'héritier doit assumer la totalité de l'héritage qui lui revient; son droit sur la part qui lui revient est entier (Ivl., *Dig.*, 50, 17, 62). Sur les deux sens du mot *hereditas* : les biens qui constituent l'héritage, le droit à l'héritage ou le titre d'héritier, cf. Pomp., *Dig.*, 50, 16, 118.

infirmitas nostra non obtinet, meritum tamen adipiscen-
10 dae consummationis est ex initio uoluntatis. Idcirco
112   psalmum ita propheta conclusit : DECLINAVI COR MEVM
AD FACIENDAS IVSTIFICATIONES TVAS IN AETERNVM PROP-
TER RETRIBVTIONEM. *Cor suum* ipse *declinat* et ex naturae
humanae peccatis in oboedientiam Dei inflectit. Natura
15 quidem et origo carnis suae eum detinebat, sed uoluntas
et religio *cor eius* ex eo, in quo manebat, originis uitio
ad *iustificationum* opera *declinat*. Et *declinat* in omni
uitae suae tempore; non in definitione aliqua spatii, sed
in omni uitae suae saeculo. *Declinat* autem *propter retri-*
20 *butionem*, certus scilicet ea fidei meritis reseruari et in
his *retributionem* eius esse, quae *oculus non uidit nec*
auris audiuit nec in cor hominis ascendit; quae praeparauit
Deus his qui *diligunt eum* in Christo Iesu[a], cui gloria
est et nunc et semper in saecula saeculorum. Amen.

VL   RC   pA   r   S   m

20, 14 inflectat *m* ‖ 15 et > *R* ‖ 17 et declinat > *L* ‖ 20 ea : se ad *V*
r   se a *L* ‖ meritum *VL* ‖ in > *R* ‖ 22 ascendet *r*   -derunt *pA m*
Gi. Mi. ‖ 23 deus > *r* ‖ diligent *V* ‖ 23-24 est gloria *pA*   gloria *r* ‖
24 et[1] > *V* ‖ in : et in *VL r Ba. Er. Gi. Mi.* ‖ saecula : *pr.* omnia *V r*
    explicit littera XIIII *VL r*   finit *R*   finit littera XIIII *C*
pA   explicit num *S*

20. a. I Cor. 2, 9

faiblesse, par elle-même, n'atteint pas la perfection ;
cependant le mérite qui nous fait obtenir cette perfection
dépend de l'initiative de notre volonté. Aussi le
prophète a-t-il conclu le psaume par ces mots : J'AI   112
INCLINÉ MON CŒUR POUR QU'IL ACCOMPLISSE TES RÈGLES
DE JUSTICE, POUR L'ÉTERNITÉ, À CAUSE DE LA RÉCOMPEN-
SE. Il *incline* lui-même *son cœur* et l'infléchit des péchés de
sa nature d'homme dans le sens de l'obéissance à Dieu.
Certes la nature et l'origine de sa chair le retenaient, mais
sa volonté et sa pratique religieuse *inclinent son cœur* du
vice de son origine où il demeurait vers les œuvres des
règles de justice. Et il l'*incline* durant tout le temps de sa
vie, non dans une portion précise de temps, mais dans tout
le siècle de sa vie[26]. Il l'*incline à cause de la récompense*,
c'est-à-dire qu'il est sûr que ce qui est réservé aux mérites
de sa foi et constitue sa *récompense*, c'est ce que l'«œil n'a
pas vu, ce que l'oreille n'a pas entendu, ce qui n'est pas
parvenu au cœur de l'homme, ce que Dieu a préparé» pour
ceux qui «l'aiment» en Christ Jésus[a], à qui est la gloire
maintenant et toujours dans les siècles des siècles. Amen.

26. Le commentaire du v. 112 reprend des idées développées par
TERTULLIEN au début du traité *De exhortatione castitatis* : il ne faut
pas tout mettre sur le compte de Dieu (2, 2) ; il y a place dans la foi
pour la volonté de l'homme qui choisit librement (2, 3). L'aide que
Dieu apporte à celui qui «commence» est évoquée par CYPRIEN
s'adressant à Donat (*Donat.*, 5).

SAMECH

INIQVOS ODIO HABVI ET LEGEM TVAM DILEXI, ET RELIQVA.

1. Praecepti euangelici doctrina ea est, ut *inimicos diligamus* et non solum amantibus nos amorem, sed etiam his qui nos *oderint* debeamus[a]. Ergo haec prophetae professio aduersari uidetur dominicis mandatis, ut, cum
5 amor nobis *inimicorum* imperetur, ille, quod *iniquos oderit*, tamquam bonum opus praeferat.

2. Sed huius ipsius dicti ratio ex ipsis euangeliis noscenda est. Nam Dominus qui *inimicos diligi* iussit et *maledicentes patrem aut matrem* reos *mortis* esse constituit[a], rursum alio in loco praecepit dicens : *Si quis*
5 *uenit ad me et non oderit patrem suum et matrem suam et uxorem et filios et fratres et sorores, adhuc etiam et animam suam, non potest meus discipulus esse*[b]. Ergo

---

VL RC pA r S m

samech > *m*   *pr.* incipit littera quinta decima feliciter *V*   *pr.*
incipit XV *L r   pr.* incipit *C pA S   pr.* littera XV
Mi.   + littera XV *C pA   +* tractatus *S*
iniquos — et reliqua : iniquos odio habui etc.   *Ba. Er.* omnes
uersus litterae quintae decimae R Gi. Mi.   > S ‖ et reliqua *> C pA*
m
1, 1 praeceptum euangelicae doctrinae *C pA m* ‖ ea *> C pA S m*
Ba. Er. Gi. Mi. ‖ ut *> C* ‖ 2 amorem + reddamus *pA m* ‖ 3 his ...
debeamus : hos ... diligamus *C pA m* ‖ oderunt *m Ba. Er.* ‖ 6
praeferat + dicens iniquos odio habui *S Ba. Er. Gi. Mi.*

SAMECH

J'AI VOUÉ DE LA HAINE AUX HOMMES INJUS-
TES ET J'AI AIMÉ TA LOI, ET LA SUITE.

1. Le précepte de l'Évangile nous enseigne l'« *amour* » de nos « ennemis » et le devoir d'aimer non seulement ceux qui nous aiment, mais même ceux qui nous « *haïssent*[a] ». Les commandements du Seigneur semblent donc contredits par la déclaration du prophète qui, alors que l'amour des « ennemis » nous est commandé, présente comme une bonne action sa *haine* pour les *hommes injustes*.

2. Pourtant, c'est précisément d'après les Évangiles qu'on doit connaître la raison de cette parole. En effet, le Seigneur, qui nous a ordonné d'« *aimer* nos ennemis » et a établi que ceux qui « maudissaient leur père ou leur mère » seraient condamnés à « mort[a] », a donné ailleurs un précepte contraire en disant : « Si quelqu'un vient à moi et ne *hait* pas son père, sa mère, sa femme, ses fils, ses frères, ses sœurs et jusqu'à sa propre vie, il ne peut être mon disci-

---

2, 2 diligit *V* ‖ et > *V* ‖ 3 morti esse *V*   esse mortis (-ti *m*) *C pA m Mi.* ‖ 5 et matrem suam > *R* ‖ suam > *L C pA S m Ba. Er. Gi. Mi.* ‖ 6 aut uxorem aut filios aut fratres *R* ‖ 7 esse > *V*

---

1. a. cf. Matth. 5, 44
2. a. cf. Lév. 20, 9 ‖ b. Lc 14, 26

haec uidentur sibi esse contraria, ut, cuius ex praecepto
non solum *odium* in parentes, sed *maledictio* tantum *morte*
10 sit digna, ipse rursum dicat neminem *discipulum suum*
esse posse, nisi qui patrem et matrem et uxorem et filios
et fratres et animam suam oderit. Durus hic sermo[c] et
praeceptum graue est, impietatis necessitatem ad consummationem religionis imponere.

3. Verum nihil a Deo *durum*, nihil impium, nihil
contrarium anterioribus praeceptis iubetur. Irasci autem
haec carissima nobis nomina, *pater* scilicet ac *mater* et
uxor et *filii* non possunt, quod eos praecipimur *odisse*,
5 cum *animam* ipsam *nostram odisse* iubeamur. Scit enim
esse Dominus plures tam inconsulti amoris, ut, cum
persistere in martyrii gloria *filios* suos uideant, ut tempori
cedant rogent, ut sententiam mutent precentur et impiae
pietatis erga eos utantur adfectu, cum anus *mater* et *pater*
10 senex miserabiles canos *filio* in ipso martyrii certamine
cum inuidia praedurae uoluntatis eius ostendat, hinc et
uxor adsit *filiorum* ambitiosa comitatu, oret ut potius
sibi illisque uiuat, hinc *fratres et sorores* blandis nominum
suorum familiaritatibus deprecentur, ipsa quoque *anima*
15 inlecebris iam pridem capta uiuendi tacitis quibusdam
consiliis ad coniuentiam deflectendae uoluntatis inrepat.
Hoc igitur in tempore *odisse* nos *patrem, matrem, uxorem,*
filios, fratres, sorores et ipsam quoque *animam* Dominus

VL RC pA r S m

2, 11 qui nisi *Mi.* ‖ 12 fratres + et sorores *C pA m* edd.
3, 3 ac : aut *L Ba. Er. Gi.*   aui *R*   et *S* ‖ 5 cum — odisse
> *V* ‖ 7 resistere *R* ‖ 9 ergo *V* ‖ inutantur *V* ‖ pater et mater *V* ‖ 10
mirabiles *C* ‖ filiis *S Ba. Er.* ‖ in > *V* ‖ 11 eorum ostendant *S Ba. Er.* ‖
12 ut > *C pA m* ‖ 16 conibentiam *RC* cohibentiam *S Ba.*
Er.   continentiam *m* ‖ deflendae *m* ‖ 17 uxores *R*

2. c. cf. Jn 6,60

ple[b].» Ces deux déclarations semblent donc se contredire[1],
puisque celui qui prescrit que non seulement la *haine* pour
les parents, mais même leur «malédiction» méritent la
«mort» est celui qui déclare au contraire qu'on «ne peut être
son disciple, si on ne *hait* pas son père, sa mère, sa femme,
ses fils, ses frères et sa vie». «Dures sont ces paroles[c]» et
accablant le précepte qui impose l'obligation d'être impie
pour atteindre la perfection dans la conduite religieuse.

3. En fait rien de «dur», rien d'impie, rien de contraire
aux préceptes antérieurs n'est ordonné par Dieu. Quant à
ces personnes qui nous sont si chères, «un père, une mère,
une femme et des fils», elles ne peuvent nous en vouloir de
ce que l'on nous commande de les *«haïr»*, puisque nous
avons ordre de *«haïr* notre» propre «vie». Le Seigneur sait
en effet qu'il y en a beaucoup dont l'amour est assez
irréfléchi pour demander à leurs «fils», lorsqu'ils les voient
s'obstiner dans la gloire du martyre, de céder aux
circonstances, les prier de changer d'avis, user envers eux
des sentiments d'une piété impie, quand une «mère» âgée
et un vieux «père» montrent leurs malheureux cheveux
blancs à leur «fils» en plein combat du martyre et lui
reprochent sa trop dure détermination, quand encore
l'«épouse» est là pour intercéder avec son cortège
d'«enfants», qu'elle le prie de vivre plutôt pour elle-même
et eux, quand encore «les frères et les sœurs» le supplient,
en usant de la douce familiarité de leurs noms, quand
l'«âme» elle-même enfin, depuis longtemps prisonnière des
attraits de la vie, glisse par quelques réflexions secrètes,
jusqu'à consentir à un fléchissement de sa volonté. C'est
donc dans ces circonstances que le Seigneur nous a
commandé de *«haïr* père, mère, femme, fils, frères, sœurs»

---

1. Origène (*Ch. p.*, p. 372, v. 113b, l. 1-5) a aussi rapproché, pour
en souligner la contradiction, *Matth.* 5, 44 et *Lc* 14, 26.

praecepit. Nam hunc eundem sermonem ita clausit, post
20 *odium* uniuersorum dicens : *Et si quis non portat crucem*
suam et uenit post me, non poterit meus discipulus esse[a].
Ergo tum *odio habendi* sunt, cum portare nos martyrii
crucem nolunt, cum sequi Dominum exemplo passionis
dehortantur. Honestum hoc *odium* et utile est, eos qui
25 ab amore Christi abducere conentur *odisse*.

4. Itaque nunc propheta nihil contrarium euangelicis
praeceptis, quibus amare *inimicos* iubemur, locutus uidetur dicens : *Iniquos odiui.* Non enim *inimicos* suos *odit*,
sed *iniquos*, id est transgressores *legis*. Propriore istud
5 uerbo graecitas nuncupat παρανόμους dicens, id est extra
legem agentes. Sed qui praeteritores *legis odit*, non potest
non id amare quod *odit* esse neglectum ; et ideo ait : *Et*
legem tuam dilexi. Conuenit autem ut qui *legem* amat, eos
oderit qui *legis inimici* sunt.

114   **5.** Dehinc sequitur : ADIVTOR ET SVSCEPTOR MEVS ES
TV, ET IN VERBVM TVVM SPERO. Magno nobis auxilio Dei
opus est in tanto atque adsiduo saeculi istius proelio.
Non enim nobis secundum apostolum *pugna est aduersus*
5 *carnem et sanguinem, sed aduersus potestates et mundi*
potentes harum tenebrarum, aduersus spiritales nequitias in
caelestibus[a]. Hos ergo hostes habemus, *aduersum* hos

VL   RC   pA   r   S   mB

3, 20 et si quis — uidetur dicens (**4,**3) > *C pA* ‖ 23 deum *S Ba. Er.*
Gi. Mi. ‖ 25 conantur *Ba. Er. Gi. Mi.*
4, 3 odiui : odio habui *R S Ba. Er. Gi. Mi.* ‖ odit : dicit *C pA Mi.* ‖
4-5 priore istud uerbum *C*   propriore sensu elocuta est istud
uerbum *pA m* ‖ 5 nuncupat παρανόμους > *C pA m* ‖ 8 ut : et *V* ‖ 9 quia
C pA m Mi.
5, 2 uerbo tuo *pA m* ‖ dei auxilio *pA m Mi.*

---

3. a. Lc 14, 27
5. a. Éphés. 6, 12

et jusqu'à la « vie » elle-même. En effet, après avoir évoqué la *haine* pour tous, il a conclu ce même discours en disant : « Et si quelqu'un ne porte pas sa croix et ne vient pas à ma suite, il ne pourra pas être mon disciple[a]. » Il faut donc leur *vouer de la haine*, lorsqu'ils ne veulent pas que nous portions la « croix » du martyre, lorsqu'ils nous détournent de suivre le Seigneur dans l'exemple de sa passion. Noble et avantageuse est la *haine* qui nous fait *haïr* ceux qui essaient de nous entraîner loin de l'amour du Christ[2].

4. Aussi apparaît-il que le prophète n'a fait ici aucune déclaration contraire aux préceptes de l'Évangile, qui nous ordonnent d'aimer nos « ennemis », en disant : *J'ai haï les hommes injustes.* En effet il ne *hait* pas ses « ennemis », mais les *hommes injustes*, c'est-à-dire ceux qui transgressent la *Loi*. Le grec les appelle d'un terme plus approprié : παρανόμους, c'est-à-dire, qui agissent en dehors de la *Loi*. Mais celui qui *hait* ceux qui passent outre à la *Loi* ne peut pas ne pas aimer ce dont il *hait* la négligence ; et c'est pourquoi il dit : *Et j'ai aimé ta loi.* Il convient que celui qui aime la *Loi haïsse* ceux qui sont les « ennemis » de la *Loi*.

5. Ensuite vient : Tu es mon aide et mon protecteur,   114
et en ta parole j'espère. Nous avons grand besoin du secours de Dieu dans le combat si dur et si assidûment livré contre ce monde. En effet, suivant l'Apôtre, « notre combat n'est pas contre la chair et le sang, mais contre les puissances et les souverains de ce monde des ténèbres, contre les esprits du mal qui sont dans les airs[a]. » Tels sont

---

2. Hilaire résout comme Origène le problème posé par *Matth.* 5, 44 et *Lc* 14, 26. Il s'inspire dans son développement des récits d'Actes des Martyrs, par exemple de *Pass. Perp.*, 5-6.

adiutor Deus precandus est, ut nos in *susceptionem* suam
recipiat. Sed non tam timoris haec precatio debet esse
10 quam meriti. Timor enim ex trepidatione condicionis
humanae est, propheta autem *in uerbo Dei sperat. Spes*
non res praesentes obtinet, sed futuras. *Sperat* ergo quae
uerbo Dei, id est dictis propheticis continentur. *Sperat*
autem uel retributiones fidei in uitam *spiritalem,* uel
15 ipsum illum *Domini nostri,* qui *Dei uerbum* est, *aduentum*
expectat[b]. *Spes* enim ista meretur auxilium et *adiutorium*
Dei. Non aliter aut nos meremur aut aliqui ante merue-
runt, quam *uerbum Dei* Deum naturae nostrae *carnem*
uel habitaturum *sperasse* uel quod habitauerit credidisse.

6. Sed propheta multa in se esse meminit, quae *spei*
115 suae conentur obsistere ; et ideo subiecit : DECLINATE A
ME MALIGNI ; ET SCRVTABOR MANDATA DEI MEI. Doctrinae
caelestis ratio admonet ut dictum hoc referendum ad
5 personam hominum, quibus insit *malignitas,* existimetur.
Propheta enim qui gentes docet, qui uerbum Dei praedicat, iubet uti *a se* uniuersi *maligni declinent,* quia
congregatio sancto ad *malitiae* operarios sit indigna. Et
nescio quem possit excipere. Omnibus enim per naturae
10 demutabilis uoluntatem adiacet[a], ipsisque apostolis uerbo
licet iam fidei emundatis atque sanctis non abesse tamen
malitiam per condicionem communis nobis originis docuit

VL   RC   pA   r   S   mB *(inde ab 5,18 :* carnem*)*

5, 8 praestandus *C* ‖ suam > *L* ‖ 11-12 spes — futuras > *R* ‖ 13
propheticis dictis *pA m* ‖ 14 retributionis fidem *R Gi.* ‖ 19 habiturum
C S Ba. Er. ‖ habitauerint *C*   habuerit *S Ba. Er.*
6, 1 se > *V r* ‖ 2 continentur *V R r mB* ‖ 8 sancta *R² S Ba. Er. Gi.*
Zi.   sanctorum *C pA r mB Mi.* ‖ 10 adiacet : *pr.* malitia *C pA r²*
mB Mi. Zi. ‖ 12 docuit + dominus *pA S mB Mi. Zi.*

---

5. b. cf. I Cor. 1,7 ; Tite 2,13
6. a. cf. Rom. 7,21

donc les ennemis que nous avons; «contre» eux, il faut
implorer l'*aide* de Dieu, afin qu'il nous reçoive sous sa
protection. Mais cette prière doit être inspirée moins par la
crainte que par le mérite. La crainte, en effet, a pour
origine le trouble inhérent à la condition d'homme; le
prophète, lui, *espère en la parole de Dieu*. Le lot de
l'*espérance*, ce ne sont pas des biens immédiats, mais des
biens à venir. Il *espère* donc les biens contenus dans la
parole de Dieu, c'est-à-dire dans les déclarations des
prophètes. L'objet de son *espérance* est ou bien les
récompenses de la foi en vue de la vie de l'«Esprit» ou bien
l'«attente» de la «venue» même de «notre Seigneur», qui
est le *Verbe de Dieu*[b]. Cette *espérance* en effet mérite le
secours et l'*aide* de Dieu, que nous ne méritons, ou que
d'autres avant nous n'ont méritée, qu'en ayant *espéré* que
le *Verbe de Dieu*, Dieu, habiterait la «chair» de notre
nature, ou qu'en ayant cru qu'il l'a habitée[3].

6. Mais le prophète se souvient qu'il y a en lui bien des
obstacles qui tentent de s'opposer à son *espérance*. Aussi a-
t-il ajouté : Écartez-vous de moi, malfaisants, et je
scruterai les commandements de mon Dieu. La logique
de l'enseignement céleste nous invite à penser qu'il faut
rapporter cette parole aux hommes en qui se trouve la
méchanceté. Le prophète qui enseigne les nations, qui
annonce la parole de Dieu ordonne que *s'écartent de lui*
tous *les malfaisants* parce que, pour un saint, s'associer à
des artisans de *méchanceté* est une chose indigne. Pourtant,
je ne sais qui le prophète peut excepter. A la portée de tous
les hommes en effet, en raison d'une volonté changeante
par nature, se tient la méchanceté[a], et les apôtres eux-
mêmes, pourtant purifiés par la parole de la foi et
sanctifiés, n'étaient cependant pas exempts de *méchanceté*
en raison de leur condition originelle, qu'ils partageaient

115

---

3. Sur l'opposition entre la crainte et l'espérance, cf. Cypr., *Mort.*,
2. Les remarques sur l'espérance rappellent *Rom.* 8, 24-25.

dicens : *Si ergo uos, cum sitis mali, nostis data bona dare
filiis uestris*[b]. Nostrum autem est et *malos* amare et
15 *bonos* ad *bonitatem* docere secundum eum qui uniuersos ad
se potius inuitat dicens : *Venite ad me omnes qui laboratis
et onerati estis, et ego uos reficiam*[c]. Sed scit propheta
plures *malignitates* in occulto humani cordis esse. Secundum enim Domini dictum *de intus exeunt cogitationes*
20 *malae, caedes, moechiae, fornicationes, furta, falsitates,*
blasphemiae. Haec enim sunt, quae communem hominem
faciunt[d]. Huiusmodi igitur, ut *a se declinent*, aduersantes
fidei suae postulat. Obsistunt enim innocentiae studiis,
obsistunt doctrinae spirituali ; atque his per consiliorum
25 suorum adsiduam familiaritatem se ingerentibus non
uacat animo *Dei mandata scrutari*, quia *maligni* uiri
praesentia multum eum qui *mandata Dei scrutari* uelit
impediat.

7. Et quia Dei opus est misericordia, ut in familiam
eius recepti a dominatu *malignorum* horum liberemur,
116 propheta orat dicens : Svscipe me secvndvm eloqvivm
tvvm, et vivam, et non confvndas me ab exspec-
5 tatione mea. Propheta *exspectat* et sperat ; nihil praesens,
nihil temporarium sectatur. Plures autem sunt qui hanc
exspectationem fidei nostrae arguunt et inridunt dicentes
talia : Quid ieiunia, quid continentia, quid castitas, quid

VL RC *pA* *r* *S* *mB*

6, 13 data bona : bona *V*   bona data *C pA mB Ba. Er. Gi. Mi.* ‖
20 moechiae > *B* ‖ 21 hominem > *V A* ‖ 22 ut > *pA mB* ‖ 23
obsistunt — studiis > *pA mB* ‖ 27 uellit *VL*   uellet *pA mB* ‖ 28
impediet *C*
7, 1 misericordiae *C* ‖ 2 horum > *R* ‖ 4 spectatione *V* ‖ 7 irrident *R*
pA r S mB edd.

---

6. b. Matth. 7, 11 ‖ c. Matth. 11, 28 ‖ d. Matth. 15, 19-20

---

4. Dans le *Contra Iulianum Pelagianum*, 2, 26, Augustin cite le
paragraphe depuis *ipsisque apostolis* (l. 10) jusqu'à la fin de la citation

avec la nôtre, comme le Seigneur l'a enseigné en disant :
«Si donc vous qui êtes *mauvais* vous savez donner de
bonnes choses à vos fils[b].»[4] Notre tâche à nous est d'aimer
les *méchants* et d'enseigner aux «bons» à pratiquer la
«bonté», suivant l'exemple de celui qui appelle plutôt à lui
tous les hommes en disant : «Venez à moi, vous tous qui
peinez et êtes accablés et moi je vous rendrai des forces[c].»
Mais le prophète sait qu'il y a maintes formes de
méchanceté dans le secret du cœur humain. En effet,
suivant la parole du Seigneur, «de l'intérieur sortent
pensées *mauvaises*, meurtres, adultères, fornications, vols,
faux témoignages, blasphèmes. C'est là ce qui rend
l'homme impur[d]». Il demande donc que cette sorte
d'adversaires de sa foi *s'écarte de lui*. En effet ils font
obstacle à ses efforts de pureté, ils font obstacle à son
enseignement par l'Esprit, et quand ils s'imposent par la
répétition continue de leurs conseils, l'esprit n'est pas libre
de *scruter les commandements de Dieu*, parce que la
présence d'un homme *malfaisant* gêne beaucoup celui qui
veut *scruter les commandements de Dieu*[5].

7. Et comme nous avons besoin de la miséricorde de
Dieu pour être admis dans sa famille et libérés de la
domination de ces *malfaisants*, le prophète prie en ces
termes : PROTÈGE-MOI SELON TA PAROLE, ET JE VIVRAI ; ET   116
NE ME CONFONDS PAS DANS MON ATTENTE. Le prophète
attend et espère ; il ne recherche rien d'immédiat, rien de
temporaire. Or nombreux sont ceux qui accusent cette
attente de notre foi et s'en moquent en disant : «A quoi
vous servent les jeûnes, la continence, la chasteté,

---

de *Matth.* 7,11. Cet extrait vient immédiatement après celui de la
lettre 3, §4.
    5. Sur le double combat du chrétien : contre le monde, contre le
diable et les tentations, cf. CYPR., *Mort.*, 2-4. *Matth.* 15,19 est aussi
cité par Origène (*Ch. p.*, p. 376, v. 115, l. 2-4).

iactura patrimoniorum utilitatis adfert? Vbi spes uestra
10 est, Christiani? Mors aequaliter dominatur uniuersorum;
in omnium corporum naturas commune ius illi est. Quin
etiam uniuersis nos bonis saeculi fruimur et *uitae* uerae
licentia utimur; et in quo tandem a nobis spei uestrae
exspectatione praestatis? *Non confundi* ergo se in hac
15 *exspectatione sua* propheta orat, sed ut maneat confidens
et fructus uerae illius *uitae* quam *exspectat* accipiat.
Scit enim se nondum *uiuere*, licet *uiuat*. *Vita* enim *nostra*
secundum apostolum *absconsa in Christo est*[a]. Et idcirco
ait : *Suscipe me secundum uerbum tuum, et uiuam*, quia
20 uerae illius et indeficientis *uitae exspectatione* ac spe
detinetur. Sperat enim aeternitatem, sperat *regnum cae-*
lorum[b], sperat *regnum* Dei, sperat *spiritales benedictiones*
in caelestibus in Christo[c]. In hac spe, in qua *non*
confunditur, rogat ut *suscipiatur* et *uiuat*.

117   **8.** Dehinc sequitur : Adivva me, et salvvs ero et
meditabor ivstificationes tvas semper. Superius dixerat : *Adiutor et susceptor meus*[a], nunc autem nominum
commemoratorum rem precatur, ut qui *susceptor* est,
5 *suscipiat* et qui *adiutor* est, *adiuuet*. Non abesse a se

---

VL   RC   pA   r   S   mB

7, 9 auferet *pA B Mi.*   afferet *m*   adferet *Zi.*   et ferret
C ‖ uestra est : uestrae et *C* ‖ 10 christiani : *pr.* o *pA mB Mi.* ‖ 11
naturam *pA m* ‖ 12 uero *V* ‖ 13 a uobis *VL*   nobis *pA S Ba. Er. Gi.*
Mi. ‖ 14 erga *V* ‖ 16 fructum *V* ‖ 18-19 et idcirco ait > *R* ‖ 19
eloquium *S Ba. Er. Gi. Mi.* ‖ 20 uitae + et *V* ‖ spei *V C* ‖ 22 regnum:
enim *V* ‖ 24 confundetur *C pA mB Mi. Zi.* ‖ suscipiat *VL C*
8, 2 in iustificationibus tuis *C r S Ba. Er. Gi. Mi.* ‖ 3 meus > *pA*
mB ‖ 5 est > *C pA S mB Mi.*

---

7. a. cf. Col. 3,3 ‖ b. cf. Matth. 3,2 ‖ c. Éphés. 1,3
8. a. *v. 114*

---

6. Hilaire reprend ici différents griefs formulés contre les chrétiens
par les païens, griefs dont la littérature apologétique se fait l'écho, en

l'abandon des biens? Où est votre espérance, chrétiens?
La mort a un pouvoir égal sur tous les hommes; elle a un
droit universel sur notre nature corporelle. Qui plus est,
nous, nous bénéficions de tous les avantages du monde et
nous avons la liberté que nous donne la vraie *vie*. En quoi
finalement l'emportez-vous sur nous par l'*attente* de votre
espérance[6]?» Dans ces conditions, le prophète demande à
ne pas être confondu dans *son attente*, mais à rester confiant
et à recevoir les fruits de cette vraie *vie* qu'il *attend*. Il sait
en effet qu'il ne *vit* pas encore, bien qu'il *vive*. «Notre *vie*»
en effet, suivant l'Apôtre, «est cachée dans» le «Christ[a]».
Et s'il dit : *Protège-moi selon ta parole, et je vivrai*, c'est
parce qu'il est occupé par l'*attente* et l'espérance de cette
vraie *vie* qui ne cesse pas. Il espère en effet l'éternité, il
espère le «royaume des cieux[b]», il espère le «royaume» de
Dieu, il espère les «bénédictions spirituelles données aux
cieux, dans le Christ[c]». Dans cette espérance, en laquelle il
n'est pas confondu, il demande à trouver *protection* et à
vivre.

8. Ensuite vient : Aide-moi, et je serai sauvé   117
et je m'appliquerai à tes règles de justice toujours.
Plus haut il avait dit : «Mon *aide* et mon protecteur[a]»,
maintenant il demande que les noms évoqués aient une
réalité, c'est-à-dire que celui qui est son «protecteur», le
«protège» et celui qui est son *aide*, l'*aide*. Il prie pour que

---

même temps qu'elle leur apporte des réponses. «La mort a un pouvoir
égal sur tous les hommes...» : Cypr., *Mort.*, 8, s'adresse à ceux qui se
laissent émouvoir par les remarques que leur faisaient à ce sujet les
païens. *Vbi spes uestra est...?* : c'est la question railleuse posée à
Octauius par Cecilius qui se moque de la *«fallax* spes» des chrétiens et
leur reproche de ne pas bénéficier des avantages du monde (Min. Fel.,
12,5). Dans *Apol.*, 39,10, Tertullien a d'autre part répondu à ceux
qui font grief aux chrétiens de partager leurs biens et défend (39,11-
12) les mœurs de ses coréligionnaires qui n'ont qu'une épouse, et lui
restent fidèles, face aux licences que se permettent les païens.

adiutorium adiuuantis precatur. Non orat ne malignantes non habeat, quia per passionum *patientiam* fides *probatur*[b]; sed ut aduersus eos *adiuuetur* orat, quia auxilium a Domino *semper* orandum est. Sed quemadmodum in
10 superiore *susceptus uiuet*[c], ita et in hoc *adiutus saluabitur.* Adhuc enim sibi obeunda mors est, adhuc inferi sustinendi. Tunc *saluabitur*, cum ex *corporea terrenaque* natura in *spiritalem gloriam* transformatus nullum aduersantis inimici periculum metuat, uiuat inter electos angelos, sit
15 paradisi incola et *absorpta corruptione* ex *mortali immortalis* existat[d].

9. Sed quod *meditaturum* se in iustitiis Dei dicit et *meditaturum semper*, numquid non *meditatur*, qui et in *meditatione* sperauit? Potest quidem et in praesens uitae opus accipi, ut, quousque in *corpore* sit, *semper iustifi-*
5 *cationes meditetur*; sed nihilominus et in futurum sermo procedit. Scit in caelo omnes angelos in *meditatione iustificationum Dei* esse. Nihil enim illic otiosum, nihil iners est, omnes uirtutes caelestes in opere ministerii sui permanent. Et cum nobis tunc uita angelorum uiuendum sit, potest
10 secundum eos qui *semper* operantur nobis quoque aeterna *iustificationum* esse *meditatio*.

VL   RC   pA   r   S   mB

8, 6 adiuuantes *V* ‖ 7 sperabatur *C*   operatur *pA mB* ‖ 10 in hoc : hic *pA mB* ‖ 11-12 adhuc[1] — saluabitur > *C pA* ‖ 11 in inferis sustinenda *mB* ‖ 12 eternaque *V*
9, 1 quia *m*   quomodo *Ba. Er. Gi.* ‖ et > *V* ‖ 2 qui et : quid *C* ‖ 3 sperabit *VL C r* ‖ praesentis *pA mB* ‖ 10 operandum V ‖ quoque > *V*

8. b. cf. Rom. 5,3-4 ‖ c. cf. *v. 116* ‖ d. cf. I Cor. 15,42-48.53-54

7. Commentaire du v. 117 très proche de celui d'Origène (*Ch. p.*, p. 376-378, v. 117).

ne lui manque pas l'*aide* de celui qui *aide*. Il ne demande
pas à ne pas rencontrer de méchants, parce que la foi est
«éprouvée» par la «patience» dans les souffrances[b], mais il
demande à être *aidé* contre eux, parce qu'il faut *toujours*
demander au Seigneur son secours. Mais comme dans le
verset précédent il disait que quand il aurait été «protégé»,
il «vivrait[c]», ainsi ici il dit que quand il aura été *aidé*, il
sera *sauvé*. Il doit encore aller au-devant de la mort, il doit
encore supporter les Enfers. Alors il sera *sauvé*, quand,
quittant sa nature «corporelle» et «terrestre», et transfor-
mé en «gloire spirituelle», il ne craindra plus aucun danger
de l'opposition d'un ennemi, vivra parmi les anges élus,
sera habitant du paradis et une fois la «corruption
détruite», de «mortel» qu'il était, se lèvera «immortel[d]»[7].

9. Mais puisqu'il dit qu'il *s'appliquera* aux jugements de
Dieu et *s'y appliquera toujours*, est-ce à dire qu'il ne *s'y*
applique pas, lui qui dans cette *application* même a espéré ?
Certes ces paroles peuvent être comprises comme une
allusion à son activité pour la vie présente et vouloir dire
que, tant qu'il sera dans un «corps», il *s'appliquera toujours*
aux règles de justice; néanmoins, elles regardent aussi
l'avenir. Il sait que dans le ciel tous les anges vivent dans
l'*application* aux *règles de justice de Dieu*. Là en effet aucun
relâchement, aucune inactivité : toutes les puissances
célestes sont toujours occupées à l'accomplissement de leur
service[8]. Et comme nous devrons alors vivre de la vie des
anges, notre *application* aux *règles de justice* peut aussi être
éternelle suivant l'exemple de ceux qui *toujours* la mettent
en œuvre.

8. Remarques semblables sur les offices des anges : 3,10; sur les
lois qui règlent les révolutions dans le ciel : 12,1. Discrète assimila-
tion de l'office des anges à celui des astres d'après ORIG., *Princ.*,
1,7,3; 1,8,4.

118   **10.** Dehinc sequitur : Sprevisti omnes discedentes a
IVSTIFICATIONIBVS TVIS, QVIA INIQVA COGITATIO EORVM.
Auxilium et susceptionem ob haec propheta orat, ne cum
discedentibus a iustificationibus Dei et ipse *spernatur.* Sed
5 hic seruata ea ratio est, ut non dictum sit : *Spreuisti*
omnes peccatores, sed : *Spreuisti omnes discedentes.* Si
enim peccatores Deus *sperneret,* omnes utique *sperneret,*
quia *sine peccato* nemo sit[a]. Sed *spernit discedentes a*
se, quos apostatas uocant. Neque interest an in *iustifi-*
10 *cationibus Dei* quis aliquando fuerit. *Spernendus* enim a
Deo est quisque *discesserit,* quia manentis meritum
conseruat consummatio permanendi. Differt uero a *pecca-*
tore discessio, quia *peccato* uenia per paenitentiam reseruatur, *discessio* uero cum ipsa paenitentiae *discessione* se
15 damnat; quae hinc oritur, cum uoluntas eorum qui
discessuri sunt est *iniqua.*

119   **11.** Dehinc sequitur : Praevaricantes depvtavi om-
NES PECCATORES TERRAE, IDEO DILEXI IVSTITIAS TVAS.
Semper prophetae sermo longe se et ultra communem
sensum extendit. Nos enim *praeuaricatores* eos existi-
5 mamus, qui susceptam fidem et cognitionem Dei adeptam
relinquunt, aliud pollicitos et aliud nunc agentes. Sed

VL   RC   pA   r   S   mB

   10, 3 hoc *Ba. Er. Gi. Mi.* ‖ 5 hinc *V* ‖ 7 deus > *Ba. Er. Gi. Mi.* ‖
spernet *L* ‖ utique + deus *V* ‖ spernet *VL* ‖ 9 neque + enim *V S Ba.*
Er. Gi. Mi. ‖ 11 quisquis *Ba. Er. Gi. Mi.* ‖ 12 peccatore : peccato *pA*
Mi. Zi. ‖ 13 peccato : -tori *B Ba. Er.*
   11, 2 iustitias tuas : testimonia tua *S*   iustificationes tuas *B* ‖ 3
sermo + non *V* ‖ se > *C pA mB* ‖ 4 tetendit *VL RC r Gi.*   se tendit
pA mB   tendit *S Ba. Er. Mi.* ‖ 5-6 dei — nunc > *L* ‖ 6 relinquit *V*

---

10. a. cf. Jn 8,7

---

9. Origène (*Ch. p.*, p. 378, v. 118, l. 1) remarque aussi : «Ce n'est
pas la même chose, commettre une faute et se séparer». Le

10. Ensuite vient : Tu as méprisé tous ceux qui se   118
séparent de tes règles de justice, parce qu'injuste
est leur pensée. Le prophète demande aide et protection, de peur d'être lui aussi *méprisé* comme ceux qui *se
séparent des règles de justice de Dieu*. Mais ici il y a une
raison pour laquelle il n'a pas dit : *Tu as méprisé tous* les
pécheurs, mais : *Tu as méprisé tous ceux qui se séparent*. Si
en effet Dieu *méprisait* les pécheurs, il *mépriserait* absolu-
ment tout le monde, parce que personne n'est «sans
péché[a]». Mais il *méprise ceux qui se séparent de* lui, que l'on
appelle des apostats[9]. Et peu importe si l'on a vécu un
moment dans les *règles de justice de Dieu*. En effet, mérite
le *mépris* de Dieu quiconque *s'est séparé* de lui, du fait que
la perfection d'une conduite immuable préserve le mérite
de celui qui la garde. La *défection* n'est pas la conduite du
«pécheur», parce que, par la pénitence, un pardon est
réservé au «péché», tandis que la *défection*, accompagnée
de la *défection* du repentir, se condamne elle-même ; cette
défection se manifeste dès lors que la volonté de ceux qui
vont *se séparer* est *injuste*[10].

11. Ensuite vient : J'ai considéré comme prévarica-   119
teurs tous les pécheurs de la terre ; c'est pourquoi
j'ai aimé tes jugements. Les paroles du prophète vont
toujours loin et au-delà du sens ordinaire. Nous, nous
entendons en effet par *prévaricateurs* des gens qui abandonnent la foi qu'ils ont adoptée et la connaissance de
Dieu qu'ils ont eue, qui ont promis une chose et qui
maintenant en font une autre. Mais ici sont considérés

---

rapprochement *discedentes/apostatas* peut s'expliquer ou par l'équivalent de *discedentes* dans le texte grec : τοὺς ἀποστατοῦντας, ou par la
citation d'*Is.* 30, 1 par Origène : «Malheur à ces fils apostats.»

10. Sur le choix volontaire de ceux qui se sont mis en dehors de
l'Église, cf. TERT., *Nat.*, 1, 5, définissant les *apostatae* comme des
uoluntarii desertores.

hic *praeuaricatores* existimantur *omnes peccatores terrae*;
nullus excipitur, generaliter ad *omnes praeuaricationis*
nomen refertur. Lex enim ueluti naturalis est, iniuriam
10 nemini adferre, nihil alienum praeripere, fraude ac periurio
abstinere, alieno coniugio non insidiari. Nouit et hanc
naturae apostolus legem dicens : *Cum enim nationes, quae
legem non habent, naturaliter secundum legem faciunt, tales
homines legem non habentes sibi ipsi sunt lex, qui ostendunt*
15 *opus legis scriptum in cordibus suis*[a]. Ergo *praeuaricatores* existimantur qui quod a *natura legis* accipiunt
derelinquunt. Furem quis deprehensum aut adulterum aut
homicidam arguet *lege naturae*. Sed si in his ipse uersetur,
praeuaricator est *legis*.

12. Nouit etiam, cum ait *peccatores terrae*, alios esse
et caeli *peccatores*. Audiamus enim euangelicae praedicationis prodigum *filium* perditum atque *mortuum* de
peccato suo *patri* confitentem : *Peccaui*, inquit, *pater in*
5 *caelo et coram te*[a]. Quisque *caelestis* doctrinae et spiritalis
gratiae particeps factus in *peccato* demorabitur, non *terrae*
peccator est ille, sed *caeli*. Omnes enim credentes in se
Dominus noster Iesus Christus *coexcitauit et collocauit in*
caelestibus[b], ex quibus qui decidet, tamquam *caeli peccator*

VL RC pA r S mB

11, 7 praeuaricatores + esse *C pA mB Mi.* ‖ 8 ad : et *C* ‖ omnes :
mones *V* ‖ praeuaricationes *V¹ C* ‖ 10 inferre *S Ba. Er. Gi. Mi.* ‖ ac :
aut *L* ‖ 12 naturae > *C pA Mi.* ‖ 16 quia *C pA mB Er.* ‖ naturale legis
C   a naturale lege *pA*   naturali lege *mB*   a naturali lege
Mi. ‖ 18 reuersetur *C*
12, 5 caelum *pA m Mi.* ‖ quisquis *S B edd.* ‖ 8 noster > *V* ‖ 9
decedet *L Gi. Zi.*   decaedet *R*   decidit *S Ba. Er.*   decedit *Mi.*

11. a. Rom. 2, 14
12. a. Lc 15, 21.24 ‖ b. cf. Éphés. 2, 6

comme *prévaricateurs tous les pécheurs de la terre*; aucun
n'est excepté; le grief de *prévarication* s'applique à *tous*
sans exception[11]. Il existe en effet une sorte de loi naturelle
qui consiste à ne faire de tort à personne, à ne rien dérober
qui appartienne à autrui, à s'abstenir de toute tromperie et
de tout faux serment, à ne pas menacer le mariage
d'autrui[12]. L'Apôtre connaît aussi cette loi de la nature,
puisqu'il dit : « En effet, quand les païens, qui n'ont pas la
Loi, agissent naturellement suivant la Loi, ces hommes qui
n'ont pas de Loi, se tiennent à eux-mêmes lieu de Loi, eux
qui montrent l'œuvre de la Loi écrite dans leurs cœurs[a]. »
Donc sont considérés comme *prévaricateurs* ceux qui
abandonnent la « loi » qu'ils reçoivent de la « nature ». Un
homme accusera d'après la « loi naturelle » un voleur pris
sur le fait, un adultère, un homicide. Mais s'il tombe lui-
même sous le coup de ces accusations, il *prévarique* avec la
« loi ».

12. Puisqu'il dit : *Les pécheurs de la terre*, il sait qu'il est
encore une autre catégorie : *les pécheurs* du ciel. Écoutons
en effet le « fils » prodigue de la prédication de l'Évangile,
qui était perdu et « mort » à la suite de son péché, et qui
confesse à son « père » : « Père, dit-il, j'ai *péché* envers le ciel
et devant toi[a]. » Quiconque aura été rendu participant de
l'enseignement « céleste » et de la grâce de l'Esprit, mais
demeurera dans le *péché*, n'est pas *pécheur de la terre*, mais
du « ciel ». Notre Seigneur Jésus-Christ a « élevé et placé
dans les cieux[b] » tous ceux qui croient en lui, et celui qui en

---

11. Origène (*Ch. p.*, p. 318-320, v. 119) distingue aussi le sens du
mot « prévaricateurs » pour nous et pour le prophète. Pour définir les
« prévaricateurs » selon nous, Hilaire s'inspire peut-être de *Rom.* 2, 17-
24.

12. Les articles de la loi naturelle rappellent les « offices de la
justice » définis par Cic., *Off.*, 1, 20-23.

10 arguitur. Cum igitur propheta *peccatores terrae praeuari-*
catores esse existimet, quia *naturae legem peccando* trans-
gressi sint, ob hoc ipse testimonia Dei *diligit,* quia, cum
praeuaricatio sit decedere ex *lege naturae,* tamen iam sine
uenia sit ex *caelesti lege* discessio.

120   **13.** Concludit autem ita : CONFIGE DE TIMORE TVO
CARNES MEAS; A IVDICIIS ENIM TVIS TIMVI. Nouae et
inusitatae preces prophetae sunt, ut a *timore Dei carnes*
suae configantur. Sed meminit compatiendum et commo-
5 riendum esse *cum Christo* his qui conregnare cum eo
uelint[a]. Et minore istud dicti uirtute latinitatis translatio
elocuta est. Quod enim nobiscum est *confige,* illic καθήλωσον
et καθήλωσον id significat, ut clauis se *configat. Moriendum*
ergo nobis est, et omnia *carnis nostrae* uitia *configenda*
10 cruci Domini sunt. *Morimur* enim secundum apostolum
cum Christo et *consepelimur* in *baptismo*[b]. Et hoc propheta
quamquam in uoluntate sua habeat, tamen ut per misericordiam Dei consequatur expostulat. *Configi* enim ex
timore Dei carnes suas orat, quia *iudicia Dei* metuat.
15 *Timet* enim aeterni *iudicii* sententiam, *timet* non *cum*
Christo configi et commori et *consepeliri, nouum* se
hominem, nisi *uetere*[c] cum uitiis et *concupiscentiis* exuto[d],
intellegens non futurum.

VL RC pA r S mB

12, 11 esse : terrae *L* ‖ 12 sunt *V A r S mB Ba. Er.* ‖ testatus *V* ‖
qui *C* ‖ 13 decidere *C S Ba. Er.*   discedere *r B²* ‖ 14 decessio *V*
13, 1 conclusit *V r S* ‖ de : domine *mB*   > *R pA Gi. Mi.* ‖ 2
tuis + enim *R* ‖ 6 uellit *V*   uellent *R* ‖ latina *V²* ‖ 7-8 καθήλωσον et
καθήλωσον id > *C pA mB Ba.* ‖ 8 et καθήλωσον > *Er. Gi. Mi. Zi.* ‖ 12
sua uoluntate *Ba. Er. Gi. Mi.* ‖ 15 enim > *A* ‖ timet² + se *C pA mB*
Mi. ‖ 17 exuto + ut *V*
    explicit littera XV *VL*   explicit XVI littera *r*   explicit
samech *S*   finit *R*   finit littera XV *C pA*

---

13. a. cf. Rom. 6, 8 ‖ b. cf. Rom. 6, 4. 8 ‖ c. cf. Éphés. 4, 22-24 ; Col.
3, 9-10 ‖ d. cf. Gal. 5, 24

tombera est accusé comme *pécheur* du «ciel»[13]. Donc, le
prophète, considérant que les *pécheurs de la terre* sont des
prévaricateurs parce qu'ils ont transgressé la «loi naturelle»
en *péchant*, *aime* les témoignages de Dieu, parce que, si
s'écarter de la «loi naturelle» est un acte de *prévarication*, il
n'y a cependant plus de pardon, quand on se sépare de la
«loi céleste».

13. Il conclut en ces termes : PERCE DE TA CRAINTE MES   120
CHAIRS ; CAR À CAUSE DE TES JUGEMENTS J'AI ÉTÉ DANS LA
CRAINTE. Étrange et inhabituelle est la prière du prophète
demandant que *ses chairs soient percées* par la *crainte de
Dieu*. Mais il se souvient que doivent souffrir et mourir
«avec le Christ» ceux qui veulent régner avec lui[a]. La
traduction latine a exprimé avec moins de force le sens de
cette parole. Ce qui en effet chez nous se dit *confige*, se dit
chez eux καθήλωσον[14] et καθήλωσον veut dire qu'il demande
que Dieu le *perce* avec des clous. Il nous faut donc
«mourir», et tous les vices de *notre chair* doivent être *percés*
sur la croix du Seigneur. En effet, d'après l'Apôtre, nous
«mourons avec le Christ», et nous sommes «ensevelis avec
lui» dans le «baptême[b]». Et bien que cela soit dans sa
volonté, le prophète demande cependant à l'obtenir par la
miséricorde de Dieu. Il demande en effet que *ses chairs
soient percées* de la *crainte de Dieu*, parce qu'il redoute les
jugements de Dieu. Il *craint* en effet la sentence du *jugement*
éternel, il craint de ne pas être *percé* «avec le Christ», de ne
pas mourir avec lui et de ne pas être «enseveli avec lui»,
comprenant qu'il ne sera pas l'«homme nouveau», s'il n'est
pas dépouillé du «vieil» homme[c] avec ses vices et ses
«convoitises[d]»[15].

---

13. La définition du «pécheur du ciel» rappelle *Hébr.* 6, 4-6. Voir la
distinction entre impie et pécheur en *In psalm.* 1, 7.

14. On lit de même dans le *Glossarium leidense* (VIIIe-IXe s., Goetz,
t. 3, p. 403) : *Confige clauis catheloson.*

15. Sur ce verset et son commentaire par Hilaire, cf.
M. J. RONDEAU, «L'arrière-plan scripturaire ... ».

AIN

FECI IVDICIVM ET IVSTITIAM; NON TRADAS
ME PERSEQVENTIBVS ME, ET RELIQVA.

1. Et in psalmi exordio et deinceps frequenter meminimus per haec singularum litterarum quaedam quasi
elementa discendi doctrinae nos pietatis, continentiae,
intellegentiae, fidei et timoris institui, et ut rudem
5 infantiam ad loquendi scientiam, quam et agendi doctrina
consequitur, ipsis humanae uocis initiis erudiri; quod ex
praesentibus sextae et decimae litterae octo uersibus
intellegi licet. Propheta enim ex persona sua uniuersos
docet quid uelle, quid agere, quid profiteri unumquemque
10 pro conscientia infirmitatis ac naturae suae utile sit,
quid etiam metui, quid caueri, quid emundari oporteat.
Beatus idem propheta, qui per misericordiam Dei ipse
sibi et prospector et emundator et iudex est! Certe
dignitati eius decentissimum est ut qui spiritu Dei

VL RC pA r S mB

ain > m   pr. incipit littera sexta decima feliciter V   pr.
incipit XVI (XVII r) L r   pr. incipit C pA S   pr. littera XVI
Mi.   + tractatus S   + littera XVI C pA
    feci — et reliqua : feci iudicium et iustitiam etc. Ba. Er.   omnes
uersus litterae sextae decimae R Gi. Mi. ‖ et reliqua > C pA mB
    1, 1 et² > C ‖ deinde V ‖ 3 discendae S ‖ doctrina pA r S mB
edd. ‖ 4 ut > VL r ‖ 7 litterae + et R ‖ 8 licet : ualet pA mB ‖
prophetam V ‖ 11 emendari pA r S mB ‖ 12 qui > R² ‖ 13 sibi + et
uniuersis doctor pA r² mB Mi. Zi. ‖ et prospector — iudex > C pA ‖
et³ : quia mB ‖ certe : pr. et C pA mB Mi.

AÏN

**J'AI FAIT LE JUGEMENT ET LA JUSTICE ; NE
ME LIVRE PAS À CEUX QUI ME PERSÉCUTENT,
ET LA SUITE.**

1. Dans l'argument du psaume et ensuite à plusieurs
reprises[1], nous avons rappelé qu'en suivant pour ainsi dire
les bases du savoir, chaque lettre l'une après l'autre, nous
sommes formés pour recevoir une leçon de piété, de
continence, d'intelligence, de foi et de crainte, et que
comme des enfants inexpérimentés formés à la science de
la parole, accompagnée d'instructions pour agir[2], nous
recevons une initiation par les rudiments mêmes de la
parole humaine ; c'est ce dont on peut se rendre compte à
partir des huit versets que nous avons ici et qui
constituent la seizième lettre. En effet, le prophète, qui
parle en son nom propre, instruit tous les hommes de ce
qu'il est utile que chacun, conscient de la faiblesse de sa
nature, veuille, fasse, professe, de ce qu'il lui faut aussi
craindre, éviter, corriger[3]. Heureux prophète, qui est
encore pour lui-même par la miséricorde de Dieu un
veilleur, un purificateur et un juge ! Assurément, il
convient tout à fait à la dignité de celui qui parle animé

---

1. Cf. exord., 1,3 ; 9,1 ; 13,1.
2. Préceptes de «conduite» et préceptes de «langage» sont associés,
par exemple, par QVINT., *Inst.*, 2,17,8.
3. Phrase citée et commentée par M. J. RONDEAU, *Les Commentaires patristiques ...*, p. 93.

15 loquitur, ea quae humanae et salutis et aeternitatis sunt
eloquatur.

121   **2.** Ait enim ita : FECI IVDICIVM ET IVSTITIAM ; NON
TRADAS ME NOCENTIBVS ME. *Facit* placentia Deo opera
et, quia *fecit*, ne *nocentibus se tradatur* orat. Opus merendi
antefertur, et dehinc meriti praemium postulatur. Fit
5 enim primum quod placeat ; et tum dignatio eius cui per
opus placetur oratur. At nos nec operamur nec placemus,
quin etiam impiis et inreligiosis rebus offendimus ; et quia
tales non placemus, irascimur. Sed dignum est contueri
qualia sint quae propheta *faciens*, ne *nocentibus se tradatur*
10 orat.

3. Et omnia quaecumque quis timens Deum *fecerit*,
utilia ei atque pulchra sunt. Pudicitiam quis colens
gloriosum ac nitens sordenti corporis sui carni lumen
inuexit. Contemptum uero pecuniae adsumens liberum se
5 a terrenis dominationibus reseruauit. Frugalitatem autem
et parsimoniam diligens nobilitatem animae caelestis
captiuam ebrietati non dereliquit. Sed haec, quamuis
magna atque praeclara sint, tamen, quia prophetae
propria eique tantummodo utilia sunt, non referuntur
10 ad meritum.

4. Sed quid *fecit*, ut *non tradi se nocentibus* deprecetur ? *Iudicium* scilicet *et iustitiam* ; nihil inconsultum, nihil

VL   RC   pA   r   S   mB

1, 15 et² > *C pA Mi.*
2, 1 enim > *R* ‖ 2 facit : fecit *p S Ba. Er. Gi. Mi.* ‖ 3 fecit : facit
R Zi. ‖ 4 et > *V* ‖ 5 placet *C pA mB Mi.* ‖ cum *V* ‖ 6 placitur *V* ‖
7 ostendimus *L* ‖ 9 ne > *V*
3, 2 sint *VL R r* ‖ 3 corpori suo *m* ‖ carni : carmine *V*   > *m²* ‖ 5
praeseruauit *Ba. Er. Gi. Mi.* ‖ 7 captauit *C* ‖ non > *C*
4, 1 qui *VL* ‖ ut > *C* ‖ non > *VL*

par l'esprit de Dieu, de proclamer ce qui concerne le salut
et l'éternité de l'homme.

2. Il parle en effet ainsi : J'AI FAIT LE JUGEMENT ET LA   121
JUSTICE ; NE ME LIVRE PAS À CEUX QUI ME NUISENT. Il *fail*
des actions qui plaisent à Dieu, et, parce qu'il les a *faites*, il
demande à ne pas être *livré à ceux qui lui nuisent*. En
premier, vient l'action méritoire, et ensuite est demandée
la récompense du mérite. En effet, on fait d'abord ce qui
plaît ; alors on demande sa considération à celui à qui cette
action plaît[4]. Mais nous, nous n'agissons ni ne plaisons ;
bien plus, par des actions impies et irréligieuses, nous
commettons des offenses, et parce que, quand nous les
commettons, nous ne plaisons pas, nous nous emportons.
Mais il convient de considérer de quel genre sont les
actions que *fail* le prophète pour demander à ne pas être
livré à ceux qui lui nuisent.

3. Tout ce que l'on *fail* dans la crainte de Dieu est utile
et beau. Un homme qui respecte la pudeur projette sur la
chair souillée de son corps une lumière glorieuse et
resplendissante[5]. En choisissant le mépris de l'argent, il se
garde libre des dominations terrestres. En aimant la
frugalité et la sobriété, il ne laisse pas la noblesse de son
âme céleste prisonnière de l'ivrognerie. Mais ces qualités, si
grandes et remarquables soient-elles, comme elles sont
personnelles et seulement utiles au prophète, ne fondent
pas son mérite.

4. Mais qu'a-t-il *fail* pour demander à *ne pas être livré à
ceux qui lui nuisent*? *Le jugement et la justice* ; il n'agit

---

4. Pour CYPRIEN aussi, Dieu accorde sa récompense à celui qui l'a
méritée par ses œuvres (*Domin. orat.*, 32).
5. Cf. TERT., *Pudic.*, 1, 1.

iniustum agens, sed primum *faciens iudicium*; omnia namque ratione, modo et ueritate pertractans, ut id quod
5 in alterum agat, perpensum antea atque perspectum iam de consilii sententia exsequatur. Non permittit autem consilio tantum suo *iudicii* sententiam, sed *facit* cum *iudicio iustitiam. Iudicantis* autem cum consilio hoc opus maximum est, ut quod *iudicat iustum* sit. *Iustitia* etenim
10 est amicitiae concordia, unanimitatis uinculum, fundamentum pacis, diuinae atque humanae rationis operatio. Haec itaque propheta *fecit*; in quibus cum opus suum sit, tamen et eorum quibus *iudicium et iustitiam fecit* utilitas est.

5. Postulat uero ne *nocentibus se tradatur*. Omnis enim in quo peccati uoluntas est, Deo uacuus est; et ubi Deus non erit, illic diaboli locus est, qui insidians atque obsidens, ubi adeundi oportunitatem habuerit, tamquam
5 *uacuam domum* occupet[a], quae ei, Deo eam deserente, sit tradita. Et propheta quidem, quia ex persona omnium loquebatur, ne a Deo *tradatur* orat. Ceterum apostolus habet iam id in se fiduciae, ut peccatores diabolo *tradat* ipse, cum ad Corinthios de eo qui fornicationes omnes

---

VL   RC   pA   r   S   mB

4, 4 rationem *V* ‖ 5 alterum : integrum *C* ‖ perspectum : perfectum *VL RC r* ‖ 6 sententia : scientia *m* ‖ 7 sui *VL r* ‖ 10 amicitiae concordia : -tia c. *C*   amica concordiae *R Gi. Zi.* ‖ 13 et : nec *C*
5, 1 uero > *C* ‖ omnis : hominis *C* ‖ 2 deo uacuus est > *C* ‖ 2-3 et ubi — locus est > *pA* ‖ 6 qui *R Gi.* ‖ 8 hanc ... fiduciam *m* ‖ 9 ad corinthios : corinthiis *C pA mB Mi.*

---

5. a. cf. Matth. 12, 44

---

6. Les idées principales des § 3 et 4 sont des thèmes classiques, exposés dans le *De Officiis* de Cicéron : Le prophète recherche ce qui est « utile et beau ». Les actions « utiles et belles » sont moins celles qui

jamais de façon irréfléchie, jamais de façon injuste, mais il *fait* d'abord le *jugement*; c'est-à-dire qu'il se conforme toujours à la raison, la mesure et la vérité, afin que son action envers autrui soit d'abord pesée puis examinée à fond, avant d'être exécutée conformément à la décision de son vouloir. Il ne s'en remet pas non plus pour décider de son *jugement* à sa seule réflexion, mais, en même temps que le *jugement*, il *fait la justice*. Le plus important pour celui qui *juge* avec réflexion est de faire en sorte que son *jugement* soit *juste*. La *justice*, en effet, c'est la concorde dans l'amitié, le lien de l'entente, le fondement de la paix, l'œuvre de la raison divine et humaine. Telles sont les *actions* du prophète; si elles sont son œuvre, elles représentent cependant aussi l'intérêt de ceux pour qui il a *fait le jugement et la justice*[6].

5. Mais il demande à ne pas être *livré à ceux qui lui nuisent*. En effet, tout homme qui a en lui la volonté du péché est vide de Dieu; et là où Dieu ne sera pas, là est une place pour le diable, qui, lorsqu'il a eu l'occasion de s'approcher, tend ses pièges et fait un siège comme pour investir une «maison vide[a]» qui lui a été livrée, puisque Dieu l'a abandonnée[7]. Et parce qu'il parlait au nom de tous, le prophète demande à ne pas être *livré* par Dieu. L'Apôtre, lui, a assez d'assurance pour *livrer* lui-même au diable les pécheurs, lorsqu'il écrit aux Corinthiens au sujet

concernent le prophète seul que celles qui touchent la collectivité (cf. *Off.*, 1, 45, 160). La justice est citée comme exemple d'action à la fois «belle et utile»; ainsi sont rapprochées les trois notions : juste, beau, utile, comme en *Off.*, 2, 3, 10. L'action suppose la réflexion (cf. *Off.*, 1, 45, 160).

7. Cf. *Matth.* 12, 44 et son exégèse en *In Matth.*, 12, 23 (*SC* 254, p. 292). CYPR., *Zel.*, 2, compare aussi le chrétien à une forteresse assiégée par le diable. Le commentaire de ce v. 121 s'inspire de celui d'Origène (*Ch. p.*, p. 384).

10 praegressus uxorem patris sui acceperat scribit : *Ego
autem absens corpore, praesens autem spiritu iam iudicaui
tamquam praesens eum qui hoc fecit, congregatis uobis et
meo spiritu cum uirtute Domini Iesu tradere istius modi
satanae in interitum carnis, ut spiritus saluus fiat in die*
15 *Domini*[b]. Sed licet apostolus *tradat*, scit tamen se et in
uirtute Christi et in suo *spiritu traditurum*. Sed et in alia
epistula ait de Phygello et Hermogene[c] : *Quos tradidi,
inquit, satanae, ut discant non blasphemare*[d]. Qui enim
ab *ecclesiae corpore* respuuntur, quae *Christi* est *corpus*[e]
20 tamquam peregrini et alieni a Dei *corpore* dominatui
diaboli *traduntur*.

6. Sed propheta ne *nocentibus se tradatur* orat. Adsunt
enim inimicae infestaeque *uirtutes*, quae fidei propositum
conturbent, quae timorem Dei obliterent, quae in terrenas
cupiditates et desideria sollicitent, quae infirmam corporis
5 naturam quibusdam blandimentorum aculeis in uitia
commoueant. Nouit et apostolus hanc multitudinem
dominantium *uirtutum* dicens : *In quibus et uos aliquando
ambulastis secundum principem potestatis aeris, spiritus,
qui nunc operatur in filiis diffidentiae*[a]. *Fecit* ergo propheta
10 *iudicium et iustitiam* ; et ne *tradatur nocentibus se* rogat,
et hoc modo *nocentibus*, cum in peccatum impellunt, cum
in gloriam inflant, cum in iram accendunt, cum in odium

VL   RC   pA   r   S   mB

5, 10 supergressus *pA S mB Ba. Er. Gi. Mi.* ‖ 11 autem > *V* ‖
13 domini + mei *pA mMi.* ‖ 15 et > *R Ba. Er. Gi. Zi.* ‖ 17 ait > *V* ‖
phigelo *VL S¹* fygelo *R*   fiero *C*   fileto *pA r S² mB*   figelo
Ba. ‖ hermogenem *V¹L*   ermogene *RC pA* ‖ 18 ut discant > *C* ‖
20 dominatu *pA*
    6, 3 conturbant *C* ‖ 5 aculeo *V* ‖ 7 uirtutum > *R* ‖ 8 aeris > *C
pA* ‖ 10 iustitiae *V* ‖ tradaturne *V* ‖ 10-11 se — nocentibus > *V* ‖
12 inflent *RC* ‖ in² > *C* ‖ ascendunt *m*

de celui qui, étant allé au-delà de toutes les fornications possibles, avait pris la femme de son père : «Quant à moi, absent de corps, mais présent d'esprit, j'ai déjà jugé, comme si j'étais présent, celui qui a fait cela : vous et mon esprit rassemblés avec la puissance du Seigneur Jésus, nous devons *livrer* cet homme à Satan pour la perte de sa chair, pour que l'esprit soit sauvé au jour du Seigneur[b].» Mais bien qu'il le *livre*, l'Apôtre sait cependant qu'il le *livrera* en s'appuyant sur la «puissance» du Christ et sur son «esprit». Dans une autre lettre aussi, il dit au sujet de Phygelle et d'Hermogène[c] : «Eux que j'ai *livrés*, dit-il, à Satan pour qu'ils apprennent à ne pas blasphémer[d].» Ceux qui en effet sont rejetés du «corps» de l'«Église», qui est le «corps du Christ[e]», sont *livrés* à la domination du diable comme extérieurs et étrangers au «corps» de Dieu[8].

6. Mais le prophète prie de ne pas être *livré à ceux qui lui nuisent*. Il existe en effet des «puissances» ennemies et hostiles, capables de renverser une résolution de foi, d'effacer la crainte de Dieu, d'inciter aux convoitises et aux désirs terrestres, de pousser aux vices la faible nature de notre corps sous l'aiguillon des séductions. L'Apôtre aussi connaît cette foule de «puissances» dominatrices, lui qui dit : «Parmi elles vous aussi jadis vous avez marché suivant le prince de la puissance de l'air, l'esprit, qui maintenant agit dans les fils de la rébellion[a].» Donc le prophète a *fait le jugement et la justice*, et il demande à ne pas être *livré à ceux qui lui nuisent*, et lui *nuisent* en le poussant au péché, en l'incitant à se glorifier, en allumant

---

5. b. I Cor. 5,3-5 ‖ c. cf. II Tim. 1,15 ‖ d. I Tim. 1,20 ‖ e. cf. Col. 1,18.24
6. a. Éphés. 2,2

---

8. Hilaire évoque le rejet et la condamnation de ceux qui se séparent du «corps de l'Église» comme Cypr., *Eccl. unit.*, 6.

exacerbant, cum ad lasciuiam inliciunt, cum ad auaritiam
prouocant. Sed cum per haec *nocere* properent, obtinere
15 tamen eos quos *nocentes* sunt, nisi sibi per secessionem
Dei *traditi* fuerint, non ualebunt.

122   **7.** Dehinc sequitur : Excipe me servvm tvvm in
bonvm ; non calvmnientvr me svperbi. Proficit in spe
sua propheta et celsiorem iam deprecationis suae gradum
scandit. Qui enim orauerat ne *traderetur nocentibus se*[a],
5 iam ut proprietate *serui excipiatur* rogat, beatum illum
in se Dei dominatum cum *bona* susceptione sua deprecans.
Et non ob leuem causam ut *in bonum* suscipiatur orat,
scilicet *ne eum superbi calumnientur.* Et qui sunt *superbi* ?
Nempe illi quorum principem loquentem Esaias introducit
10 ita : *Dixit enim* : *Virtute faciam et sapientia intellectus
auferam fines gentium et uirtutes earum, et commouebo
ciuitates inhabitabiles et omnem orbem terrae prehendam
manu mea ut pullos et tamquam confracta oua auferam*[b].
Haec *superbientis* uox est, *diaboli* scilicet, qui et Deo ac
15 Domino nostro Iesu Christo *ostensa* terrenorum imperio-
rum *gloria* dicere ausus est : *Omnia haec tibi dabo, si
procidens adoraueris me*[c]. Non esse autem hunc solitarium
sed plures ei adesse *spiritalium nequitiarum* ministros[d]

VL RC pA r S mB *(usque ad 6,15 :* per*)*

6, 13 exaceruant *V C* ‖ 15 qui *RC pA r S mB edd.* ‖ nocenti
C   innocentes *pA R S mB edd.* ‖ 15-16 sunt — traditi > *VL r¹* ‖
15 sibi > *B* ‖ cessione *C* concessionem *pA r m*
7, 1 me > *C pA S m Mi.* ‖ 2 non : *pr.* ut *C* ‖ profecit *C pA m* ‖ 2-3
spes suas *R S Ba. Er. Gi. Mi.* ‖ 4 tradatur *VL Ba. Er.* ‖ 5 proprietatis
C   in proprietatem *pA S m Ba. Er. Gi. Mi.* ‖ seruo *C* ‖ 8
calumnientur et qui sunt superbi > *C* ‖ 9 introducat *C* ‖ 10 uirtutem
C pA S m   in uirtute *r* ‖ sapientiam *C pA S m* ‖ 11 finis *V* ‖
uirtutem *RC pA S m Ba. Er. Gi. Mi.* ‖ eorum *L RC pA S m Ba. Er. Gi.
Mi.* ‖ 12-13 prehendam — auferam > *C pA* ‖ 12 appraehendam *R Ba.
Er. Gi. Mi.* ‖ 18 nequitias *VL* ‖ subministros *VL r*

sa colère, en excitant en lui la haine, en l'attirant vers la
débauche, en le provoquant à la cupidité[9]. Mais bien qu'ils
aient hâte de *nuire* par ces moyens, ils n'auront pourtant
pas la force de mettre la main sur ceux auxquels ils sont
nuisibles, à moins que ceux-ci ne leur soient *livrés* par le
retrait de Dieu.

7. Ensuite on lit : Accueille-moi comme ton serviteur pour mon bonheur ; que les orgueilleux ne me
calomnient pas. Le prophète progresse dans son espérance et parvient maintenant à un degré de plus dans sa
prière. En effet celui qui avait demandé à ne pas être « livré
à ceux qui lui nuisent[a] » demande maintenant à être
accueilli comme propriété, en tant que *serviteur*, implorant
cette heureuse domination de Dieu sur lui, accompagnée
d'une adoption *favorable* pour lui. Et ce n'est pas pour une
raison futile qu'il demande à être adopté *pour son bonheur* ;
c'est pour que les *orgueilleux ne le calomnient pas.* Et qui
sont les *orgueilleux* ? Bien entendu ceux dont Isaïe présente
le prince parlant ainsi : « Car il a dit : C'est par ma force
que j'agirai et c'est par la sagesse de ma pensée que
j'abolirai les frontières des nations et leur puissance, je
renverserai leurs cités inhabitables et je prendrai dans ma
main la terre entière comme de petits oiseaux et je les
enlèverai comme des œufs brisés[b]. » Telles sont les paroles
de l'*orgueilleux*, c'est-à-dire du « diable », qui, après avoir
« montré » à notre Dieu et Seigneur Jésus-Christ la « gloire »
des empires terrestres, osa lui dire : « Tout cela je te le
donnerai, si, tombant à mes pieds, tu m'adores[c]. » Or, il
n'est pas tout seul, mais il a auprès de lui plusieurs
serviteurs, les « esprits du mal[d] » ; nous l'apprenons par

122

---

7. a. cf. *v. 121* ‖ b. Is. 10, 13-14 ‖ c. Matth. 4, 9 ‖ d. cf. Éphés. 6, 12

9. Catalogue de vices rappelant Cypr., *Zel.*, 6.

per eum docemur qui ait : *Discedite a me, maledicti, in*
20 *ignem aeternum, quem praeparauit pater meus diabolo et*
angelis eius[e]. Ab horum igitur se *superborum calumnia*
esse liberum rogat. *Calumniantur* enim, quia, cum ipsi
peccati incentiua subpeditent, *calumniam* nobis ante
Deum peccati quod per eos gesserimus intendunt ; causam
25 namque peccati ad crimen iniciunt et criminis inuidiam
per *calumniam* exacerbant, scriptura in Apocalypsi *calum-*
niatorem eum esse testante[f].

8. Verum etiam nunc se extendit propheta in celsiorem
123 profectum dicens : Ocvli mei defecervnt in salvtare
tvvm et in eloqvivm ivstitiae tvae. *Oculi deficiunt,*
cum intentus in aliquam exspectationem uisus laborat.
5 Propheta itaque animae suae *oculos in Dei salutare*
defixit. Et de *salutari* quid intellegi oporteret, saepe
tractauimus ; eum scilicet esse Iesum, qui *saluum faciet*
populum suum a peccatis[a]. Aliis igitur *oculos suos* in
desideria saecularia occupantibus et in uoluptates rerum
10 praesentium tendentibus propheta *in Dei salutare* defixus
est. Et ne corporales *oculos* eum *deficere* sub hac contem-
plandi intentione existimaremus, non solum *in salutare*
Dei deficiunt, sed etiam *in eloquium iustitiae.*

9. Iusta itaque esse Dei *eloquia* confitetur. Scit esse
quaedam quae cum imperitis atque impiis iniusti *eloquii*

VL RC pA r S m

7, 21 se > *pA m Mi.* ‖ 22 esse + se *pA m Mi.* ‖ 24 dominum
C pA m Mi. ‖ intendent *VL C r¹*   intentant *pA r² m Mi.* ‖
26 exaceruant *V C* ‖ 27 eum : suum *R*   > *L A*
8, 1 num *VL* ‖ 4 exspectationum *V* ‖ 8 peccatis + eorum *pA* ‖ 9
uoluntates *L RC S Ba. Er.* ‖ 10 praesentibus *V* ‖ 11 eius *pA S m Mi.* ‖
12-13 dei salutare *Er. Gi. Mi.* ‖ 13 etiam > *V*

---

7. e. Matth. 25, 41 ‖ f. cf. Apoc. 12, 10
8. a. Matth. 1, 21

celui qui dit : « Allez-vous en loin de moi, maudits, au feu
éternel que mon père a préparé pour le diable et ses
anges[e]. » Il demande donc à être libéré de la *calomnie* de ces
orgueilleux. En effet ils nous *calomnient*, parce qu'en nous
incitant eux-mêmes au péché, ils lancent contre nous
devant Dieu l'accusation *calomnieuse* d'un péché que nous
avons commis à cause d'eux. Ils insinuent en effet en nous
un motif de péché qui sert à nous accuser et par leur
calomnie aggravent la réprobation qu'entraîne cette accusation ; ainsi se présente, selon le témoignage de
l'Écriture dans l'*Apocalypse*, le *calomniateur*[f][10].

8. Mais ici encore le prophète s'élève à un degré
supérieur, en disant : MES YEUX ONT DÉFAILLI POUR TON   123
SALUT ET LA PAROLE DE TA JUSTICE. Les *yeux défaillent*,
quand le regard souffre de se tendre vers l'objet de son
attente. Aussi le prophète a-t-il fixé les *yeux* de son âme
sur le salut de Dieu. Nous avons souvent développé ce qu'il
fallait entendre par le *salut*, disant qu'il s'agissait de Jésus,
qui « *sauvera* son peuple de ses péchés[a] »[11]. Donc, tandis que
les autres ont le *regard* occupé aux désirs du monde et
tendu vers les plaisirs d'ici-bas[12], le prophète garde le sien
fixé *sur le salut de Dieu*. Et pour que nous ne pensions pas
que ce sont ses *yeux* de chair qui *défaillent* sous l'effet de
cette tension due à la contemplation, ils *défaillent* non
seulement *pour le salut de Dieu*, mais aussi pour sa *parole
de justice*.

9. Aussi confesse-t-il que les *paroles* de Dieu sont justes.
Il sait que certaines, auprès des ignorants et des impies,

10. Définition des orgueilleux inspirée de celle d'Origène (*Ch. p.*,
p. 386, v. 122, l. 6-10).
11. Cf. 11, 1.
12. *Desideria* et *uoluptates* sont associés dans *Tite* 3, 3 : *seruientes*
desideriis *et* uoluptatibus *uariis*.

habeant opinionem; cum Pharao *cor* ad contumaciam
obduratur et pertinacia ei inreligiosae uoluntatis adfi-
5 gitur[a]; cum ex *duabus* adhuc *in utero gentibus minori
maior* sit *seruitura*, et neutro quicquam boni promerente
seruitus uni imponitur, dominatus alteri donatur[b]; cum
Adam *de paradiso*, ne arborem *uitae* contingat, expel-
litur[c]; quae homines *diuinae* uirtutis et bonitatis et
10 *iustitiae* incapaces, dum intellegere non possunt, iniusta
esse constituunt. Sed prophetae huius *in* istius modi
eloquium iustitiae oculi deficiunt, quia sciat nihil iniustum
esse in his dictis Dei, sed omnia aduentu *salutaris Dei*
haec *eloquia* et consummanda et intellegenda esse *iustitiae*.
15 Procedit autem per hanc intentam usque ad *defectionem
oculorum* exspectationem, ut aliquid ultra precari audeat.

10. Confessus itaque *eloquium iustitiae* haec subdidit :
124 Fac cvm servo tvo secvndvm misericordiam tvam et
ivstificationes tvas doce me. Insolens forte uox existi-
maretur, quae diceret : *Fac cum seruo tuo.* Quod enim
5 dicitur : *Fac*, tamquam ex fiducia aliqua praesumptio est
usurpata poscendi. Sed non impudenter id diceret qui
iudicium et iustitiam fecisset[a], qui se *excipi* in *seruum*
deprecatus esset[b], cuius *oculi in salutare Dei et in
eloquium iustitiae defecissent*[c]. Sed ne in his quidem

VL RC pA r S mB

9, 3 farao *VL R p*   pharaonis *S Ba. Er. Gi.* ‖ 4 pertinaciae *V C
Mi.* ‖ ei : et *R*   > *Mi.* ‖ 5 utero : est *V* ‖ 6 neutra *A S Mi.* ‖
promerentes *R* ‖ 7 uni : alii *S*   alteri *Ba. Er.* ‖ 8 paradyso *R A* ‖ 9
uirtutis : *pr.* et *R Gi. Zi.* ‖ bonitates *V* ‖ 12 iustitiae : iustae
R   iuste *S Ba. Er. Gi.* ‖ qui *R* ‖ 13 aduentus *V* ‖ saluatoris *C pA S
m* ‖ 14 et[1] > *R* ‖ 16 exspectatione *V*
10, 1 haec > *V* ‖ 3 aestimaretur *R* ‖ 5 tamquam : tum *V* ‖ 8 cuius :
pr. et *C pA m Mi.* ‖ 9 in > *V C r*

---

9. a. cf. Ex. 4, 21 ‖ b. cf. Gen. 25, 23 ‖ c. cf. Gen. 3, 22-23
10. a. cf. *v. 121* ‖ b. cf. *v. 122* ‖ c. *v. 123*

passent pour être des *paroles* injustes; ainsi quand
Pharaon montre un «cœur» endurci jusqu'à l'obstination
et qu'il s'entête dans sa volonté impie[a]; quand des «deux
races» qui sont encore «dans le sein», l'«aînée» est appelée
à «être esclave de la cadette», et que bien qu'aucune des
deux ne mérite le moindre avantage, la «servitude» est
imposée à l'une, tandis que l'autre reçoit la domination[b];
quand Adam est chassé «du paradis», pour ne pas toucher
à l'arbre de «vie[c]». Ne pouvant comprendre ces décisions,
des hommes rebelles à la puissance, à la bonté et à la
justice divines décident qu'elles sont injustes. Pourtant les
yeux de notre prophète *défaillent pour* cette *parole de
justice*, parce qu'il sait qu'il n'y a aucune injustice dans ces
déclarations de Dieu et que toutes ces *paroles de justice*
doivent trouver leur accomplissement et être comprises
lors de la venue du *salut de Dieu*[13]. Et par cette attente du
regard, tendue jusqu'à la *défaillance*, le prophète va de
l'avant au point d'oser demander quelque chose de plus
dans sa prière.

10. Ayant confessé la *parole de justice*, il a donc ajouté
ces mots : AGIS ENVERS TON SERVITEUR SELON TA MISÉRI-
CORDE ET ENSEIGNE-MOI TES RÈGLES DE JUSTICE. On
pourrait peut-être juger insolente cette parole : *Agis envers
ton serviteur*. En disant : *Agis*, on dirait qu'il s'est arrogé
avec une certaine hardiesse le droit de faire une requête.
En fait, il ne peut y avoir d'impudence dans les propos de
celui qui a «fait le jugement et la justice[a]», qui a demandé
à être «accueilli» comme «serviteur[b]», et dont les «yeux
ont défailli pour le salut de Dieu et la parole de justice[c]».

124

---

13. Les exemples de Pharaon et d'Adam sont invoqués par TERT.,
Marc., 2, 14, 4 ; 2, 25, 1, pour démontrer que là où les Marcionites
voient cruauté de la part de Dieu, il y a justice et bonté.

10 propheta insolens est. Nam in eo ipso quod dixit : *Fac*,
adiecit : *Cum seruo tuo*. Et quia *seruitus* nostra ad id
ipsum, ut in *seruitutis* fide maneat, *misericordia Domini*
indiget, superaddidit : *Secundum misericordiam tuam*;
quia miseratione eius opus est, ut in hac *seruitutis* nostrae
15 professione maneamus. Imbecilla enim est per se aliquid
obtinendi humana infirmitas, et hoc tantum naturae suae
officium est, ut adgregare se in familiam Dei et uelit et
coeperit. *Diuinae* uero *misericordiae* est, ut uolentes
adiuuet, incipientes confirmet, adeuntes recipiat ; ex nobis
20 autem initium est, ut illa perficiat.

11. Sed quid tandem ut *faciat cum seruo suo secundum*
misericordiam suam postulat ? Nempe ut *iustificationes*
suas doceat. Scit in *iustificationibus*, quas Moyses consti-
tuere praeceptus est, magnum nescio quid et incomprehen-
5 sibile humanae intellegentiae contineri. Scire optat quis
iste sit, ut frequenter diximus, coemptus *Hebraeus puer*
sex tantum *annis seruiturus*. Legit haec quidem, sed non
statim quod legitur et intellegitur. Scire uult quae illa
seruitus sit, quae *septimi* anni *libertas*[a], quod sit *auris*
10 foramen ex *subula*, si *liber* esse nolit[b], quae illa *mulier*
Hebraei, quid illud, ut sine *muliere* egrediatur ipse[c],
quid deinde secunda *iustificatio*, quid tertia, quid se-
quentes habeant futurorum sacramentorum praeforma-

VL RC pA r S m

10, 11 ad > *A* ‖ 14 in > *V* ‖ 15 manemus *V* ‖ 15-16 ad aliquid
obtinendum *C pA m Mi.* ‖ 17 et[1] > *V* ‖ 18 uero : ergo *r*   > *C*
pA m Mi. ‖ ut > *V* ‖ 19 euntes *C* ‖ 20 autem > *C* ‖ ille *pA S m Mi.*
11, 5 scire + etiam *V r Mi.* ‖ 9 quae > *C* ‖ 10 et subolae *V* ‖ nollet
C ‖ 11 hebraea *RC Gi.* ‖ ut > *L* ‖ ingrediatur *VL R Ba. Er.*
Gi.   ingrediar *C* ‖ 12 sequentis *V*   sequens *C* ‖ 13 praeformatio-
nes *R Gi.*

11. a. cf. Ex. 21, 2 ‖ b. cf. Ex. 21, 6 ‖ c. cf. Ex. 21, 4

D'ailleurs, ici non plus, le prophète n'est pas insolent. En effet, après avoir dit : *Agis*, il a ajouté : *Avec ton serviteur*. Et parce que notre condition de *serviteur*, pour parvenir à rester dans la fidélité à cette condition, a besoin de la *miséricorde du Seigneur*, il a encore ajouté : *Selon ta miséricorde*. En effet, nous avons besoin de sa pitié pour continuer à affirmer notre condition de *serviteurs*, car la faiblesse humaine est incapable d'obtenir quoi que ce soit par ses propres moyens, et le seul devoir de sa nature est d'avoir la volonté et de prendre l'initiative de se joindre à la famille de Dieu. Mais le rôle de la *miséricorde divine* est d'aider ceux qui en ont la volonté, d'encourager ceux qui en sont à leurs débuts, d'accueillir ceux qui viennent à elle ; mais de nous vient l'initiative pour que la miséricorde achève l'ouvrage[14].

11. Mais pourquoi demande-t-il donc que Dieu *agisse envers son serviteur selon sa miséricorde*? Pour qu'il lui *enseigne ses règles de justice*. Il sait que dans les *règles de justice* que Moïse a reçu l'ordre d'établir, il y a je ne sais quoi de grand et d'incompréhensible pour l'intelligence humaine. Il souhaite savoir, comme nous l'avons fréquemment dit, qui est ce «jeune Hébreu» acheté pour être «esclave» pendant seulement «six ans». Certes il lit ce récit, mais ce qui est lu n'est pas immédiatement compris. Il veut savoir quelle est cette «servitude», quelle est cette «liberté» de la «septième» année[a], quel est ce trou à l'«oreille» fait avec un «poinçon», au cas où il ne voudrait pas être «libre[b]», quelle est cette «femme» de l'«Hébreu», pourquoi il doit sortir seul sans «femme[c]», quelle préfiguration des mystères à venir contiennent ensuite la deuxième *règle de justice*, la troisième, les suivantes. Il n'appartient

---

14. Cypr., *Domin. orat.*, 22, a aussi montré comment la miséricorde divine est liée à une demande de l'homme.

tionis. Non est humani ingenii haec consequi posse;
15 caelesti opus est magistro, et plurimis fidei nostrae meritis
necessarium est, ut *doceri* ista mereamur.

12. Scire autem nos conuenit in omnibus prophetae
uerbis nihil humile esse, nihil commune cum ceteris, sed
proprium uel ipsi sibi uel sui similibus enuntiari ; latet
autem sub familiaribus uerbis maxima conscientiae et fidei
5 professio, ut nunc in eo quod sequitur, intellegimus. Ait
125 enim : Servvs tvvs svm ego ; da mihi intellectvm,
et sciam testimonia tva. Nemo nostrum est, qui non uel
in orationis suae prece uel in communium sermonum
consuetudine *seruum* se *Dei* esse fateatur. Et quid
10 magnum propheta fecit *seruum* se profitendo, quod nullus
ausus sit denegare ? Sed professio ceterorum fallax est,
quae, cum habeat conscientiae necessitatem, non habet
tamen confessionis ueritatem. Proprium hoc prophetae
est, ut se *seruum Dei* profiteatur in omni uitae genere
15 famulatu condicionis suae fungens, siue *ambulans*, siue
residens, siue *uigilans*, siue dormiens[a] ; in cibo etiam
atque ieiuniis[b], Deo aut esuriat aut satur sit et nullo
in tempore a *seruitutis* suae officiis absistat. Hic libere
dicit : *Seruus tuus sum*. At uero qui stupris dormit, latro-
20 ciniis *uigilat*, quaestibus peregrinatur, luxui requiescit,
si dicat : *Seruus tuus sum*, profitetur quidem quod est, sed
quod est non agit.

VL RC pA r S m

12, 3 ipse *V* ‖ sibi > *V* ‖ suis *C* ‖ 4 conscientia *C* ‖ 5 intellegamus *V*
C¹ r   -gemus *L C² S* ‖ 6 intellectum + domine *r* ‖ 7 et : ut *C¹ pA r S*
m Ba. Er. Gi. Mi. ‖ 8 in orationis : ignorationi *V* ‖ 14 se > *V* ‖ 15
confungens *V*   fugiens *C* ‖ 16 siue uigilans > *V* ‖ 17 ieiuniis : *pr.* in
RC Gi. Mi. Zi. ‖ esuriat aut > *V* ‖ 19 dicet *Zi.* ‖ sum + ego *Ba. Er. Gi.*
Mi.

---

12. a. cf. Deut. 6, 7 ‖ b. cf. I Cor. 10, 31

---

15. Les mêmes questions concernant les règles de justice sont
posées par Origène (*Ch. p.*, p. 388, v. 124, l. 1-5).

pas à l'intelligence humaine de pouvoir obtenir ces
réponses; elle a besoin d'un maître céleste; et il est
nécessaire que notre foi ait un très grand nombre de
mérites, pour que nous méritions de recevoir un *enseignement* sur ces sujets[15].

12. Il nous faut savoir que dans toutes les paroles du
prophète il n'y a rien de vulgaire, rien de commun avec ce
que disent les autres, mais qu'on y trouve énoncé ce qui est
propre au prophète personnellement ou à ses semblables;
sous des mots courants se cache l'affirmation la plus haute
de sa conviction et de sa foi, comme nous le comprenons
dans ce qui suit. Il dit en effet : JE SUIS TON SERVITEUR;   125
DONNE-MOI LA COMPRÉHENSION, ET JE SAURAI TES TÉMOI-
GNAGES. Il n'est personne parmi nous qui, soit au cours de
la supplication de sa prière, soit dans ses conservations
ordinaires, ne se dise *serviteur de Dieu*. Qu'a donc fait de
grand le prophète en s'affirmant *serviteur*, ce que nul
n'oserait nier? Mais cette affirmation est chez les autres
hommes mensongère, car si elle exprime un sentiment qui
s'impose, elle n'exprime cependant pas une confession
vraie[16]. Ce qui est propre au prophète, c'est d'affirmer qu'il
est *serviteur de Dieu*, en s'acquittant du service que lui
demande sa condition en toute circonstance de sa vie, qu'il
« marche » ou reste en place, qu'il « veille » ou dorme[a]; c'est
encore, en mangeant comme en jeûnant, d'avoir faim ou
d'être rassasié pour Dieu[b], et de ne renoncer, à aucun
moment, aux devoirs de sa condition de *serviteur*. Lui, il a
la liberté de dire : *Je suis ton serviteur*. Mais celui qui dort
dans la débauche, « veille » pour voler, voyage pour le
profit, vit dans l'oisiveté et le luxe, s'il vient à dire : *Je suis
ton serviteur*, il reconnaît certes ce qu'il est, mais ne fait pas
ce qu'il est.

16. A la différence de la prière des «autres», la confession du
prophète est l'expression de sa conviction. Voir la définition de la
confessio par SEN., *Contr. exc.*, 8, 1 : «Confessio *conscientiae uox est*».

13. Propheta autem, quamuis condicionem officii sui
etiam ipso famulatu suo confiteatur, tamen infirmitatis
suae memor est; *dari* enim *sibi intellectum* rogat. Est
enim *intellectus* in quodam thensauro repositus *spiritalium*
5 gratiarum[a], quem interdum sub falsae opinionis errore
imprudentium mentibus diabolus insinuat. Sed a Deo
intellegentiam propheta postulat, ne sibi inanis *intellegentia*
subrepat, qualis gentium, qualis Iudaeorum, qualis haere-
ticorum est; et postulat ob id, ut *testimonia Dei sciat,*
10 quae sub *testibus* tradita sunt, quae sub *testibus* neglecta
et uiolata esse exprobrantur[b], quae in aduentum eius,
ob quem *testato* dicta sunt, neglecta et fastidita uindica-
buntur.

14. Et horum quidem *testimoniorum* tempus non ignorat
126 propheta dicens : TEMPVS FACIENDI DOMINO; DISSIPAVE-
RVNT LEGEM TVAM. *Lex* populo sub *testibus* data est[a];
quae cum *dissipata* et abiecta a Iudaeis est, tum fuit
5 *tempus Domino* ea quae continebantur *lege faciendi.* Polli-
citus enim in *lege* est ut *salutem gentibus* daret[b], ut ipse
sibi *hominis* corpus, qui secundum *imaginem et similitudinem Dei est factus*[c], adsumeret, ut *dissipata lege* fidei
gratiam donaret. *Temporis* huius meminit per Esaiam
10 prophetam dicens : *Tempore accepto exaudiui te et in die*

VL   RC   pA   r   S   mB

13, 1 sui > *VL* ‖ 5 quem : *pr.* et *pA m* ‖ 5-6 interdum diabolus ...
mentibus insinuat *pA Mi.* ‖ 9 dei > *pA* ‖ 11 aduentu *pA S m Mi. Zi.* ‖
12 quem : quae *VL RC Gi.* ‖ testandum *pA r S m Ba. Er. Mi.* ‖
fastidita : + esse *pA m Mi.*   fastidium *V* ‖ uindicantur *V*   indi-
cabuntur *R*
14, 2 dissipauerunt + iniqui *VL Zi.* ‖ 4 et abiecta > *L* ‖ tunc *C S*
Ba. Er. Gi.   cum *VL* ‖ 5 contingebantur *C* ‖ populicitus *V* ‖ 7
homines *V* ‖ 8 dei > *V* ‖ 10 diem *VL*

---

13. a. cf. Is. 11, 2 ‖ b. cf. Deut. 4, 26; 30, 19
14. a. cf. Deut. 4, 26; 30, 19 ‖ b. cf. Is. 49, 6 ‖ c. cf. Gen. 1, 26

13. Bien qu'il reconnaisse par son service même la condition que lui impose sa fonction, le prophète se souvient cependant de sa faiblesse. Il demande en effet que *lui soit donnée la compréhension.* Car, placée en réserve dans cette sorte de trésor des grâces de l'«Esprit[a]», il y a la *compréhension*[17], que le diable, à l'occasion, revêt de l'erreur d'une opinion fausse pour l'insinuer dans l'esprit des insensés. Mais c'est à Dieu que le prophète demande l'*intelligence*, pour que ne s'introduise pas en lui une *intelligence* vaine, comme celle des païens, des Juifs, des hérétiques[18]. Et il la demande, afin de *savoir les témoignages de Dieu*, qui ont été remis devant *témoins*, dont la violation négligente est l'objet de reproches devant *témoins*[b] et qui, négligés et méprisés, seront restaurés en vue de l'avènement de celui pour qui leur *auteur* les a prononcés.

14. Et le prophète n'ignore certes pas ce temps des *témoignages*, lui qui dit : C'est le moment d'agir pour le Seigneur ; ils ont anéanti ta loi. La *Loi* a été donnée au peuple devant «témoins[a]» ; quand elle eut été *anéantie* et rejetée par les Juifs, alors ce fut le *moment pour le Seigneur* de *faire* ce qui était contenu dans la *Loi*. Il a promis en effet dans la *Loi* de donner le «salut» aux «nations[b]», de prendre lui-même le corps de l'«homme fait à l'image et à la ressemblance de Dieu[c]», de faire don de la grâce de la foi, après l'*anéantissement* de la *Loi*. Il s'est souvenu de ce *moment*, en disant par l'intermédiaire du prophète Isaïe : «Au *moment* favorable, je t'ai écouté et au

126

---

17. Cf. Origène (*Ch. p.*, p. 390, v. 125, l. 5-6).
18. Tertullien voit aussi dans le diable le corrupteur de l'intelligence des hérétiques (*Praescr.*, 40), des Juifs (*Marc.*, 3,6). Hérétiques et Juifs sont englobés dans une même condamnation (*Marc.*, 3,7).

salutis auxiliatus sum tibi[d]. Apostolus uero dicti huius
interpres haec scribit : *Ecce nunc tempus bene acceptum,
ecce dies salutis*[e] ; id est : *dissipata lege tempus* euangelicae praedicationis aduenit.

15. Sed illis *legem dissipantibus* aliud opus prophetae
127   est. Et quod sit, ex subiectis docemur. Ait enim : IDEO
DILEXI MANDATA TVA SVPER AVRVM ET TOPAZION. Quod
ait : *Ideo*, ad id rettulit quod dixerat : *Tempus faciendi*
5 *Domino*, quia sciret *tempus faciendi Domino* esse, cum
legem dissipassent[a]. *Ideo* autem *mandata dilexit*, quia in
his *tempus faciendi Domino* contineretur. *Lex* enim omnis
aduentum Domini testata est, ipso dicente : *Si crederetis
Moysi, crederetis utique et mihi* ; *de me enim ille scripsit*[b].
10 *Mandata* igitur *Dei* ob id propheta *dilexit*, quia in his
aduentum dominicae corporationis intellegit. In eo autem
quod *diligit*, plus nescio quid significat. *Facere* autem
aliquid minus est quam *diligere*, quia plerumque id quod
agimus necessitatis est, *dilectio* uero propriae uoluntatis
adfectio est.

16. Sed *dilectio* ea demum perfecta est, quae maxima
est et quae nulli alii comparatione similium coaequatur.
Diligit autem *mandata Dei super aurum et topazion*.

VL   RC   pA   r   S   m

14, 12 acceptabile *R Gi. Mi.*
15, 3 topazon *V S*   -dion *L*   -zium *r* ‖ 7 omnis : bonis *C* ‖ 8-9
creditis ... creditis *pA Ba. Er.* ‖ 12 quod — autem > *V r¹* ‖ 13 quia :
qua *V* ‖ 14 propriae — dilectio (**16,** 1) > *C pA Ba. Er.*
16, 1 ea demum : eadem *pA Ba. Er.* ‖ 2 nulla *V r¹* ‖ alii > *C pA S
m Ba. Er. Gi. Mi.* ‖ conparationi *R*   -tionis *C*

14. d. Is. 49,8 ‖ e. II Cor. 6,2
15. a. cf. *v. 126* ‖ b. Jn 5,46

19. L'interprétation du v. 126 par Hilaire reprend celle d'Origène
(*Ch. p.*, p. 390-392, v. 126-127, l. 1-10) : mêmes citations d'*Is.* 49,8 et

jour du salut, je t'ai aidé[d].» L'Apôtre, interprète de cette
parole, écrit : «Voici maintenant le *moment* favorable,
voici le jour du salut[e]»; c'est-à-dire : la *Loi* étant *anéantie*,
le *moment* de la prédication évangélique est arrivé[19].

15. Mais tandis que l'on *anéantit la Loi*, le prophète a
une autre tâche. Nous apprenons dans la suite en quoi elle
consiste. Il dit en effet : A CAUSE DE CELA, J'AI AIMÉ TES   127
COMMANDEMENTS PLUS QUE L'OR ET LA TOPAZE. En disant :
A cause de cela, il a fait référence à ce qu'il avait dit :
«C'est le moment d'agir pour le Seigneur», car il savait que
le «moment d'agir pour le Seigneur» était celui où ils
avaient «anéanti la Loi[a]». *S'il a aimé les commandements*,
c'est parce qu'en eux était contenu le «moment pour le
Seigneur d'agir». Toute la «Loi» en effet a attesté la venue
du Seigneur, qui dit lui-même : «Si vous croyiez en Moïse,
vous croiriez de toute façon en moi aussi; c'est à mon
sujet, en effet, qu'il a écrit[b].» Donc le prophète a *aimé les
commandements de Dieu*, parce qu'il comprend en eux
l'avènement de l'incarnation du Seigneur. Dans le fait
qu'il les *aime*, il indique je ne sais quoi en plus. «Faire»
quelque chose est moins que l'*aimer*, parce que très
souvent ce que nous faisons est le fait de la contrainte,
tandis que l'*amour* est la disposition d'une volonté libre[20].

16. Mais un *amour* est parfait à condition d'être très
grand et de n'être égal à rien d'autre à quoi on le compare.
Il aime les commandements de Dieu plus que l'or et la topaze.

II Cor. 6, 2, et même explication de l'expression *tempus faciendi
Domino* : annonce de l'Incarnation.

20. La comparaison entre *facere* et *diligere* reprend un des thèmes
majeurs du commentaire d'Origène sur le psaume 118, étudié par
M. HARL, *Ch. p.*, Introd., p. 138-146. Origène (*Ch. p.*, p. 392, l. 14-15)
l'aborde à propos du v. 127. M. Harl y voit un développement de
II Cor. 9, 7 : *non ex tristitia aut ex necessitate*; de fait nous remarquons
chez Hilaire l'emploi du mot *necessitas*.

Humanus error pretiosius nihil *auro* et gemmis opinatur,
5 et haec sunt quae hominum cupiditates dominatui pretii
sui et honoris subdiderunt. *Auro* ius, honestas, pudicitia
uenalis est; per gemmas uero humani corporis praes-
tantior, ut putant, species ad naturae contumeliam
expetitur. Et idcirco nihil habet sexus uterque pretiosius,
10 dum uiri posse omnia *auro* uolunt, mulieres uero per
gemmas fieri se existimant pulchriores. Praestat autem ut
ceteris metallis *aurum*, ita et aliis lapidibus *topazion*.
Est enim ipse rarissimus et speciosissimus omnium et
maximus. In Thebaidis uero loco, cui Alabastrane nomen
15 est, reperiri solet. Hunc etiam ferunt saecularium gestorum litterae in *Topazon* insula ab incolis eius, id est
Troglodytis Arabis inuentum ad matrem regis Aegypti
Ptolomaei, sub quo scripturae legis ex hebraeo in graecum
translatae sunt, muneri fuisse delatum. Continet autem
20 ipse in se solus ceterarum gemmarum optimarum pretio-
sissimarumque speciem et in uno illo diuersissimorum
colorum permixtio continetur. *Super* hunc igitur *topazion*
et super aurum mandata Dei propheta *dilexit*, non terrenis
se, sed caelestibus desideriis significans detineri.

17. Contempta autem saecularium opum cupiditate
omnem a se occasionem peruersae et prauae uoluntatis
recidit. *Diligens* enim *super aurum et topazion mandata*

VL   RC   pA   r   S   m

16, 4 opinantur *L* ‖ 6 honoris : hominibus *V* ‖ ius : uiris *pA S Ba.*
Er. Mi. ‖ pudicitiae *pA S Ba. Er.* ‖ 9 expolitur *C pA S m Ba. Er.*
Gi. Mi. ‖ speciosius *V* ‖ 10 ui *V* ‖ nolunt *pA* ‖ 12 et > *V r m* ‖ 14
theibaidis *V* ‖ alabastra *pA Ba. Er. Gi. Mi.*   alabastrum *S* ‖
15 repperiri *L R* ‖ 16 litterae > *R* ‖ topazio *L S Ba. Er.* topario *C pA*
r   topharia *R*   topazo *Gi. Mi.* ‖ 17 throglodytis *V r*   toglo-
C   trogloditis *pA m Ba.*   trocoditis *S* ‖ 18 ptolomei *VL R pA*
m   tholemaei *C* ptholomei *S*   ptolemaei *Ba. Er. Mi.* ‖ 19
munere *pA S m Ba. Er. Mi.* ‖ 24 significandis contineri *R*
    17, 1 opum : horum *R* ‖ cupiditatem *VL*

Les hommes, dans leur erreur, pensent qu'il n'est rien de
plus précieux que l'*or* et les pierres, et ce sont ces objets
qui ont soumis les désirs des hommes à la domination de
leur prix et de leur éclat. Contre de l'*or*, la justice, la
morale, la pudeur se vendent ; avec des pierres, on cherche
à donner une apparence plus distinguée, pense-t-on, au
corps humain en faisant outrage à la nature. Aussi l'un et
l'autre sexe considèrent-ils qu'il n'y a rien de plus
précieux, les hommes voulant avoir tout pouvoir grâce à
l'*or*, les femmes, elles, pensant se faire plus belles avec des
pierres. De même que l'*or* l'emporte sur les autres métaux,
de même la *topaze* l'emporte sur les autres pierres. Elle est
en effet elle-même la plus rare, la plus belle de toutes et
celle qui a le plus de valeur. On la trouve ordinairement
dans une contrée de la Thébaïde, dont le nom est
Alabastrine. Les récits d'histoire profane racontent encore
qu'elle fut découverte dans l'île *Topaze* par les habitants,
des Troglodytes arabes, et qu'elle fut apportée en cadeau à
la mère du roi d'Égypte Ptolémée, sous qui les Écritures de
la Loi furent traduites de l'hébreu en grec. Seule, elle
rassemble en elle la beauté des autres pierres les plus belles
et les plus précieuses, et elle seule contient un mélange de
couleur très variées. Donc, *plus que* cette *topaze et plus que
l'or* le prophète a *aimé les commandements de Dieu*,
montrant qu'il est retenu non par les désirs de la terre,
mais par ceux du ciel[21].

17. Le désir des richesses du monde étant l'objet de son
mépris, il écarte de lui toute occasion de perversion et de
dépravation de sa volonté. En effet, comme il *aime les*

---

21. Commentaire très proche de celui d'Origène (*Ch. p.*, p. 392-
394, v. 126-127), bien que moins riche en renseignements techniques.
Les considérations sur l'or et les pierres, dans le ton de la diatribe,
rappellent, pour l'or, CYPR., *Donat.*, 10 ; pour les pierres, CYPR., *Hab.
uirg.*, 15.

128   *Dei* ait : Propter hoc ad omnia mandata tva dirigebar,
5   omnem viam iniqvam odio habvi. Non deflectitur, non
detorquetur per terrenas cupiditates, sed *ad omnia Dei
mandata dirigitur*; non occupant obuia. Vidit aurum,
sciuit hoc terrae esse limum; uidit gemmas, meminit
esse aut montium aut maris calculos; uidit inlicem ad
10   lasciuiam uultum, scit tamquam auibus caeli ex his sibi
laqueis euadendum[a]. Resistit ergo coalitis sibi naturae
suae uitiis et *omnem uiam iniquitatis odit*. Ideo itaque
et in *mandatis omnibus dirigitur*, quia ea super terrena
desideria diligit; et *dirigitur*, ne eorum particeps fiat,
15   quibus dicitur : *Natio praua et peruersa*[b]. Et *omnem
uiam iniquitatis odit*, ut sit in eo qui *est uia*[c], Domino
scilicet nostro, qui est benedictus in saecula saeculorum.
Amen.

VL   RC   pA   r   S   m

17, 4 ait : ait enim *C*   ait dehinc *pA S m*   dehinc ait *Ba.
Er. Gi. Mi.* ‖ propterea *S* ‖ 7 obuiam *V r* ‖ 8 terrae limum esse *pA
Ba. Er. Gi. Mi.*   limum terrae esse *S* ‖ 9 illicem *pA S m Ba. Er.
Gi. Mi.* ‖ 12 uitam *V* ‖ 13 ad mandata omnia *pA S m Ba. Er. Gi.
Mi.* ‖ qui *V* ‖ 17-18 saeculorum amen > *S m*
    explicit littera XVI *VL r*   explicit ain *S*   finit R   finit
littera XVI *C pA*

---

17. a. cf. Ps. 123, 7 ‖ b. Lc 9, 41 ‖ c. cf. Jn 14, 6

commandements de Dieu plus que l'or et la topaze, il dit : A 128
CAUSE DE CELA, JE ME TENAIS DROIT DANS LA DIRECTION
DE TOUS LES COMMANDEMENTS ; J'AI EU EN HAINE TOUTE
VOIE INJUSTE. Il ne se laisse pas fléchir, il ne se laisse pas
détourner par les convoitises de la terre, mais il *se tient
droit dans la direction de tous les commandements de Dieu* ;
ce qu'il rencontre sur sa route ne le retient pas. Il a vu de
l'or, il a su que c'était le limon de la terre ; il a vu des
pierres précieuses, il s'est souvenu que c'étaient des
cailloux des montagnes ou de la mer ; il a vu un visage qui
l'invitait aux plaisirs amoureux, il sait qu'il doit, comme
les oiseaux du ciel, échapper à ces « filets[a] ». Il résiste donc à
la coalition contre lui des vices de sa nature et il *hait toute
voie d'injustice*. S'il *se tient droit* dans *tous les commandements*, c'est aussi parce qu'il les aime plus que les désirs de
la terre ; et il *s'y tient droit* pour ne pas être du nombre de
ceux à qui il est dit : « Nation dépravée et pervertie[b]. » Et il
hait toute voie d'injustice pour être en celui qui « est la
voie[c] », à savoir notre Seigneur, qui est béni dans les siècles
des siècles. Amen[22].

22. Le commentaire du v. 128 rappelle les pages de diatribe contre
les richesses de CYPR., *Donat.*, 14-15, ou de TERT., *Cult.*, 1, 5, 1 ; 1, 6, 1 ;
2, 13, 5. A propos de l'envol de l'âme, voir P. COURCELLE, «... vol de
l'âme ».

PHE

MIRABILIA TESTIMONIA TVA, DOMINE, ET RE-
LIQVA.

1. Natura humani sensus ea est, ut ea mirabilia habeat,
quae ante compererit. Ex compertis enim iudicium
admirationis exsistit. Ceterum nemo poterit ignorata
mirari. Haec idcirco antea commemorata sunt, ut diligen-
5 tius dicti prophetici ratio quaereretur. Contra opinionem
enim generalis sensus dixisse haec existimatur : Mirabilia
testimonia tva; ideo scrvtata est anima mea. Nam
cum prius secundum humanam consuetudinem oporteat
perscrutari et reperire, et reperta *mirari*, huic *testimonia*
10 *Domini* ante admirabilia sunt et ob id perscrutatione sunt
digna. Dicti autem huius perfecti et pulcherrimi ea ratio
est. *Testimonia* etenim *Dei*, id est ea quae sub *testibus*
scripta sunt, etiamsi per obseruantiam legis humanam
infirmitatem ad cognitionem et famulatum Dei imbuant,

VL RC pA r S m

phe > *m*   *pr.* incipit littera septima decima feliciter *V*   *pr.*
incipit XVII *L r*   *pr.* incipit *C S*   *pr.* incipit littera *pA*   *pr.*
littera XVII *Mi.*   + littera XVII *C*   + XVII *pA*   + tractatus *S*
      mirabilia — et reliqua : mirabilia testimonia tua etc. *Ba.*
Er.   omnes uersus litterae septimae decimae *R Gi. Mi.* || et reliqua
ideo scrutata est anima mea *A m*
      1, 2 ex : et *V* || 3 ignotam *m* || 4 ante *C* || 6 enim : ei *r* || haec > *V* ||
admirabilia *S* || 7 tua + domine *pA Ba. Er. Gi. Mi.* || perscrutata *Ba.*
Er. Gi. Mi. || est + ea *pA S Ba. Er. Gi.* || 8 cum > *m* || 9 huic > *pA S*
Ba. Er. Gi. || 10 antea *C* || 12 etenim > *S* || 14 firmitatem *V*

PHÉ

ADMIRABLES SONT TES TÉMOIGNAGES, SEI-
GNEUR, ET LA SUITE.

1. Il est dans la nature de l'esprit humain de tenir pour
admirable ce dont il a acquis la certitude. Ce sont en effet
des certitudes qui produisent un jugement d'admiration,
tandis que personne ne pourra admirer ce qu'il ignore. Ce
rappel préalable a été fait pour que l'on redouble de soin
dans l'explication de ce que dit le prophète. Il va en effet,
semble-t-il, contre l'opinion générale en disant : ADMIRA-
BLES SONT TES TÉMOIGNAGES ; AUSSI MON ÂME LES A-T-
ELLE SCRUTÉS. En effet, alors que suivant l'idée communé-
ment répandue, il faut d'abord scruter à fond et découvrir,
puis *admirer* ce qui a été découvert[1], pour lui, les
témoignages du Seigneur sont d'abord admirables et, pour
cette raison, dignes d'une recherche approfondie. L'explication de cette parole parfaite et si belle, la voici : même si
les *témoignages de Dieu*, c'est-à-dire les déclarations
rédigées devant *témoins*[2], façonnent, par l'observance de la
Loi, la faiblesse humaine à la connaissance et au service de
Dieu[3], puisqu'y sont recommandées la chasteté, la piété, la

---

1. Sur la primauté de la recherche, cf. CIC., *Off.*, 1, 4, 13.
2. Cf. 1, 7 ; 16, 13 ; 19, 4.
3. Connaissance de Dieu et obéissance à Dieu sont associées
comme au début des lettres 12, 13, 16. Le lien entre connaissance et
piété est souligné par CIC., *Nat. deor.*, 2, 61, 153.

15 quippe ubi castitas, pietas, pudicitia, caritas, ueritas,
innocentia, frugalitas et religio mandatur et per quasdam
religionum consuetudines hostiarumque diuersitates diuini
honoris officium praecipitur, in quibus cum admiratio
magna sit pro peccatis oblata hostia[a] et datum pro
20 redemptione *animae* munus[b] et *agnus* in sacramento
paschae occisus[c], tamen in his plus ex futurorum spe
atque doctrina admirationis continetur. Haec itaque
prophetae huic admirabilia sunt. Sed quia per praesentem
admirationem futurorum atque aeternorum bonorum
25 exemplaribus admirabilia sunt, perscrutatur ea. Non
inquirit tantummodo, in quo est rerum absconditarum
diligens exquisitio ; sed perscrutatur etiam, per adiectionem scilicet diligentioris exquisitionis laborem suum
in perscrutatione demonstrans. Neque tantummodo per-
30 scrutatur, sed perscrutatur ex *anima*, ad uoluntatis
officium *animae* intentione sociata.

130   **2.** Sequitur deinde : DECLARATIO SERMONVM TVORVM
INLVMINAT ET INTELLECTVM DAT PARVVLIS. Et hic quoque
sermo forte uidetur a naturae nostrae consuetudine esse
diuersus. Cum enim ante *intellegendum* sit et sic lumine
5 *intellegentiae* utendum, quia noctem ignorantiae *intelle-*

VL RC pA r S m

1, 15 caritas > *pA r¹ S m Ba. Er.* ‖ 16 et² > *V r* ‖ 19 donatum
V r ‖ 21 ex : de *Ba. Er. Gi. Mi.* ‖ spem *VL* ‖ 22 doctrinam *V* ‖ 23
per > *pA Ba. Er.* ‖ 23-24 praesentes admirationes *pA S m Ba. Er.
Mi.* ‖ 28 scilicet : *pr.* et *C* ‖ 30 animo *VL r*
2, 1 deinde : enim *r* ‖ 2 inluminat + me *r* ‖ intelligentiam *S Ba.
Er.* ‖ 5 quia : quoniam *S*   quam *m* ‖ 5-6 intelligentia *m*

---

1. a. cf. Lév. 6 ‖ b. cf. Lév. 5 ‖ c. cf. Ex. 12, 1-11 ; Apoc. 5, 12

---

4. Énumération qui rappelle celle des « fruits de l'Esprit » en *Gal.*
5, 22-23. On retrouve en effet ici, comme dans ce texte (cité d'après la
Vulgate), *caritas* et *castitas*. *Castitas* et *pietas* sont rapprochées comme

pudeur, la charité, la vérité, une vie sans fautes, la
sobriété, la pratique religieuse[4], et qu'y est prescrit le
devoir d'un culte à rendre à Dieu par certaines pratiques
religieuses rituelles et divers sacrifices — où la présenta-
tion d'un sacrifice pour les péchés[a], l'offrande d'un présent
pour le rachat de l'*âme*[b], la «mise à mort» d'un «agneau» à
l'occasion de la fête de «Pâques[c]» sont peut-être un grand
sujet d'admiration —, néanmoins, il y a en eux quelque
chose de plus admirable qui vient de l'espérance et de
l'enseignement des biens à venir. C'est pourquoi, pour
notre prophète, ces témoignages sont admirables. Mais
comme ils sont admirables parce qu'ils nous offrent, dans
l'admiration que l'on a pour eux maintenant, l'image des
biens à venir et éternels, il les scrute à fond[5]. Il n'y a pas
seulement «il enquête», mot qui évoque une recherche
attentive de choses cachées, mais il y a «il scrute à fond»,
ce qui est une façon de montrer, en renchérissant sur le
soin donné à la recherche, l'effort qu'il consacre à un
examen approfondi. Et il ne se contente pas de les scruter
à fond, mais il les scrute avec son *âme*, associant ainsi
l'application de son *âme* au travail de sa volonté.

2. Ensuite vient : La manifestation de tes paroles   130
illumine et donne la compréhension aux tout-petits.
Là encore, les propos peuvent paraître éloignés de ce qui
nous est habituel et naturel. En effet, alors que l'on doit
d'abord *comprendre* et se servir de la lumière de l'*intelligen-*

---

en *I Tim.* 2, 2. *Pudicitia* et *frugalitas* ne figurent pas dans la Vulgate
de *Gal.* 5, 22-23, mais on y relève des qualités voisines : *continentia* et
modestia. Veritas : Éphés. 5, 9.

5. Hilaire commente le verbe simple du psaume, *scrutata est*, par le
composé *perscrutatur*. A propos des «adjectifs et adverbes à valeur
intensive en *per-* et *prae-*», J. André (*REL* 29, 1951, p. 152) note que
le ive siècle, comme les deux suivants, est une «période de créations
nouvelles pour les deux formations», par opposition à «la période de
stagnation» que représentaient les iie et iiie siècles.

gentiae adeptae lumen apellat, propheta tamen dicit
declarationem uerborum Dei prius *inluminare* et post
inluminationem intellegentiam praestare. Sed quae sint
Dei uerba, ante discendum est ; et tunc *inluminationis*
10 ac postea *intellegentiae* ratio praestanda est. Verba Dei
sunt, quaecumque prophetae locuti sunt. Cum enim
Moyses uerbis suis populo Hebraeo legis obseruantiam
nuntiauerit, tamen in libro eiusdem legis ita scriptum
est : *Et dixit Deus ad Moysen : Dic filiis Israhel*[a]. Vsus
15 igitur est his legislator uerbis, quibus ei ut uteretur
praeceptum est. Ergo uerba Dei sunt, quae per officium
licet humani oris audita sunt. Sed et magnus ille
propheta et ipso iudicio Domini nostri Iesu Christi
bene locutus, cum dixisset : *Audi caelum, et percipe*
20 *auribus terra*, ait : *Quoniam Dominus locutus est*, et post
aliqua, quae querellis maximis increpabantur, dixit : *Os*
enim Domini locutum est haec[b]. Haec ergo omnia Dei
uerba sunt.

3. Sed *declaratio* uerborum maxime necessaria est.
Sunt enim sub uelamine opinionis alterius praedicata,
sunt secundum apostolum allegorumena[a], sunt comparatiuis significationibus amphibola. Testis est Dominus
5 haec eadem per Esaiam ita dicta esse Iudaeis infidelibus
exprobrans, dicens : *Auditu audietis et non intellegetis*[b].

VL   RC   pA   r   S   m

2, 6 adeptae lumen > *m* ‖ appellat *VL   A*[1]   expellat *pA*[2]
r S m Ba. Er. Gi. ‖ 7 declaratione *R* ‖ prius : potius *VL* ‖ inluminare
et post > *V* ‖ 8 intelligentiae *VL R pA r m* ‖ sunt *m* ‖ 10 post *S* ‖
intelligentia *V* ‖ 14 dominus *R pA S m Ba. Er. Gi. Mi.* ‖ 17 et > *S* ‖
18 et > *C pA S m edd.* ‖ 19-20 auribus percipe *R S Ba. Er. Gi. Mi.* ‖
22-23 uerba dei *S*

3, 2 uelamina *V* ‖ 3 alligorumina *VL r Ba.*   allygorumina
R   allegorumina *C pA m*   allegoriarum *S* ‖ comparatiuis :
opertis *S* ‖ 4 amfibola *VL RC pA m* ‖ est > *V C* ‖ 5 eseiam
VL   isaiam *pA m* ‖ 6 exprobrat *r* ‖ dicens : et d. *V R Ba. Er. Gi.*
Mi.   > *S*

ce, parce que la lumière de l'*intelligence* que l'on a reçue
dissipe la nuit de l'ignorance[6], le prophète, cependant, dit
que la *manifestation* des paroles de Dieu d'abord *illumine*
et, après l'*illumination*, donne l'*intelligence*. Mais il faut
commencer par apprendre ce que sont les paroles de Dieu,
et ensuite donner l'explication de l'*illumination* puis de
l'*intelligence*. Les paroles de Dieu sont constituées par tout
ce que les prophètes ont dit. En effet, bien que Moïse ait
révélé au peuple hébreu l'observance de la Loi par ses
propres paroles, il est cependant écrit dans le livre
contenant cette même Loi : « Et Dieu dit à Moïse : Dis aux
fils d'Israël[a]. » Le législateur s'est donc servi des mots dont
il a reçu ordre de se servir. Par conséquent, les paroles de
Dieu sont les paroles entendues par l'intermédiaire d'une
bouche pourtant humaine. Mais ce grand prophète aussi,
qui, au jugement même de notre Seigneur Jésus-Christ, a
bien parlé, après avoir dit : « Écoute, ciel, et reçois dans tes
oreilles, terre », déclara : « Parce que le Seigneur a parlé » ;
de même après quelques reproches accompagnés de très
fortes plaintes, il dit : « En effet la bouche du Seigneur a
parlé ainsi[b]. » Tout cela constitue donc les paroles de Dieu.

3. Mais la *manifestation* des paroles est tout à fait
nécessaire. Elles ont été en effet énoncées sous le voile de
la pensée de quelqu'un d'autre ; suivant l'Apôtre, elles sont
des allégories[a] ; à cause des comparaisons, elles sont
ambiguës. Le Seigneur en est témoin, quand il s'en prend
aux Juifs infidèles, parce que les mêmes choses leur ont été
dites par Isaïe : « Vous entendrez et ne *comprendrez* pas[b]. »

---

2. a. Ex. 3, 14 ‖ b. Is. 1, 2.20
3. a. cf. Gal. 4, 24 ‖ b. Matth. 13, 14 ; cf. Is. 6, 9

---

6. Conception de l'intelligence selon le sens commun rappelée par
Cic., *Nat. deor.*, 3, 15, 38.

Signata enim omnia sunt et per solam spiritalem doctrinam resignanda. Haec enim ad Danielum desideriorum
uirum dicta sunt : *Dabitur liber iste in manus hominis*
10 *scientis litteras et dicetur ei* : *Lege hoc, et respondet* :
Non possum legere, signatum est enim[c].

4. Sed *declaratio* uerborum mysticorum per euangelia
praestatur, ubi legis occulta et abscondita prophetica
Domino in corpore manente panduntur, ex quibus primum
fides discitur. Vbi enim ea, quae a prophetis dicta sunt,
5 per eum rebus et operibus explentur, cum *uirgo parit*[a],
cum *Deus uerbum est*[b] et *uerbum caro fit et habitat
in nobis*[c], cum muti loquuntur, cum *surdi audiunt*, cum
claudi incedunt, cum *leprosi* emundantur, cum *caeci
uident*, cum daemoniaci curantur, cum *mortui resurgunt*[d],
10 *declaratio* haec uerborum Dei nostram ac naturae obscuri-
tatem fidei luce clarificat. Tunc enim *intellegimus* resurrectionis gloriam, iudicii potestatem, aeternitatis honorem. Et *intellegimus* haec *paruuli*, uel ad innocentiam

VL RC pA r S m

3, 8 danihelum *R pA*   danielem *C Ba. Er. Gi. Mi.*   dani-
helem *r S m* ‖ 9 dicta sunt + uade daniel quia clausi sunt signatique
sermones. ait etiam esaias *pA r S m edd.* ‖ iste > *S* ‖ 10 dicitur *C* ‖
ei > *r* ‖ haec *Ba. Er. Gi. Mi.* ‖ respondebit *pA m Ba. Er. Gi. Mi.*
4, 2 ubi legis > *C* ‖ abscondita et occulta *pA S m Ba. Er. Mi.* ‖
prophetica : -tia *VL r*   + mandata *R Zi.* ‖ 4 ibi *pA S m Ba. Er. Gi.
Mi.* ‖ 6 dominus *pA S m Ba. Er. Mi.* ‖ fiat *C* ‖ inhabitauit *R* ‖ 8
mundantur *S* ‖ 9 daemonitici curantur *R*   daemonia eiciuntur *r* ‖
surgunt *C* ‖ 10 nostrae ac *C*   nostrae hanc *pA S m Ba. Er. Mi.* ‖ 11
lucet *C* ‖ clarificat : > *C*   illuminat *pA S m Ba. Er. Mi.* ‖ nunc *pA
r S m Ba. Er. Mi.* ‖ 11-13 resurrectionis — intellegimus > *L* ‖ 13 et
> *pA S Ba. Er.* ‖ haec > *R* ‖ ignorantiam *S Ba. Er.*

3. c. Is. 29,12
4. a. cf. Is. 7,14 ; Matth. 1,23 ‖ b. cf. Jn 1,1 ‖ c. cf. Jn 1,14 ‖ d. cf.
Is. 35,5-6 ; Matth. 11,5

Tout en effet a été scellé et ne doit être découvert que par l'enseignement qu'en donne l'Esprit. C'est en effet ce qui a été dit à Daniel, homme des prédilections : «Ce livre sera mis entre les mains d'un homme qui sait lire ; on lui dira : Lis-le, et il répondra : Je ne peux pas le lire, car il est scellé[c][7].»

4. Mais la *manifestation* des paroles sacrées est donnée par les Évangiles, où, dans le Seigneur incarné, sont dévoilés les secrets de la Loi et les mystères des prophéties ; c'est là l'occasion du premier apprentissage de la foi. Lorsqu'en effet ce qui a été dit par les prophètes se réalise grâce au Christ en fait et en acte, quand une «vierge enfante[a]», que «Dieu est Verbe[b]», que le «Verbe se fait chair et habite en nous[c]», que les muets parlent, les «sourds entendent», les «boiteux» marchent, les «lépreux» sont purifiés, les «aveugles voient», les possédés sont guéris, les «morts ressuscitent[d]», une telle *manifestation* des paroles de Dieu éclaire de la lumière de la foi notre obscurité naturelle. En effet, nous *comprenons* alors la gloire de la résurrection, le pouvoir du jugement, l'honneur de l'éternité. Et nous *comprenons* cela, étant *tout-petits*, parce que nous renaissons à l'innocence ou que nous

---

7. Nous avons rejeté dans l'apparat critique la correction des mss *pA r S m* et des éditeurs, consistant à réintroduire après la formule qui les annonce *(haec enim ad Danielum desideriorum uirum dicta sunt)* les paroles effectivement adressées à Daniel *(Dan.* 12,9), et à faire précéder *Is.* 29,12 de *ait etiam Esaias.* La leçon des mss *VL RC* (que nous avons choisie) est effectivement «fautive» puisqu'elle présente comme adressées à Daniel des paroles du prophète Isaïe. Mais ne peut-on penser que la «faute» remonte à Hilaire lui-même, bien que dans l'*Instr. psalm.,* 5 il donne correctement Isaïe comme l'auteur de *Is.* 29,12? La tradition des *Testimonia* (Cypr., *Testim.,* 1,4 ; Hier., *De antichristo in Danielem* [4], 12,4), associe *Dan.,* 12,4 *(pA r S m* ont choisi 12,9) et *Is.* 29,11-12. Hilaire n'aurait-il pas confondu les deux textes que la tradition rapprochait? Voir un exemple de confusion semblable en 18,4 (note).

renati uel per ignorationem imperiti. Haec *declaratio*
15 uerborum Dei et *intellegentia paruulis* praestita cuius
temporis aetatisque res esset, Dominus ipse in euangeliis
demonstrat dicens : *Confiteor tibi, Domine pater caeli et*
terrae, quia abscondisti haec a sapientibus et prudentibus et
reuelasti ea paruulis[e]. Ecce *declarationis* et *inluminationis*
20 et *intellegentiae* tempus. Absconsa enim usque in hos dies
haec *declarantur* et *declarata inluminant* et *inluminantia*
intellegentiam paruulis subministrant; fiuntque per hanc
intellegentiam sancti spiritus iam capaces.

5. Denique id ipsum sequens sermo subiecit dicens :
131   OS MEVM APERVI ET ADTRAXI SPIRITVM ; QVIA MANDATA
TVA CONCVPISCEBAM. Non de hoc utique humani corporis
ore dixit, quod per labia concluditur ac patet. Nam
5 *spiritum* officio narium magis quam *oris* haurimus. Labo-
riosius autem aditu *oris* in animam transfunditur; absolutius uero per naturalem cursum famulatu atque officio
narium commeat. Sed *os* scriptura non labiorum tantum,
sed et cordis solita est nuncupare. Corde enim per fidem
10 patente et desiderium ad hauriendum hiante intellegentia
doctrinae caelestis accipitur. Non animae hoc, sed cordis
officium est. Apostolus enim ait : *Animalis autem homo*
non percipit quae sunt spiritus; *stultitia enim est ei*[a].
Et idem doctor gentium ait : *Lex enim non in tabulis*

VL RC pA r S m

4, 15-16 cuius ... aetatisque res esset : huius ... aetatis est ut (et
C) C pA S m Ba. Er. Gi. ‖ 16 ipse > C pA S Ba. Er. Gi. Mi. ‖
17 demonstrans C ‖ confitebor R ‖ pater domine S   pater > VL C
pA r m Ba. Er. Zi. ‖ 18 qui V ‖ a > C ‖ prudentibus : intelligentibus
L RC pA S Ba. Er. Gi. Mi. ‖ 20 usque : hucusque est uel sunt
pA   hucusque sunt S m Ba. Er.   hucusque r ‖ his diebus S Ba.
Er. ‖ 22-23 parulis — intellegentiam > L ‖ 22 -que > C pA Ba. Er.
5, 4 ac patet > m ‖ 6 auditu RC pA S Ba. Er. Gi. ‖ oris : auris S m
Ba. Er. Gi. ‖ 8 hos R Ba. ‖ 10 desiderio C Zi.   per desiderium pA S
m Ba. Er. Gi. Mi. ‖ inhiante m ‖ 12 autem : enim pA S m Ba. Er. Gi.
Mi..

sommes sans expérience en raison de notre ignorance. Le
Seigneur lui-même nous montre dans les Évangiles quelle
époque et quelle génération concernent cette *manifestation*
des paroles de Dieu et la reconnaissance de l'*intelligence*
aux *tout-petits*. Il dit : «Je te confesse, Père, Seigneur du
ciel et de la terre, parce que tu as caché cela aux sages et à
ceux qui savent et l'as révélé aux *tout-petits*[e].» Voici venu
le temps de la *manifestation*, de l'*illumination* et de
l'*intelligence*. En effet, ce qui était caché jusqu'à ces jours
est *manifesté*; ce qui est *manifesté illumine*; ce qui *illumine*
procure l'*intelligence* aux *tout-petits*; et, par cette *intelligen-*
ce, ils peuvent désormais recevoir l'Esprit-Saint.

5. C'est cela même qui est suggéré par les propos
suivants : J'AI OUVERT MA BOUCHE ET J'AI ATTIRÉ LE   131
SOUFFLE, PARCE QUE JE DÉSIRAIS ARDEMMENT TES
COMMANDEMENTS. Il est sûr qu'il n'a pas voulu parler de la
bouche du corps humain, qui se ferme et s'ouvre suivant le
mouvement des lèvres. En effet nous aspirons le *souffle* par
l'intermédiaire des narines plutôt que de la *bouche*. Il a
plus de mal à passer dans l'âme, s'il entre par la *bouche*; au
contraire, il circule plus facilement, quand il suit son cours
naturel, grâce aux narines qui accomplissent leur service et
leur fonction. Mais l'Écriture appelle ordinairement *bouche*
non seulement celle des lèvres, mais aussi celle du cœur.
Quand le cœur en effet s'ouvre par la foi et se fait béant à
l'aspiration du désir, l'intelligence de l'enseignement
céleste est reçue. Ce n'est pas alors l'âme qui a une
fonction, mais le cœur. L'Apôtre dit en effet : «L'homme
animal n'accueille pas ce qui est de l'*Esprit*; car c'est folie
pour lui[a].» Et le docteur des nations dit encore : «La Loi
en effet n'a pas été écrite sur des tables de pierre, mais sur

4. e. Matth. 11, 25
5. a. I Cor. 2, 14

15 *lapideis scripta, sed in tabulis cordis carnalibus*[b]. Hoc
ergo *os* suum propheta pandens *adtraxit spiritum*; non
enim ultro ingruit. Expetendus est, *adtrahendus* est et
infantium modo tamquam *lac innocens* hauriendum[c]. Ideo
autem propheta *os aperuit*, quia meminerit sibi in psalmo
20 altero dictum : *Dilata os tuum, et adimplebo illud*[d], et in
lege scriptum sciat : *Describe haec in latitudine cordis
tui*[e]; *corde* enim Dei praedicatio, non *ore*, suscipitur.
Et secundum euangelicam praedicationem uerbum Dei
ex *corde malus* abripit[f], quod ultra *mel et fauum* in *ore*
25 delectat[g]. Vt enim per *os* in alimoniam corporis cibos
sumimus, ita et per *cor* ad uiuificandam animam escas
doctrinae caelestis accipimus, quae, nisi amplificato et
patente *corde adtracta* quodam modo fuerint, non adibunt.

132   **6.** Sequitur deinde : ASPICE IN ME ET MISERERE MEI
SECVNDVM IVDICIVM DILIGENTIVM NOMEN TVVM. Ad id
quod dixerat : *Respice in me* mox addidit : *Et miserere.*
Scit enim Deum etiam in ultionem impiorum poenamque
5 *respicere. Respexit* enim, ut scriptum est, *super castra
Aegyptiorum et conligauit axes curruum eorum*[a]. Et
rursum : *Respexit Deus super Sodomam et Gomorram*[b].

VL RC pA   r   S   m

5, 15 lapidibus *C* ‖ 17 est¹ : et *C* ‖ 19 meminerat *S* ‖ 20 dictum : *pr.*
hoc *m* ‖ 21 scit *pA r S m*   sit *Ba. Er.* ‖ haec > *S* ‖ latitudinem *V*
Zi. ‖ 22 praedicatio : uerbum *C* ‖ 23 et : sed *VL r* ‖ 25 hos *R* ‖ cibum
R Zi. ‖ 26 et > *C pA S Ba. Er.* ‖ animam > *V* ‖ 28 adtractae *r m Mi.*
Zi. ‖ non : *pr.* et *pA Mi.* ‖ adhibunt *C pA¹*
6, 1 respice *S Ba. Er.* ‖ 3 miserere + mei *RC S Ba. Er. Gi. Zi.* ‖ 4
dominum *C pA S m Ba. Er. Mi. Zi.* ‖ 5 recipere *V* ‖ 7 dominus *pA r S
m edd.*

5. b. II Cor. 3,3 ‖ c. cf. I Pierre 2,2 ‖ d. Ps. 80,11 ‖ e. Prov.
7,3 ‖ f. cf. Matth. 13,19 ‖ g. cf. Ps. 18,11
6. a. Ex. 14,24-25 ‖ b. Gen. 18,16

les tables du cœur, faites de chair[b].» C'est donc en ouvrant
cette *bouche* que le prophète a *attiré le souffle* ; celui-ci
n'entre pas en effet de lui-même. Il doit être recherché, il
doit être *attiré* et aspiré[8], comme un «lait pur» que boivent
les «enfants[c]». Le prophète a *ouvert sa bouche*, parce qu'il
se souvient qu'il lui a été dit dans un autre psaume :
«Ouvre ta *bouche*, et je la remplirai[d]», et parce qu'il sait
qu'il est écrit dans la Loi : «Trace ces lettres dans la
largeur de ton cœur[e].» C'est par le «cœur» en effet, non par
la «*bouche*», que se reçoit la prédication divine. Et d'après
la prédication de l'Évangile, le «Malin» arrache du «cœur»
la parole de Dieu[f], qui réjouit plus que «le miel et le rayon
de miel» dans la *bouche*[g]. De même en effet que nous
prenons par la *bouche* des aliments pour nourrir le corps, de
même par le «cœur» nous recevons, pour vivifier l'âme, les
mets de l'enseignement céleste, qui n'entreront pas, s'ils
n'ont pas été en quelque sorte *attirés* par un «cœur» qui
s'est fait vaste et ouvert[9].

6. Ensuite vient : PORTE TON REGARD VERS MOI ET   132
PRENDS PITIÉ DE MOI, SUIVANT TON JUGEMENT À L'ÉGARD
DE CEUX QUI AIMENT TON NOM. A ses premières paroles :
Tourne ton regard vers moi, il a ajouté : *Et prends pitié*. Il
sait en effet que Dieu *tourne* aussi *son regard* pour
exercer sa vengeance et son châtiment sur les impies, car,
comme il est écrit, «il *tourna son regard* sur le camp des
Égyptiens et attacha ensemble les essieux de leurs chars[a].»
Et encore : «Dieu *tourna son regard* sur Sodome et
Gomorre[b].» Mais il *tourne son regard* non seulement pour

---

8. Hilaire donne au *spiritus* une certaine consistance matérielle,
comme TERT., *Bapt.*, 4, 1, où la représentation du *spiritus* doit être
rattachée à celle des stoïciens. La venue du *spiritus* est subordonnée à
une démarche de l'homme : TERT., *Bapt.*, 4, 4 ; CYPR., *Donat.*, 5.

9. Même comparaison de la parole céleste avec une nourriture par
CYPRIEN (*Domin. orat.*, 1) qui évoque aussi l'ouverture du cœur
(*Domin. orat.*, 31).

Respicit uero non solum ad poenam, sed etiam ad
terrorem, cum dicitur : *Aspiciens in terram et faciens*
10 *eam tremere*[c]. Propheta ergo non solitarium hoc orat,
ut *in se* Deus *respiciat*, sed cum *miseratione respiciat*;
neque cum *miseratione* tantum, sed *secundum iudicium
diligentium nomen eius*.

7. Est quidem ex bonitate Dei misericordia ; sed
promerenda est haec a nobis studio innocentiae, ut
respiciat in nos, qualiter *respexit in* Abraham, qualiter
in Isaac, qualiter in Iacob, qualiter in Ioseph, qualiter
5 in Iob, qualiter in Moysen. Scit enim ad haec misericordiae
suae opera Deum solere *respicere*, cum dicitur : *Dominus
de caelo respexit in terram, ut audiret gemitum uinculatorum
et soluat filios interemptorum*[a], et rursum : *Et respexit
super filios pauperum et non spreuit deprecationem eorum*[b].
10 *Secundum* ergo hoc *iudicium* timentium Dominum orat
ut Deus *super se aspiciat et misereatur*; ut, si ieiunantem
uidet, si *miserantem* contuetur, si pium ac religiosum in
omni opere conspiciet, tunc *secundum iudicium* eorum
qui *diligunt nomen suum*, ipse quoque Dei *miseratione*
15 sit dignus.

133 **8.** Dehinc sequitur : Gressvs meos dirige secvndvm
eloqvivm tvvm, et ne dominetvr mei omnis inivstitia.
Incedit quidem propheta ex uoluntate sua iustitiae

VL   RC   pA   r   S   m

6, 9 terrorem : terram *VL R* ‖ aspicies ... facies *C pA r S m Ba.
Er. Gi. Mi.* ‖ in terram : in terra *V*   terram *S* ‖ 11 sed — respiciat
> *L R* ‖ sed + ut *r m*

7, 1 est > *L* ‖ 2 est > *VL r* ‖ a > *V* ‖ 3 in nos respiciat *Ba. Er. Gi.
Mi.* ‖ abraam *L* ‖ 4 isac *VL*   isahac *C A* ‖ qualiter in[2] : et *R* ‖ iosef
VL ‖ 5 moyse *VL R* ‖ 6 deum : domino *V*   dominum *r* ‖ 7 respexit
in terra *VL*   in terra respexit *r*   in terram aspexit *S* ‖ audiret :
uideret *L* ‖ 8 solueret *r S Ba. Er. Gi. Mi.* ‖ et[3] > *L RC pA S m Ba. Er.
Gi. Mi.* ‖ 9 deprecationes *r* ‖ 10 domino *V*   deum *C pA S m Ba.
Er.* ‖ 11 respiciat *C pA r S Ba. Er. Gi. Mi.* ‖ ut[2] : et *R* ‖ 12 uident *r* ‖ si
pium : spiritum *V r* ‖ 13 conspicit *C pA S m Ba. Er. Gi.* ‖ 15 est *V r*

exercer un châtiment, mais aussi pour inspirer l'effroi ; il est dit : «Celui qui *porte son regard vers* la terre et la fait trembler[c].» Ainsi, le prophète ne demande pas uniquement que Dieu *tourne son regard vers lui*, mais qu'il *tourne son regard* avec *pitié*, et non seulement avec *pitié*, mais *suivant son jugement à l'égard de ceux qui aiment son nom*.

7. La miséricorde dépend bien sûr de la bonté de Dieu ; mais il nous faut la mériter par notre application à mener une vie sans faute, afin qu'il *tourne son regard vers nous*, comme il *tourna son regard vers* Abraham, Isaac, Jacob, Jospeh, Job, Moïse. Il sait en effet que Dieu a l'habitude de *tourner son regard* en vue d'accomplir ces œuvres de sa miséricorde, puisqu'il est dit : «Le Seigneur du haut du ciel a *tourné son regard vers* la terre pour entendre les gémissements des captifs et délivrer les fils de ceux qui avaient été tués[a].» Et encore : «Et il *tourna son regard* sur les fils des pauvres et ne dédaigna pas leur prière[b].» Donc, il demande que *suivant* ce *jugement* à l'égard de ceux qui craignent le Seigneur, Dieu *porte son regard* «sur» *lui et le prenne en pitié*, afin que s'il le voit jeûner, s'il le regarde alors qu'il témoigne sa *pitié*, s'il l'aperçoit dans toute sa conduite animé d'une piété religieuse, alors *suivant le jugement à l'égard de ceux qui aiment son nom*, il soit lui-même aussi digne de la *pitié* de Dieu[10].

8. Ensuite on lit : DIRIGE MES PAS SELON TA PAROLE, ET   133
QUE NE TRIOMPHE PAS DE MOI TOUTE INJUSTICE. Le prophète a beau marcher, conformément à sa volonté, sur

---

8, 2 et : *ac RC pA S m Ba. Er. Gi. Mi.*

---

6. c. Ps. 103,32
7. a. Ps. 101,20-21 ‖ b. Ps. 101,18

---

10. Sur la nécessité de mériter la miséricorde divine, cf. CYPR., *Eleem.*, 5.

gressibus, sed scit undique sibi *iniustitiae dominationes*
5 imminere. Superius orauerat ut *in se* Deus *respiceret
ac misereretur secundum* eos qui *diligunt nomen suum*[a].
Misericordiae autem, quam orat, hunc fructum esse sentit,
ut *gressus sui dirigantur*, non secundum saeculi uias,
non secundum humanam gloriam, non secundum corporis
10 uoluptates, sed *secundum eloquia Dei*. Si nihil impedimenti
usquam occurreret, si aduersantes sibi non undique
adessent, suis ipse uiribus in ea quae agere uellet
confirmabatur. Sed ubi insidiae sunt, ubi bellum est, opus
est potioris auxilii, *ne* in se *dominetur omnis iniustitia*.

9. Non ut a se absit, sed *ne dominetur sui* orat. Scit
per temptationes ad gloriam perueniri. Meminit Abraham
et peregrinationis iniuria et amittendae *uxoris* metu[a]
et per immolandi *filii* dolorem fuisse temptatum[b]. Scit
5 Iob omni temptationum esse militia perfunctum. Recolit
Ioseph, cum a *fratribus uenditur*[c], cum a *domini sui*
coniuge ad adulterium compellitur[d], cum *carcere* poenae
reseruatur[e], gloriam maximae fidei per haec *iniustitiae*
temptamenta meruisse. *Dominationem iniustitiae* propheta
10 metuit, temptationem uero eius non recusat. *Dirigendos*
autem esse a Domino *gressus suos secundum eloquia sua*
meminit, ne iniquitas, quae temptatura sit, potestatem
possit habere *dominandi*.

VL RC pA r S m

8, 4 gressus *S* ‖ sibi : ubi *Mi.* ‖ 7 misericordia *C* ‖ quam : qui
S m ‖ 7-8 sentit ut : seu *C* ‖ 8 sui : qui *R* ‖ dirigatur *C*   -guntur
R² ‖ 10 uoluntatem *V r*   uoluntates *C* ‖ sed > *V* ‖ eloquium
C pA S m Ba. Er. Mi. ‖ 11 usquequaque *m* ‖ 12 essent *VL r* ‖ 13
confirmaretur *S Ba. Er. Gi. Mi.* ‖ 14 non *A*
9, 2 peruenire *C* ‖ 3 et¹ > *R* ‖ iniuriam *VL r* ‖ 4 filio *VL* ‖ 4-5 scit —
perfunctum > *R* ‖ 5 militiam *VL* ‖ 6 iosef *VL* ‖ 7 ad > *V* ‖ 8 seruatur
V r ‖ 9 iniusta *R* ‖ 9-10 prophetam et uiuit *VL* ‖ 13 posset *R*

8. a. cf. *v. 132*

les *pas* de la justice, il sait que de tous côtés les *puissances d'injustice* le menacent. Plus haut, il avait demandé que « Dieu tournât son regard vers lui et le prît en pitié, à l'exemple de » ceux qui « aiment son nom[a] ». Il comprend que le fruit de la miséricorde qu'il demande est que *ses pas soient dirigés* non selon les voies du monde, ni selon la gloire des hommes, ni selon les plaisirs du corps, mais *selon les paroles de Dieu.* Si aucun obstacle ne se dressait devant lui, si des adversaires ne l'assaillaient de toute part, il compterait sur ses seules forces pour faire sa volonté. Mais là où il rencontre des embûches, la guerre, il a besoin du secours d'un plus puissant, *pour que ne triomphe pas* de lui *toute injustice.*

9. Il demande non qu'elle soit écartée de lui, mais qu'elle *ne triomphe pas de lui.* Il sait que par les épreuves on parvient à la gloire. Il se souvient qu'Abraham fut mis à l'épreuve par les fatigues d'un voyage à l'étranger, par la crainte de perdre sa « femme[a] » et la douleur du sacrifice de son « fils[b] ». Il sait que Job est passé par toute sorte de combats dans ses épreuves. Il se rappelle que Joseph, « vendu par ses frères[c] », poussé à l'adultère par la femme de « son maître[d] », gardé en « prison » pour y être châtié[e], mérita la gloire pour sa très grande fidélité au milieu de ces épreuves d'*injustice.* Le prophète a craint le *triomphe* de l'*injustice*, mais il n'en refuse pas l'épreuve[11]. Il se souvient que *ses pas* doivent être *dirigés* par le Seigneur *selon ses paroles*, pour que l'injustice, qui le mettra à l'épreuve, ne puisse avoir le moyen de *triompher.*

---

9. a. cf. Gen. 12, 1-20 ‖ b. cf. Gen. 22, 1-14 ‖ c. cf. Gen. 37, 12-36 ‖ d. cf. Gen. 39, 7-19 ‖ e. cf. Gen. 39, 20

---

11. Cypr., *Patient.*, 10, a montré la nécessité des épreuves qui conduisent à la gloire, en s'appuyant aussi sur les exemples d'Abraham et de Joseph.

134   **10.** Post quae id consequitur : Redime me a calvmniis
hominvm, et cvstodiam praecepta tva. Humana tempt-
tatio grauis non est apostolo dicente : *Temptatio autem
adhuc non adprehendit uos, nisi humana*[a] ; sed *calumnia*
5 grauis est. *Calumnia* autem ea est, uel cum bono operi
facinoris mali nomen adscribitur, uel cum specie blan-
diente internae malitiae uirus occulitur. Neque enim eius
directae maliuolentiae opus est, sed fallax et subdolum
et sub specie bonae uoluntatis malitiae operatione
10 desaeuiens. Et difficile est cauere a talibus, qui sub
nomine fratrum inimici sunt, sub nomine amicorum hostes
sunt, sub filiorum specie parricidae sunt, sub unanimitate
coniugum ineuitabile malum sunt. Abel iustum Cain
scelestus per familiaritatem *fratris occidit*[b]. Noe Deo
15 probatum Cham filius eius inrisit[c]. Esau Iacob exulem
esse a paterna domo fecit[d]. Validissimum diaboli proeliatorem Iob sola *uxor eius* temptauit inflectere[e]. Hunc
ipsum sanctum prophetam quae *calumniae* hominum
fefellerunt ! Quotiens Sauli proditus est ! Quotiens, quibus
20 in locis ageret, nuntiatus est[f] ! Vbique ei *calumniantium*
insidiae adfuerunt.

11. Nouit haec Dominus domesticae *calumniae* scandala
grauissimum solere fidei excidium adferre, dicens : *Quod
si oculus tuus dexter scandalizat te et si pes dexter aut*

VL   RC   pA   r   S   m

10, 1 idem sequitur *m* ‖ 2 et : ut *R pA r S m Ba. Er. Gi. Mi.* ‖ 4
adhuc > *C pA S m Ba. Er. Gi. Mi.* ‖ adprehendat *C pA r S m Ba. Er.
Gi. Mi.* ‖ 5 ea > *S Ba. Er.* ‖ cum : ut *C* ‖ 10 a > *C pA* ‖ 12
unianimitatem *V*   -tate *L*   specie unanimitate *C*   specie
unanimitatis *pA r S m Ba. Er. Mi.* ‖ 13 ineuitale *pA* ‖ 15 iob *C* ‖ 16 a :
ut *V*   > *C pA S m Ba. Er.* ‖ proeliatorem diaboli *pA S m Ba. Er.
Gi. Mi.* ‖ 19 proditor *V* ‖ 20 nuntiatum *S Ba. Er.*
11, 3 si[1] > *C* ‖ tuus > *V r* ‖ si pes : ipse *C* ‖ pes + tuus *S*

10. a. I Cor. 10, 13 ‖ b. cf. Gen. 4, 8 ‖ c. cf. Gen. 9, 22 ‖ d. cf. Gen.
27, 41-46 ‖ e. cf. Job 2, 9 ‖ f. cf. I Sam. 23, 7.19 ; 24, 2 ; 26, 1

10. Après cela, vient : RACHÈTE-MOI DES CALOMNIES 134
DES HOMMES, ET JE GARDERAI TES PRÉCEPTES. Une
épreuve humaine n'est pas insupportable ; l'Apôtre le dit :
«L'épreuve ne vous atteint pas encore, sinon une épreuve
humaine[a].» Mais la *calomnie* est insupportable. Il y a
calomnie, soit quand une bonne action est qualifiée de
mauvaise, soit quand sous une apparence flatteuse une
conduite dissimule le poison de la méchanceté[12]. En effet
la calomnie n'est pas l'œuvre d'une malveillance franche,
mais elle est trompeuse, rusée et sous couleur de vouloir
notre bien, elle nuit par le mal qu'elle fait. Et il est difficile
de se garder de gens qui sous le nom de frères sont des
ennemis, sous le nom d'amis nous sont hostiles, sous des
airs de fils sont des parricides, sous l'apparence de
conjoints partageant les mêmes sentiments sont un fléau
qu'on ne peut éviter. Caïn le criminel «tua» Abel le juste
en se servant de sa familiarité avec son «frère[b]». Cham, son
fils, se moqua de Noé agréé de Dieu[c]. Ésaü bannit Jacob
de la maison paternelle[d]. L'«épouse» de Job tenta à elle
seule de le faire fléchir, lui l'adversaire si acharné du
diable[e]. Notre saint prophète lui-même, que de *calomnies*
venues des hommes le trompèrent ! Combien de fois il fut
livré à Saül ! Combien de fois on révéla les lieux où il
était[f] ! Partout, il rencontra des pièges tendus par ses
calomniateurs[13].

11. Le Seigneur sait que le scandale de la *calomnie* à
l'intérieur d'une famille constitue généralement pour notre
foi la cause la plus grave de sa perte ; il dit : «Si ton œil

---

12. Définition du mot *calumnia* en deux parties, rappelant NONIVS
MARCELLVS, *De uaria significatione sermonum* (Lindsay, t. 2, p. 402) :
*Calumnia est malitiosa et mendax infamatio // Calumnia rursum
calliditas.*

13. Trois des cinq exemples donnés ici (Abel-Caïn ; Ésaü-Jacob ;
Saül-David) sont utilisés par CYPR., *Zel.*, 5, pour montrer que la
jalousie est responsable de la haine entre frères.

manus scandalizat te, erue et abscide abs te[a]. Non de
5 membris corporum haec locutus est, cum *scandala* nec
pes nec *manus* posset adferre; sed de coniunctissimis
nobis ac maxime necessariis membris — quia omnes
unum corpus sumus in Christo[b] — haec iubet, ne
domesticis *calumniis* ac *scandalis* penes nos manentibus
10 aliqua nobis iudicii die uitiorum labes adhaereret. Ergo
propheta si ab his *redemptus* esset, *custoditurum* se
praecepta Dei pollicetur, quia istae domesticorum omnium
calumniae impedimentum fidei frequenter adferrent.

135   **12.** Dehinc sequitur : Faciem tvam inlvmina svper
servvm tvvm et doce me ivstificationes tvas.
Vultus Domini quidem est *super facientes mala, ut
expugnet de terra memoriam eorum*[a], sed sicut Deus
5 respicit ad poenam, respicit et ad misericordiam ; ita
et *uultum suum* ad utrumque deflectit. Sed hanc *faciem
Domini* ad *inluminationem* suam propheta orat. Ex
maiestate enim et *uultu* dignantis nos Dei lumen accipimus, et deflexus in nos misericordiae suae *uultus* ad
10 gratiam spiritalis uirtutis inradiat. Vel certe cum iudicii
die aderit, cum uisibilis nobis in gloria paternae maiestatis
adsistet, tunc nos *faciei suae* lumine *inluminabit*. Vt
enim quaedam metalla atque gemmae naturae suae
fulgorem in ea quae sibi proxima erunt refundent et

VL RC pA   r S m

11, 4 te scandalizat *r* ‖ erue + eum *r² m* ‖ abscide : proice
m ‖ 5 scandalo *V* ‖ 6 manus nec pes *C pA S m* ‖ possit *C pA r S m
Ba. Er. Gi. Mi.* ‖ 7 maxime > *R* ‖ membris : *pr.* in *V* ‖ 8 sumus
> *RC* ‖ iubeat *L RC* ‖ 9 modesticis *C* ‖ 10 iudicii die : i. de
C   > *pA S Ba. Er. Mi.* ‖ labis *V* ‖ adhaereat *S Ba. Er. Gi. Mi.* ‖
13 adferre *L*   adferent *C*
12, 2 me > *VL* ‖ 3 quidem domini *r S* ‖ 8 dignantis : uidentis *pA r
S m Ba. Er. Mi.* ‖ 11 dies *r S Ba. Er. Gi.* ‖ gloriam pater *V* ‖ maiestati
V ‖ 14 sunt *S Ba. Er. Gi. Mi.* ‖ refundunt *Ba. Er. Gi. Mi.*

11. a. Matth. 5, 29; 18, 8 ‖ **b.** cf. Rom. 12, 5

droit te scandalise, et si ton pied droit ou ta main te
scandalise, arrache-les et jette-les loin de toi[a].» Il n'a pas
parlé en ces termes des membres du corps, étant donné que
ni la «main» ni le «pied» ne peuvent provoquer de
«scandale»; mais il nous donne cet ordre à propos des
membres qui nous sont les plus proches et les plus familiers
— parce que tous «nous sommes un seul corps dans le
Christ[b]» —, pour qu'aucune souillure des vices ne soit
attachée à nous au jour du jugement en raison des
calomnies et des «scandales» familiaux qu'il y a chez nous.
Donc le prophète promet que, s'il était *racheté* de ces
calomnies, il *garderait les préceptes de Dieu*, parce que ces
calomnies de tous les intimes constituent souvent une
entrave pour la foi[14].

12. Ensuite vient : FAIS RESPLENDIR TA FACE SUR TON   135
SERVITEUR ET ENSEIGNE-MOI TES RÈGLES DE JUSTICE.
Certes, «le visage du Seigneur est *sur* ceux qui font le mal,
pour chasser leur souvenir de la terre[a]». Mais de même que
Dieu regarde en vue du châtiment, de même aussi il
regarde en vue d'exercer sa miséricorde ; voilà deux cas où
il tourne «son visage». Mais ici le prophète implore la *face
du Seigneur* pour sa propre *illumination*. C'est, en effet, de
la majesté et du «visage» de Dieu qui nous en rend dignes
que nous recevons la lumière, et le «visage» de sa
miséricorde, tourné vers nous, rayonne pour manifester la
grâce de la puissance de l'Esprit. Du moins, quand il
viendra au jour du jugement, quand il siégera, visible à nos
yeux dans la gloire de la majesté de son père, nous
illuminera-t-il de la lumière de *sa face*. De même en effet
que certains métaux et certaines pierres réfléchissent leur
luminosité sur les objets les plus proches auxquels ils

12. a. Ps. 33, 17

14. Même exégèse de *Matth.* 5, 29 en *In Matth.*, 4, 21 (*SC* 254,
p. 140).

15 aemulantem speciem ex uicinia speciei suae praestant,
ut et Moyses ex contemplatione gloriae Dei lumen accepit
ita ut honorem gloriae suae contemplari populus non
posset[b], sic et propheta *seruum* se *Dei* confitens *illuminari*
orat et *conformis* secundum apostolum effici *gloriae* Dei[c]
20 et *iustificationes Dei doceri*, ut a se non *ex parte* neque
per *legis umbram*, sed *facie ad faciem*[d] et spiritali
contemplatione cernatur.

136   **13.** Dehinc ait : Exitvs aqvarvm transiervnt ocvli
mei ; qvia non cvstodiervnt legem tvam. Conscius
peccatorum ueterum ex historia ipsa docetur. Licet toto
se ad Deum corde direxerit, tamen, quia et peccati sui
5 dolorem psalmo anteriore[a] ipse iam scripserit tum, cum
Nathan propheta arguente crimen suum recognouit et
fleuit[b], nunc quoque non desinit uerae paenitentiae
lacrimis facti ueteris crimen abluere dicens : *Exitus
aquarum transierunt oculi mei* ; fontes scilicet lacrimarum
10 suarum fontes fluminum esse transgressos. Haec enim
paenitentiae uox est, lacrimis orare, lacrimis ingemescere
et per hanc confidentiam dicere : *Lauabo per singulas*

VL   RC   pA   r   S   m

12, 15 uicina sui specie *pA S m Mi.*   ex intima sui specie *Ba.*
Er. ‖ 16 et ut *S Ba. Er. Gi. Mi.* ‖ dei gloriae *R Zi.*   dei *VL r¹* ‖
18-19 seruum — conformis > *V r* ‖ 18-20 confitens — iustificationes dei > *C* ‖ 18 confitens > *pA S m Ba. Er.* ‖ 19 orat : precatur
pAS m Ba. Er. Gi. Mi. ‖ et > *L* ‖ et conformis — gloriae dei > *pA
m Ba. Er.* ‖ gloriae dei + participem precatur *r* ‖ 22 cernantur *L R S*
13, 1 ait : sequitur *C pA S m Ba. Er. Gi. Mi.* ‖ 3 ueterum > *L* ‖
ex : et *C*   ut *pA Ba. Er. Mi.* ‖ 3-4 se toto *C* ‖ 4 ad deum : ad
dominum *VL r*   > *pA S m Ba. Er.* ‖ direxit *pA m Mi.* ‖ qui *pA m* ‖
et > *r* ‖ 5 psalmo anteriore et ipse *R Zi.*   ante re ipsa *pA S m Ba.
Er.* ‖ iam > *m* ‖ tunc *C r S edd.* ‖ 6 natham *VL*   natam *A* ‖ 10
luminum *R* ‖ transgressus *V*   -sas *r* ‖ 11 ingemiscere *pA S Ba. Er.
Gi. Mi.*

12. b. cf. Ex. 34, 29-30 ‖ c. cf. Phil. 3, 21 ‖ d. cf. I Cor. 13, 12 ;
Hébr. 10, 1

communiquent, en raison de la proximité de leur éclat, un éclat qui vaut le leur[15], de même aussi que Moïse reçut la lumière de la contemplation de la gloire de Dieu, au point que le peuple ne put contempler la grandeur de sa gloire[b], de même le prophète, qui confesse qu'il est le *serviteur de Dieu*, demande à être *illuminé*, à être rendu «conforme» à la «gloire» de Dieu, comme le dit l'Apôtre[c], et à *apprendre les règles de justice de Dieu*, pour le voir non pas «en partie», ni à travers l'«ombre» de la «Loi», mais «face à face» et dans une contemplation spirituelle[d][16].

13. Ensuite il dit : MES YEUX ONT FRANCHI LE   136
JAILLISSEMENT DES EAUX, PARCE QU'ILS N'ONT PAS GARDÉ
TA LOI. Conscient des péchés de sa vie antérieure, il tire un enseignement de son histoire personnelle. Bien qu'il se soit dirigé de tout son cœur vers Dieu, cependant, parce qu'il a lui-même déjà évoqué la douleur que lui inspirait son péché dans un psaume antérieur[a] quand, après l'accusation portée par le prophète Nathan, il a reconnu sa faute et s'est mis à pleurer[b], maintenant encore, il ne cesse pas de laver la faute de son ancienne conduite dans les larmes d'une vraie pénitence, en disant : *Mes yeux ont franchi le jaillissement des eaux*, autrement dit les flots de ses larmes ont surpassé les flots des fleuves. Le cri de la pénitence consiste en effet à demander avec des larmes, à gémir dans les larmes et à avoir la confiance qui fait dire : «Je

---

13. a. cf. Ps. 50 ‖ b. cf. II Sam. 12,1-15

---

15. Cf. PLIN., *Nat.*, 37,83.
16. L'exégèse du v. 135 qui s'appuie sur *Phil.* 3,21, doit être rattachée, comme l'a montré J. DOIGNON («Le libellé singulier de *2 Cor.* 3,18...»), à celle du v. 58, qu'Hilaire commente à l'aide de *II Cor.* 3,18. L'auteur montre comment Hilaire a utilisé des observations sur la lumière naturelle, tirées de la physique antique, pour évoquer, par comparaison, l'illumination que l'homme recevra au jour du Jugement. Voir aussi le commentaire de ce texte d'Hilaire par A. FIERRO, *Sobre la gloria ...*, p. 318-322.

noctes lectum meum, lacrimis stratum meum rigabo[c]. Haec
uenia peccati est, fonte fletuum flere et largo *lacrimarum*
15 *imbre* madefieri. Sed seruauit cum ratione temporis et
fidei iam immobilis firmitate dicti quoque sui tempera-
tissimi modum. De praeterito enim dixit : *Quia non
seruauerunt legem tuam*. Confessio quidem criminis semper
in tempore est, quia oportet peccati paenitentiam non
20 desinere ; finis autem peccati anterioris est temporis ;
quia uera peccati confessio est sine intermissione temporis
paenitere, peccati uero paenitentia est ab eo quod
paenitendum intellexeris destitisse. Atque ob id propheta
nec confiteri peccatum desinit et peccatum ex praeterito
25 confitetur.

VL   RC   pA   r   S   m

13, 13 lacrimis + meis *C S Ba. Er. Gi. Mi.* ‖ 14 forti flectu *C* ‖
largo : labor *VL r* ‖ 15 seruauit (-bit *B*   -uiuit *C*) cum ratione :
secundum rationem *pA S m Ba. Er. Gi.* ‖ temporis : *pr.* et *VL r* ‖
16 iam : etiam *C pA S m Ba. Er. Gi.* ‖ firmitati *V*   -tem *R pA S
m Ba. Er. Gi.*   -tis *r Mi.* ‖ temporati *C*   temperauit *pA S m
Ba. Er. Gi.* ‖ 19 oporteat *C pA S m Ba. Er. Gi. Mi.* ‖ 20 autem :
enim *S*   > *C* ‖ 21 uero *VL r* ‖ 23 intellexerit *r* ‖ 24 confitere *VL*
    littera XVII explicit *V*   explicit littera XVII *L r*   explicit
fe *S*   finit *R*   finit litt. XVII *C pA*

baignerai chaque nuit mon lit, de larmes j'inonderai ma couche^c.» Le pardon du péché suppose que l'on verse un flot de pleurs et s'arrose d'un abondant ruisseau de «larmes»[17]. Mais, en tenant compte du temps et de la solidité de sa foi désormais immuable, il a gardé une très grande mesure dans ses propos. En effet il a dit, parlant au passé : *Parce qu'ils n'ont pas conservé ta loi.* La confession de la faute est toujours actuelle, parce qu'il faut que le repentir du péché ne cesse pas[18] ; la fin du péché, elle, appartient au passé ; en effet, la véritable confession du péché consiste à se repentir sans interruption, mais le repentir du péché consiste à renoncer à ce dont on a compris qu'il fallait se repentir. Et c'est pourquoi le prophète ne cesse pas de confesser son péché et confesse son péché au passé.

---

13. c. Ps. 6, 7

---

17. L'importance des larmes dans la confession est soulignée par Tert., *Paen.*, 9, 4 ; Cypr., *Laps.*, 29.

18. Pour Cyprien aussi, la pénitence doit être ininterrompue (*Laps.*, 28).

ZADE

IVSTVS ES, DOMINE, ET RECTVM IVDICIVM
TVVM, ET RELIQVA.

1. Indefessa et perseueranti fide necessarium est, ut
immobilis in nobis et inconcussa confessio sit, ne uel
aliqua temporum iniuria aut persecutionum dolore com-
moti deuotionis studium relaxemus, sed, si quando morbi
5 uexabunt, passiones et cruciatus corporum desaeuient,
damna defetigabunt, luctus et orbitates adfligent, semper
utamur hac qua nunc propheta usus est uoce dicens :
IVSTVS ES, DOMINE, ET IVSTVM IVDICIVM TVVM. MANDASTI
IVSTITIAM, TESTIMONIA TVA ET VERITATEM TVAM VALDE.
10 Meminerimus enim primum eum qui uniuersorum Dominus est *iustum* esse, et *iudicia* eius recta esse. Cur
enim in suos iniquus sit ? Cur in eos quos ipse genuit
iniustus sit ? Bonitatis suae immensitas non sinit istud
de eo existimari. Genuit nos non ad iniuriam, genuit
15 non ad originis nostrae naturae dolorem ; si quid est
quod patimur, ex *iudicio* bonitatis suae accidit. Vinci

137-
138

VL RC pA r S m

   zade > *m*   *pr.* incipit littera XVIII feliciter *V*   *pr.* incipit
XVIII *L r*   *pr.* incipit *C pA S*   + littera XVIII *C pA*   +
tractatus *S*
   iustus — et reliqua : iustus es domine *Ba. Er.   omnes uersus
litterae octauae decimae R Gi. Mi.   > S* ‖ et reliqua > *C pA m*
   1, 3 iniuriae *C* ‖ aut : ut *V* ‖ 4 si > *C pA S m Ba. Er.* ‖ morbi :
moribus *A   > V r¹* ‖ 6 fatigabunt *S* ‖ 7 uoce > *V* ‖ 8 iustum :
rectum *pA S m Ba. Er. Gi. Mi.* ‖ 9 iustitiam testimonia tua : iustitiam

ZADÉ

TU ES JUSTE, SEIGNEUR, ET DROIT EST TON
JUGEMENT, ET LA SUITE.

1. Nous avons besoin d'une foi indéfectible et persévé-
rante pour en faire confession sans ébranlement ni faiblesse
et ne pas relâcher l'ardeur de notre piété, en nous laissant
troubler par des ciconstances iniques ou la souffrance des
persécutions ; au contraire, si jamais les maladies nous
tourmentent, les souffrances et les douleurs physiques
sévissent, les préjudices nous accablent, les chagrins et les
deuils nous affligent, nous devons toujours avoir à la
bouche les paroles dont s'est servi à présent le prophète :
Tu es juste, Seigneur, et juste est ton jugement. Tu
as prescrit la justice, tes témoignages et ta vérité
extrêmement. Souvenons-nous en effet d'abord que celui
qui est le Seigneur de l'univers est *juste* et que ses
jugements sont droits. Pourquoi en effet serait-il inique
pour les siens ? Pourquoi serait-il injuste envers ceux qu'il
a lui-même créés ? L'immensité de sa bonté ne permet pas
que l'on pense cela de lui. Il ne nous a pas créés pour que
nous subissions l'injustice, il ne nous a pas créés pour que
nous souffrions de notre nature originelle. Tout ce que
nous subissons arrive par un *jugement* de sa bonté. Il aime

137-
138

tuam *VL RC r* ‖ et ueritatem tuam ualde > *RC* ‖ tuam ualde > *L* ‖ 10
eum > *A m* ‖ 14 existimare *C pA S m Ba. Er.* ‖ genuit + namque *r* ‖
16 accedit *V*

diabolum patientiae nostrae uirtutibus delectatur, et
probari nos per luctus et dolores et damna desiderat,
ut nihil in seruis suis saeculi potestas sibi esse *iuris*
20 et dominationis intellegat. Quaecumque iussit, *iusta* et
testata et *uera* sunt cum augmento adiectionis : *Valde*
enim *uera* sunt.

2. Et quia rarum est horum obseruantem esse, et
difficile est inconcussam fidem inter has saeculi procellas
et inter haec humanorum uitiorum naufragia dirigere,
quia, si quid aduersi accidat, prona in Deum querella
5 est — Deum enim inter damna sua auarus accusat;
Deo cum inuidia fletuum suorum orbatus irascitur; Deo
iniustitiam, qui ad confessionis gloriam persecutionibus
probatur, exprobrat; uniuersorum stultissima haec querella est, cum iniustitiae Deum per impatientiam impii
10 doloris accusant — et idcirco propheta subiecit dicens :
139 Tabescere me fecit zelvs tvvs, qvia obliti svnt
verborvm tvorvm inimici mei. Dei *zelo* ad omnia
uitia nostra et crimina exanimatur propheta. Habent
hanc etiam naturae humanae consuetudinem, ut, si
15 quando eorum quos diligimus uoluntati aduersari aliquos
uiderimus, *zelo* eius cui non paretur utamur. Quantus

VL RC pA r S m

1, 17 uirtutis *V*   uirtute *r* ‖ 19 seruos suos *pA S m Ba. Er. Gi.
Mi.* ‖ 20 et[1] : ac *S* ‖ damnationis *Mi.* ‖ 21-22 cum — sunt > *R*
2, 3 haec > *C pA S Ba. Er.* ‖ dirigere + uias *m* ‖ 4 accidit *pA S
Ba. Er. Mi.* ‖ 8 exprobatur *C* ‖ 10 et — dicens > *C* ‖ 11 facit *R* ‖ 12
uerba tua *S* ‖ 13 examinatur *VL C pA m* ‖ 13-14 habet ... naturae
humanae *R*   habent ... natura humana *p m*   habet ... natura
humana *A S Ba. Er. Gi. Mi.* ‖ 14 hanc etiam : etenim hanc *S* ‖ 16
pareretur *R*

---

1. Après une énumération des épreuves qui peuvent atteindre
l'homme (Cyprien, au début de *Demetr.* fait de même un tableau des
malheurs du temps), Hilaire affirme la justice de ces décisions divines

que le diable soit vaincu par la force de notre patience, il désire nous éprouver par les deuils, les souffrances et les préjudices, afin que la puissance du monde comprenne qu'elle n'a aucun *droit* ni aucune souveraineté sur ses serviteurs. Tous les ordres qu'il a donnés sont *justes*, donnés devant *témoins, vrais*, et il faut ajouter le renforcement donné par l'adverbe : ils sont en effet *vrais extrêmement*[1].

2. Et comme il est rare que l'on observe ces principes et qu'il est difficile de maintenir dans sa direction une foi inébranlable au milieu des tempêtes de ce monde et des naufrages provoqués par nos vices d'hommes, parce que, en face d'un obstacle, nous sommes facilement portés à nous en prendre à Dieu — Dieu est en effet pris à partie par l'avare qui a perdu son bien ; contre Dieu s'emporte, en lui reprochant ses larmes, la personne marquée par un deuil ; Dieu est accusé d'injustice par celui que les persécutions éprouvent en vue d'une confession glorieuse ; ces plaintes partout entendues n'ont aucun sens, et c'est par manque de résistance à une douleur impie qu'on accuse Dieu d'injustice[2] —, pour ces raisons, le prophète a ajouté : TON ZÈLE M'A FAIT ME CONSUMER, PARCE QUE MES ENNEMIS ONT OUBLIÉ TES PAROLES. Devant tous nos vices et toutes nos fautes, le prophète est animé par son *zèle* pour Dieu. Notre habitude naturelle veut aussi que, lorsque nous voyons des personnes s'opposer à la volonté de ceux que nous aimons, nous montrions du *zèle* pour celui à qui

139

et leur utilité, comme CYPR., *Demetr.*, 18. Le lien entre la justice de Dieu et sa bonté est souligné par TERT., *Marc.*, 2, 11 ; 2, 13.

2. Ces récriminations rappellent celles de Demetrianus ou des païens qui l'entourent : CYPR., *Demetr.*, 19. *Saeculi procellae, naufragia* : mêmes expressions imagées chez CYPR., *Mort.*, 2 : «procellae mundi»; *Ep.* 59, 6 : «*ecclesiae* naufragia». Les mécontents ici présentés sont des types traditionnels de la littérature. Pour l'avare, cf. HOR., *Sat.*, 1, 1 ; pour la personne en deuil, cf. les Consolations.

autem nobis dolor est, cum unum ex Dei populo effici
uidemus saeculi ministrum et operarium diaboli et uas
mortis et materiam gehennae! *Zelo* ergo Dei irascitur,
20 quisque Christianum ieiunii die luxuriantem conuiuiis
uiderit. *Zelo* Dei irascitur, qui insolentem in fratrem
ministrosque conspexerit. *Zelo* Dei irascitur, quisque
deuersari in stupris sanctificatum iam in Christo corpus
arguerit.

3. *Zeli* huius et apostolos meminisse accepimus, cum
Dominus *templum ingressus flagello* ex funibus omnes
uendentes et ementes eiecit, et eius *zeli*, de quo *scriptum
est* : *Zelus domus tuae comedit me.* Efficimus enim nos
5 interdum *templum* Dei, aut *domum negotiationis*, aut
speluncam latronum[a]. *Templum* enim *Dei*, secundum
apostolum, corpora sunt, quae in Christo sanctificata
sunt[b]. Et haec eadem corpora, cum cogitamus atque
agimus stupra, caedes, furta, falsitates, rapinas, *speluncam*
10 *latronum* constituimus ; aut cum saeculi negotiis et *negotiationum* commerciis laboramus, tunc *domum* Dei *domum
negotiationis* efficimus, ut, quae *orationis* sedis esse
debebat, fiat uel latibulum *latrocinantium* uel *domus
negotiationum.* Hoc ergo *zelo* Dominus, ut istius modi
15 homines *de templo eiciat*, commouetur. Vsi sunt et hoc
zelo probabiles et accepti Deo uiri. Nam et Phinees

VL   RC   pA   r   S   m

2,17 autem : enim *S* ‖ 18 operatorium *pA S m Ba. Er.* ‖ 20
quisque : quis se *V r*   quisquis *S Ba. Er. Gi. Mi.*   + cum *m* ‖
21-22 qui — irascitur > *R S m* ‖ 22 conspexerint *r* ‖ quisquis *S Ba.
Er. Gi. Mi.* ‖ 23 diuersa *C* ‖ corporis *A*

3, 1 accipimus *V C r* ‖ 2 ex : de *C*   et *m* ‖ 4 enim > *r* ‖ 8 et
> *VL r* ‖ 9 spelunca *C* ‖ 10 aut cum : cum autem *C pA S m Ba. Er.
Mi.*   at cum *Gi.* ‖ 10-11 negotiantium *VL* ‖ 12 sedes *R pA Ba. Er.
Gi. Mi.*   > *C* ‖ 13 debeat *S* ‖ 14 negotiationis *R Zi.* ‖ 15 et > *r* ‖ 16
et[1] > *V*

on n'obéit pas. Quelle grande douleur nous ressentons, quand nous voyons dans le peuple de Dieu un seul homme devenir le serviteur du monde, l'agent du diable, un instrument de mort, un objet voué à la géhenne[3]! Par *zèle* pour Dieu, on s'irrite donc de voir, un jour de jeûne, un chrétien qui se dévergonde dans des festins. Par *zèle* pour Dieu, on s'irrite à la vue de quelqu'un qui traite avec insolence un frère et des serviteurs. Par *zèle* pour Dieu, on s'irrite, en accusant la chair déjà sanctifiée dans le Christ de se complaire dans la débauche.

3. Ce *zèle*, nous le savons, les apôtres se rappellent aussi l'avoir vu manifesté par le Seigneur, quand, «entré dans le temple, il chassa» avec un «fouet» de cordes tous «les vendeurs et les acheteurs»; ce *zèle*, dont «il est écrit : Le *zèle* de ta maison m'a dévoré.» Il nous arrive en effet de faire de nous, qui sommes le «temple» de Dieu, ou une «maison de trafic» ou un «repaire de brigands[a]». En effet, suivant l'Apôtre, les corps qui ont été sanctifiés dans le Christ sont le «temple de Dieu[b]»; et de ces mêmes corps, lorsque nous avons en tête ou lorsque nous commettons actes de débauche, meurtres, vols, tromperies, rapines, nous faisons un «repaire de brigands». Ou bien, lorsque notre effort va aux occupations du monde et aux relations d'«affaires», alors nous faisons de la «maison» de Dieu une «maison de trafic», de sorte que ce qui devrait être un lieu de «prière» devient une cachette de «voleurs» ou une «maison de trafic». Voilà donc le *zèle* qui pousse le Seigneur à «chasser du temple» les hommes de cette sorte. De ce *zèle* ont aussi fait preuve des hommes éprouvés par Dieu et qui

---

3. a. Ps. 68, 10 ; Jn 2, 17 ; cf. Lc 19, 45-46 ; Jn 2, 14-16 ‖ b. cf. I Cor. 3, 16 ; II Cor. 6, 16

---

3. *Dolor* : le sentiment pour celui qui devient *uas mortis* est celui de Cypr., *Laps.*, 4, pour ceux qui étaient *uasa Domini* et qui sont «tombés».

ob hunc *zelum* meruit iudicium *pacis aeternae*. Cum enim
fornicati essent filii Israhel, et Dei *zelo* incitatus in
poenam eorum fuisset, tunc ait Dominus : *Phinees, fili*
20 *Eleazar filii Aaron, requiescit animatione anima*; *quia*
zelauit zelum meum[c]. Sanctus ille et in caelestem habi-
tationem raptus in corpore Elias propheta ait : *Zelans*
zelaui, quia reliquerunt te filii Israhel et prophetas tuos
occiderunt; *et ego derelictus sum solus*[d].

4. Tenet itaque et prophetam *zelus* iste. Videt enim
inreligiosas damni querellas, impios luctuum fletus,
profanam legis Dei *obliuionem*; et idcirco haec agentes
inimici eius sunt. Nullum enim religiosis uiris cum
5 talibus esse ius amicitiae potest, quando declinandi et
detestandi sint odio inreligiosorum. Nam id ipsum psalmo
altero docetur, cum dicitur : *Odientes te, Domine, odiui*
et super inimicos tuos tabescebam; *perfecto odio oderam*
illos[a]. Abrahae quoque Dominus dixit : *Qui te maledixerit,*
10 *maledictus erit, et inimicus ero inimicis tuis et aduer-*

VL   RC   pA   r   S   m

3, finees *VL R pA S m Ba.* || 17 hoc *VL* || 18 fili *VL* || 19 poena
V || fili : filius *S pA r m Ba. Er. Gi. Mi.* || 20 eleazari *r* || fili *VL* ||
aaron + sacerdotis sedauit furorem meum a filiis iebarhe (israel *Mi.*)
in eo quod *R Gi. Mi.* || requieuit ab animatione anima mea *R Gi.*
Mi.   requiescere fecit animationem animae meae *pA r S m Ba.*
Er. || 21 habitationem > *C* || 22 helias *L R p r S Ba. Er. Gi.* ||
propheta ait : ait > *C*   prophetauit *R* || 23 dereliquerunt *C pA S*
m Ba. Er. Gi. Mi. || fili *VL*
4, 1 prophetam : *pr.* hunc *pA S m Ba. Er. Gi. Mi.* || 2 luctum *V* || 3
profanas *V r* || obliuiones *r* || 5 amicitiarum *r* || 5-6 et detestandi :
detestandi *C pA S m Ba.*   detestandique *Er. Gi. Mi.* || 6 id > *C*

lui furent agréables. Ainsi Phinéès mérita pour ce *zèle* un
jugement de «paix éternelle». En effet, alors que les fils
d'Israël avaient «forniqué» et qu'il avait été poussé par son
zèle pour Dieu à les châtier, le Seigneur dit : «Phinéès, fils
d'Éléazar, fils d'Aaron, mon âme se remet de son
animosité, parce qu'il a été *zélé* de mon *zèle*[c][4].» Le prophète
Élie, le saint emporté dans son corps vers la demeure
céleste, dit : «Animé de *zèle*, j'ai été plein de *zèle*, parce que
les fils d'Israël t'ont laissé et ont tué tes prophètes ; et moi
j'ai été laissé seul[d].»[5]

4. C'est pourquoi ce *zèle* possède aussi le prophète. Il
voit en effet des lamentations irréligieuses pour un
dommage subi, des pleurs impies sur des deuils, un *oubli*
sacrilège de la loi de Dieu ; aussi, ceux qui se conduisent
ainsi sont-ils *ses ennemis*. En effet, pour des hommes
religieux, il ne peut y avoir aucun pacte d'amitié avec de
telles personnes, puisqu'elles doivent être écartées et
détestées de la haine vouée aux impies. C'est en effet cela
même qu'enseigne un autre psaume, où il est dit : «J'ai
haï, Seigneur, ceux qui te haïssent et à propos de tes
ennemis je me consumais ; d'une haine parfaite je les
haïssais[a].» A Abraham aussi le Seigneur a dit : «Qui te
maudira sera maudit, et je serai l'*ennemi* de *tes ennemis* et

---

3. c. Nombr. 25,11 ; cf. 25,1-13 ‖ d. III Rois 19,10
4. a. Ps. 138,21-22

---

4. L'accord des manuscrits *VL RC* nous fait considérer comme des
vocatifs les premiers mots de *Nombr.* 25,11, malgré l'anacoluthe que
cela entraîne ; on attendrait en effet *zelauisti* à la place de *zelauit*.

5. *Jn* 2,17 ; *III Rois* 19,10 ; *Ps.* 138,21-22 (§ 4) étaient déjà cités
par Origène (*Ch. p.*, p. 410-412, v. 139).

santibus te aduersabor[b]. Si Abrahae *inimici* Deo *inimici*
sunt, quales nobis esse oportet, quos Deo uidemus
inimicos?

5. Causam deinde adfert, cur eos *oderit*, qui *uerborum
Dei fuerint obliti*; non enim sunt inania, non terrena,
non leuia. Ait enim : Ignitvm eloqvivm tvvm valde ;
et servvs tvvs dilexit illvd. Non explicat proprietatem
5 uerbi huius latina translatio. Quod enim nobiscum
ignitum, id graece πεπυρωμένον scribitur. Πεπυρωμένον
autem id significat, quod tamquam conflatum *igne*
purgatum sit. Et quaecumque metalla *igne* conflantur,
sordem in se alienam atque inutilem non continent ;
10 totum, quidquid in his residet, uerum et perfectum et
omni uitiorum contagione purgatum est, ut *eloquium
Dei* aeternorum in se bonorum fidem testans. Hinc illud
est, quod in euangeliis Dominus ait : *Iota una aut apex
non praeteribit ex lege, donec omnia haec fiant*[a]. Vera
15 enim *omnia* sunt et neque otiose neque inutiliter
constituta Dei uerba ; sed extra omnem ambiguitatem
superfluae inanitatis *ignita*, et *ignita* uehementer, ne
quid illic esse, quod non perfectum ac proprium sit,

140

VL   RC   pA   r   S   m

4, 11 tibi *L pA S m Ba. Er. Mi.* ‖ 12 quales : quare *VL r* ‖ oportent
VL
5, 1 causa *VL* ‖ dei inde aufert *r* ‖ cum *V r* ‖ 4 tuus > *pA* ‖ 5
latinitatis *m Ba. Er.* ‖ quid *V* ‖ 6 in graeco *C* ‖ 7 id > *A* ‖ 8 et > *C pA
S m Ba. Er. Gi. Mi.* ‖ quaecum *V r* ‖ 9 sordem : sedem *pA*   fecem *S
Ba. Er.* ‖ non > *S* ‖ 10 residit *C* ‖ perfectum + est *S* ‖ 11 omnium *m* ‖
12 dei + et *C*   + est *pA m Mi.* ‖ fidem testans : testans
> *C*   continens fidem *pA S m Ba. Er. Mi.* ‖ 13 unum *C pA r S m
Ba. Er. Gi. Mi.* ‖ 14 praeteriuit *V* ‖ ex : a *L* ‖ haec + omnia *L R pA S
Ba. Er. Gi. Mi.*   omnia *C m* ‖ 15 enim : haec *V* ‖ otiosa *r* ‖ 16 dei
> *VL r* ‖ 17 superflua *R* ‖ uehementer : ualde *S* ‖ 18 illis *L* ‖ esset *r*

4. b. Gen. 12, 3 ; Ex. 23, 22
5. a. Matth. 5, 18

je m'opposerai à ceux qui s'opposent à toi[b6].» Si les
ennemis d'Abraham sont les *ennemis* de Dieu, que doivent
être pour nous ceux que nous voyons être les *ennemis* de
Dieu ?

5. Il donne ensuite la raison pour laquelle il «hait» ceux
qui ont *oublié les paroles de Dieu* : elles ne sont ni vaines, ni
terrestres, ni légères. Il dit en effet : Ta parole a été   140
éprouvée au feu fortement, et ton serviteur l'a
aimée. La traduction latine ne rend pas compte du sens
propre de cette expression. Ce qui en effet se dit chez nous
ignitum s'écrit en grec πεπυρωμένον. Or πεπυρωμένον signifie
«purifié pour avoir été fondu au *feu*». Tous les métaux
fondus au *feu* ne contiennent aucune scorie, étrangère et
inutile ; tout ce qui les constitue est pur, parfait, débarras-
sé de toute altération, comme la *parole de Dieu* qui atteste
qu'en elle est l'assurance des biens éternels. De là, ce que le
Seigneur dit dans les Évangiles : «Pas un iota ou une
virgule ne passeront de la Loi que tout cela n'arrive[a].» En
effet les paroles de Dieu sont «toutes» vraies et n'ont pas
été établies pour rien ni inutilement ; mais elles ont été
éprouvées au feu et débarrassées de toute équivoque et
vaine superfluité ; elles ont été *éprouvées au feu* fortement,
pour qu'il n'y ait rien en elles qui ne soit pas jugé parfait et

---

6. Sabatier (t. 1, p. 39-40) indique que la citation d'Hilaire réunit
Gen. 12, 3 : *qui te maledixerit, maledictus erit* et *Ex.* 23, 22 : *et inimicus
ero inimicis tuis et aduersantibus tibi aduersabor*. Or ces dernières
paroles ne sont pas adressées à Abraham, mais au peuple d'Israël.
H. Jeannotte, *Le Psautier...*, p. xxi, tire parti de cet amalgame
pour montrer qu'Hilaire est parfois trahi par sa mémoire. Jérôme
cependant, dans son *Commentaire sur les Galates*, fait la même
confusion qu'Hilaire et écrit également : *Nam quod et in Genesi dicitur
ad Abraham : Inimicus ero inimicis tuis et aduersabor aduersantibus
tibi...* (*In Gal.*, 5, 19-21 = *PL* 26, 444). On sait que le *Commentaire sur
les Galates* de Jérôme doit beaucoup à Origène (*In Gal.*,
Prol. = 308 B). La confusion entre *Gen.* 12, 3 et *Ex.* 23, 22 vient donc
sans doute d'Origène.

existimetur. Haec itaque *diligit seruus eius.* Non solum
20 haec agit, sed etiam *diligit,* quia operationi oboedientiae
praestat *dilectionis* operatio. Oboedientia enim sola plerumque terroris est; ceterum *dilectio* non nisi ex deuotae
mentis uoluntate proficiscitur.

141   **6.** Dehinc ait : Advlescentior svm ego et con-
temptvs ; ivstificationes tvas non svm oblitvs. Ex
persona quidem sua propheta haec loquitur, sed compe-
tunt et nostri temporis populo. Et quatenus id Dauid
5 de se dixisse credatur, absolute ostenditur. Samuel enim
propheta uenire ad Iesse *domum* a Deo iussus est, ut
unum ex *filiis eius in regem* ungueret. Quo cum uenisset,
adesse omnes *filios* Iesse iubet. Videt deinde natu
maiorem, specie pulchrum, habitu et proceritate eminen-
10 tem ; sed responso ita monetur : *Ne inspexeris in*
pulchritudinem eius ac magnitudinem, quia non ita uidet
homo, ut Deus. Homo enim in facie uidet, Deus autem
in corde[a]. Adest et secundus, adest et tertius, adsunt
et omnes, quos tunc Iesse praesentes habebat ; sed nullus
15 de praesentibus exstitit, qui placeret. Verum quia

VL   RC   pA   r   S   m

5, 20-21 operationi — sola : operationi oboedientiae enim sola *C*
operatio non oboedentiae solum sed *pA S m Ba. Er.* ‖ 22 terroris :
pr. et *r* ‖ deuota *C pA S Ba. Er. Mi.*
   6, 6 ueni *V¹L*   uenit *V²* ‖ 7 ungeret *C pA r S mB Ba. Er. Gi.*
Mi. ‖ qui *VL r m* ‖ 8 adesse : ad iesse *VL r*   ad se *S m* ‖ iubet : i.
uenire *VL r*   uenire i. *S m* ‖ uidet : *pr.* et *L* ‖ natum *r* ‖ 9 maiore
VL ‖ 10 ita monetur : amonetur *C*   ita mouetur *pA Ba. Er.* ‖ in
> *pA S m Ba. Er.* ‖ 12 faciem *VL R r Gi.* ‖ 13 adest et¹ : idest et
V   inde *r* ‖ et tertius adest *C*   adest > *R*

_____

6. a. I Sam. 16, 1.7

adéquat[7]. Aussi le *serviteur de* Dieu les *aime*-t-il. Non
seulement il les accomplit, mais encore il les *aime*, parce
que l'action d'*aimer* est supérieure à celle d'obéir. En effet
l'obéissance seule est très souvent la marque de la crainte,
tandis que l'*amour* ne procède que de la volonté d'un esprit
qui se consacre[8].

6. Il dit ensuite : Je suis trop jeune et méprisé ; je   141
n'ai pas oublié tes règles de justice. Le prophète parle
bien sûr en son nom personnel, mais ces paroles conviennent aussi au peuple de notre temps[9]. Dans quelle mesure
on peut croire que David a parlé ici de lui, cela ressort avec
évidence. Le prophète Samuel reçut de Dieu l'ordre de se
rendre à la «maison» de Jessé pour donner l'onction
«royale» à l'un de «ses fils». Une fois arrivé, il fait venir
tous les «fils» de Jessé. Il voit alors l'aîné, qui avait belle
apparence et se distinguait par son port et sa taille ; mais il
reçoit cet avertissement comme réponse : «Ne fais pas
attention à sa beauté et à sa haute taille, parce que
l'homme ne voit pas comme Dieu voit. L'homme en effet
regarde à l'apparence, mais Dieu regarde au cœur[a].» Le
second se présente, le troisième se présente, tous les fils que
Jessé avait alors près de lui se présentent ; mais aucun de
ceux qui étaient près de lui n'apparut digne d'être agréé.

---

7. L'exégèse du v. 140 a suit de près celle d'Origène (*Ch. p.*, p. 412,
v. 140) : même remarque sur les métaux éprouvés au feu, même
référence à *Matth.* 5, 18. Sur l'origine de la traduction proposée par
Hilaire de πεπυρωμένον, cf. J. Doignon, *Hilaire* ..., p. 534-535.

8. La Chaîne palestinienne ne nous a pas transmis le commentaire
d'Origène sur le v. 140 b. L'opposition entre l'amour (expression
d'une volonté libre) et l'obéissance (marquée par la crainte) rappelle
pourtant celle qu'Hilaire établissait, à la suite d'Origène, en 16, 15
entre l'amour et l'action (souvent dictée par la contrainte). Elle a son
origine dans *I Jn* 4, 18.

9. Phrase commentée par M. J. Rondeau, *Les Commentaires
patristiques* ..., p. 92.

propheta Samuel non mendacem sciret eum, qui se adesse
iussisset, et ex his qui praesentes erant intellegeret nullum
a Deo esse dilectum, Iesse ait : *Numquid est tibi adhuc
filius?* Qui respondit : *Est mihi modicus, quem reliqui*
20 *in pastorali*[b]. Hic ergo electus a sancto spiritu et
unctus in *regem* est ; et ex iuniore atque *contempto* gloriam
et prophetae et *regis* accepit.

7. Ad populum uero qui et iunior est et ante *contemptus*
est, haec ita pertinent. Erat enim in uitiis saeculi,
erat in ignorantiae nocte, erat in agresti ac rustica
et ruinosa terreni corporis domo. Sed hic *iustificationum*
5 *Dei non obliuiscitur*, hic reprobato populo seniore iunior
in hereditatem familiae eligitur. Emit enim Iacob *primo-
genita* Esau, quae sibi ille tamquam *moriturus* inutilia
existimauit[a]. Scit has populus iunior natiuitatis suae
primitias aeternas nec morte intercipi posse. Has igitur
10 *non obliuiscitur*, quas senior et desperauit et uendidit.

142   **8.** Denique id ipsum sequenti uersu docet : IVSTITIA
TVA IN AETERNVM, ET LEX TVA VERITAS. Has *iustitias*
non cogitauit populus ex Aegypto progressus, cui *mare*

VL   RC   pA   r   S   m

6, 16 propheta > *S* || mendatium *C* || 17 ex his > *m* || 18 electum
C pA S Ba. Er. Mi.   delectum *r*²|| iesse : *pr.* ad *S* || 19 dereliqui
L RC pA S m Ba. Er. Gi. Mi. || 20 hic > *C pA S Ba. Er.* || spiritu
sancto *pA S m Ba. Er. Gi. Mi.*

7, 1 et¹ > *C* || 2 ita > *S* || pertineant *m* || 3 in¹ > *r m* || erat in
ignorantiae nocte > *C pA S Ba. Er.* || erat² : *pr.* et *m* || 7 ille > *pA S m
Ba. Er.* || 10 et¹ > *R*

8, 1 docetur *m* || 1-2 iustitiae tuae *pA S m Ba. Er. Gi. Mi.* || 3 ex
> *VL*

---

6. b. I Sam. 16,11-13
7. a. cf. Gen. 25,29-34

Toutefois comme le prophète Samuel savait que celui qui lui avait donné l'ordre de se présenter ne mentait pas et qu'il comprenait qu'aucun de ceux qui étaient là n'était aimé de Dieu, il dit à Jessé : «As-tu encore un fils ?» Il répondit : «J'en ai un de petit, que j'ai laissé au pâturage[b].» Ce fut donc lui qui fut choisi par le Saint-Esprit et qui reçut l'«onction royale»; et alors qu'il était tout jeune et *méprisé*, il reçut la dignité de prophète et de «roi»[10].

7. Mais cette histoire s'applique de la même manière au peuple qui lui aussi est le plus jeune et fut d'abord *méprisé*. Il était en effet dans les vices du monde, il était dans la nuit de l'ignorance, il était dans la demeure sauvage, primitive et chancelante d'un corps terrestre[11]. Mais lui, *n'oublie pas les règles de justice de Dieu*; lui, le plus jeune, est choisi, après le rejet du peuple ancien, pour recevoir l'héritage de la famille. Jacob achète en effet à Ésaü le «droit d'aînesse», que ce dernier, pensant qu'il allait «mourir», jugea inutile[a][12]. Le peuple cadet sait que ces prémices éternelles de sa naissance ne peuvent lui être enlevées, même par la mort. Il *ne* les *oublie* donc *pas*, elles dont le peuple aîné a désespéré et qu'il a vendues.

8. On trouve le même enseignement dans le verset suivant : TA JUSTICE EST POUR L'ÉTERNITÉ, ET TA LOI, VÉRITÉ. Le peuple qui sortit d'Égypte n'a pas fait cas des   142

---

10. Le commentaire historique du v. 141 fait par Hilaire est aussi contenu dans un commentaire anonyme du v. 141 de la *Ch. p.* (p. 414, v. 141, l. 1-9), qu'il faut attribuer, selon M. HARL (*Ch. p.*, Notes, p. 726-727), à Origène.

11. TERT., *Pudic.*, 7, 7, observait aussi que le peuple chrétien fut d'abord le peuple perdu (cf. *Iud.*, 3, 12).

12. Jacob et Ésaü (*Gen.* 25, 33) sont aussi la préfiguration, pour le premier, du peuple chrétien, pour le second, du peuple juif, selon IREN., *Haer.*, 4, 21, 3 ; TERT., *Iud.*, 3, 8.

aruit[a], cui *columna nubis* de *die, nocte autem columna*
5 *ignis* famulata est[b], cui *mannam* matutinam caelum
subministrauit[c], cui uiginti septem regna cesserunt[d], cui
Iordanis stetit aridus[e], cui *muri* Iericho ad solum *exercitus*
et *arcae* testamenti *circuitum* conciderunt[f]. Has *Dei*
iustitias scit populus, qui est iunior, *aeternas*; has, quia
10 *aeternas* sciret, emit fide; has, quia *moriturum* se crederet
senior, *uendidit* infidelitate[g]. Populo enim iuniori *lex*
ueritas est. Nam *uere* nunc ab eo *circumcisio cordis* per
Iesum iteratur ad uitam[h], *uere* per *mare* huius saeculi
transit in promissam sibi terram, *uere* caelestem *mannam*
15 sumit *aeternus, uere* in Iordane laetatur renatus, *uere*
pascham agni sanguine liberandus immolat[i], *uere in*
azymis sinceritatis fermento antiquae *malitiae* purgatur[j];
iam non *legis* ei *umbra,* sed *ueritas* est[k].

9. Scit autem ob hanc *ueritatis* confessionem multis
se persecutionibus hic iunior populus urgeri. Hinc enim
sunt in toto orbe terrarum beata fidelium confessorum

VL RC pA r S m

8, 4 de > S ‖ 5 manna matutinum *C pA r S m Ba. Er. Gi. Mi.* ‖
6 ministʳauit *C* ‖ 7 sonum *R pA S m Gi. Mi. Zi.* sonitum *Ba.*
Er. ‖ 8 circuitu *pA r S m* ‖ conciderunt *VL* ‖ dei > *pA Ba. Er.* ‖
9 quid *C* ‖ quia : qui *C r* > *V* ‖ 10 emit : enim *V* ‖ 11 uendidit :
distraxit *S Ba. Er.* ‖ 12 circumcisio : *pr.* et *R* ‖ 14 caeleste manna
C pA r S m Ba. Er. Gi. Mi. ‖ 15 aeternum *pA S m Ba. Er.* ‖ 16
pascha *C pA r S m Ba. Er. Gi. Mi.* ‖ libandum *S* ‖ 17 fermento :
epulatur fermentoque *pA S m Ba. Er. Gi. Mi.* ‖ antiquae > *pA S m*
Ba. Er. ‖ 18 umbra ei *r*
9, 2 hic iunior populus > *S* ‖ populus > *Ba. Er.* ‖ urgueri *R*
r arguit *C* ‖ 3 fidelium > *V*

8. a. cf. Ex. 14,21 ‖ b. cf. Ex. 13,21 ‖ c. cf. Ex. 16,11-18 ‖ d. cf.
Jos. 12,7-24 ‖ e. cf. Jos. 3,17 ‖ f. cf. Jos. 6,1-20 ‖ g. cf. Gen. 25,29-
34 ‖ h. cf. Jér. 4,4; Rom. 2,29 ‖ i. cf. Ex. 12,1-11 ‖ j. cf. I Cor. 5,8 ‖
k. cf. Hébr. 10,1

13. Nous n'avons pas trouvé d'équivalent au nombre donné ici par
Hilaire. La plupart des mss de la Vulgate s'accordent sur celui de 31,

marques de *justice* qu'il a reçues : la «mer» asséchée[a], la «colonne de nuée» à son service le «jour», la «colonne de feu» à son service la «nuit[b]», la «manne» du matin fournie par le ciel[c], la soumission de vingt-sept royaumes[d13], le Jourdain immobilisé et à sec[e], la chute des «murs» de Jéricho quand l'«armée» et l'«arche» d'alliance en eurent seulement fait le «tour[f]». Ces marques de *justice de Dieu*, le peuple cadet sait qu'elles sont *éternelles* ; les sachant *éternelles*, il les achète par la foi ; croyant «mourir», l'aîné les «vendit» par manque de foi[g]. En effet, pour le peuple cadet la *Loi* est *vérité*. En *vérité*, la «circoncision du cœur» est refaite par lui[h], grâce à Jésus, pour donner la vie ; en *vérité*, il traverse la «mer» de ce monde jusqu'à la terre qui lui a été promise ; en *vérité*, il prend la «manne» céleste pour l'*éternité* ; en *vérité*, il se réjouit de renaître dans le Jourdain ; en *vérité*, il immole la «pâque» pour être libéré par le «sang» de l'«agneau[i]» ; en *vérité*, il se purifie du «levain» de l'antique «méchanceté avec des azymes de pureté[j]» ; de la «*Loi*», il n'a plus l'«ombre», mais la *vérité*[k14].

9. Mais, pour cette confession de la *vérité*, le peuple cadet sait qu'il est victime de bien des persécutions. A cause d'elle en effet, il y a sur toute la terre d'heureux et saints martyres de fidèles confesseurs. A cause d'elle, plus

tandis que la Septante (Rahlfs, *Septuaginta*[7], t. 1, p. 376) a le nombre 29 ; elle est suivie par une très ancienne version latine de Josué éditée par V. Robert : *Heptateuchi partis posterioris versio latina antiquissima e codice lugdunensi*, Lyon 1900, p. 77. Orig., *In Jn*, 6, 4, 22, cite un texte comportant le nombre 29.

14. Un développement construit de la même façon — longue énumération des bienfaits de Dieu pour le peuple juif se terminant par le rappel de son infidélité — est aussi mis à profit par Tert., *Iud.*, 3, 13, dans sa polémique contre les Juifs. L'opposition entre la conception juive de la Loi et la conception chrétienne est aussi évoquée à propos du v. 142 par Origène (*Ch. p.*, p. 416, v. 142 a, l. 1-4).

et sancta martyria. Hinc plures patrimoniis spoliati,
5 exiliis dispersi, uincti, caesi, usti, necati ; sed felici semper
mandatorum meditatione omnia, quaecumque ingruerunt,

143   confirmatae fidei uirtute uicerunt. Et ideo ait : Tribvlatio
et angvstiae invenervnt me ; mandata avtem tva
meditatio mea est. Vrgueant licet pugnae, intententur
10 exilia, proscriptiones adhibeantur, mortes non dico
inferantur, sed cum poenarum ingeniis innouentur, uox
tamen ea esse semper fidelis uiri debet : *Tribulatio et
angustiae inuenerunt me* ; *mandata autem tua meditatio
mea est.* Non ui occupante, non obliuione temporis
15 subrepente *meditationem* a nobis *mandatorum Dei* abesse
conueniet.

144   **10.** Dehinc ait : Aeqvitas testimonia tva in aeternvm ; intellectvm da mihi eorvm et vivifica me.
Non contentus est *Dei testimonia* in praesens tantum
aequa et existimare et exspectare ; *aequitatem* eorum *in*
5 *aeternum* sperat et per superiores *tribulationes et angustias*
obtinere ea[a], quae *aeterna* sunt, nititur. Nihil *aeternum*
esse *diues* ille euangelicus existimans beatitudinem praesentem suam poenali *morte* mutauit. *Aeterna* autem *Dei
testimonia Lazarus pauper* exspectans et *Abrahae sinu*
10 continetur et miseriam uitae laboriosae beatae quietis

VL RC pA r S m

9, 4 martyrio *VL* || patrimonii *V* || expoliati *pA m Ba. Er. Gi.
Mi.* || 5 disparsi *V* || sed felici > *V r¹* || felici : fideli *C pA S m Ba.
Er. Mi.* || 6 ingruunt *R* || 8 angustia *RC pA S m Ba. Er. Gi. Mi.* ||
9 infestentur *VL r*   intendentur *R¹C* || 10 exhibeantur *m* || 13
angustia *L RC pA S m Ba. Er. Gi. Mi.* || me > *V* || 14 ui : ut
R || 15 meditationes *m* || 16 conueniat *V p¹r*   -nit *S Ba. Er. Gi. Mi.*
    10, 2 eorum > *R* || uiuificer *pA r S m Ba. Er. Gi. Mi.*   uiuam *R* ||
4 et¹ > *C pA m Ba. Er.* || 8 suam + uitam *VL* || 9 eliazar *VL*

10. a. cf. *v. 143*

d'un est dépouillé de son patrimoine, plus d'un est jeté en
exil, enchaîné, torturé, brûlé, mis à mort ; mais en
s'appliquant toujours avec bonheur aux commandements,
ils ont été victorieux de tous les assauts par la vertu d'une
foi qui a fait ses preuves. Et c'est pourquoi il dit :
TRIBULATION ET ANGOISSES M'ONT TROUVÉ ; MAIS TES   143
COMMANDEMENTS SONT L'OBJET DE MON APPLICATION.
Malgré la pression des combats, les menaces d'exil, le
recours aux proscriptions, la peine de mort non seulement
infligée, mais prenant chaque fois des formes nouvelles par
des châtiments raffinés[15], les paroles du fidèle doivent
cependant toujours être : *Tribulation et angoisses m'ont
trouvé ; mais les commandements sont l'objet de mon
application.* Sans laisser la violence se rendre maître de
nous, ni l'oubli du présent s'insinuer en nous, il conviendra
que notre *application* aux *commandements de Dieu* ne se
démente jamais.

10. Il dit ensuite : TES TÉMOIGNAGES SONT JUSTICE   144
POUR L'ÉTERNITÉ ; DONNE-MOI LEUR COMPRÉHENSION ET
FAIS- MOI VIVRE. Il ne se contente pas de la pensée et de
l'espoir que les *témoignages de Dieu* ne sont *justes* que pour
le présent ; il espère leur *justice pour l'éternité* et il s'efforce,
à travers les «tribulations et les angoisses» évoquées
précédemment[a], d'atteindre les biens *éternels*. Le «riche»
de l'Évangile pensant que rien n'était *éternel* échangea son
bonheur présent contre le châtiment de la «mort», tandis
que le «pauvre Lazare» qui attendait les *témoignages
éternels de Dieu* est gardé dans le «sein d'Abraham» et
reçoit en échange de la misère d'une vie de peine la gloire

---

15. Sur les châtiments infligés aux chrétiens et le raffinement des
bourreaux, cf. CYPR., *Demetr.*, 12.

honore demutat[b]. Horum *intellegentiam* propheta orat, *donum* scilicet inter multa *dona* praecipuum *spiritalium* gratiarum[c], et per eam *uiuificari* se deprecatur. Sicut enim nunc in praesens *testimonia Dei* et *mandata*
15 *meditatur*[a], ita exspectat *aeterna*; et sicut *uiuit* corporis *uita*, ita per *intellectum*, quem a Deo acceperit, ut *aeterna* gloria *uiuat*, expostulat.

VL   RC   pA   r   S   m

10, 11 commutat *S* ‖ 13 se > *S* ‖ 14 praesenti *S* ‖ 15 exspectata *VL* ‖ 16 ita + et *pA m Mi.* ‖ a deo > *L* ‖ accepit *S*
   explicit littera XVIII *VL r*   explicit sade *S*   finit *R*   finit littera XVIII *C pA*

---

10. b. cf. Lc 16, 19-25 ‖ c. cf. I Cor. 12, 8-10

d'un repos bienheureux[b]. Le prophète demande l'*intelligence* de ces témoignages, c'est-à-dire qu'il demande, parmi de nombreux *dons*, le *don* privilégié parmi les grâces «spirituelles[c]»[16], et il implore de recevoir par elle la *vie*. En effet, s'il «s'applique» maintenant aux *témoignages de Dieu* et aux «commandements» qui concernent le présent[a], il attend ceux qui sont *éternels*; et s'il *vit* de la *vie* dans un corps, il demande, par la *compréhension* qu'il aura reçue de Dieu, à *vivre* de la gloire *éternelle*.

16. «L'intelligence, le plus nécessaire de tous les dons de Dieu», dit de même le commentaire du v. 144 conservé par la *Ch. p.* (p. 416, v. 144, l. 4), commentaire qu'il faut attribuer soit à Origène soit à Eusèbe (M. HARL, *Ch. p.*, Notes, p. 730).

KOPH

CLAMAVI TOTO CORDE MEO, EXAVDI ME,
DOMINE; IVSTIFICATIONES TVAS REQVIRO, ET
RELIQVA.

1. Inter multa euangelicae doctrinae praecepta silen-
tium a nobis *orandi* Dominus exegit[a], ut taciti et ex
secreto cordis precaremur neque in eo uocis potius esset
officium quam mentis; Deo *orationis* nostrae secreta,
5 quia secretorum inspector est, audiantur. Ergo contrarium
euangelicis institutis uidetur hoc quod ait propheta
dicens : CLAMAVI TOTO CORDE MEO, EXAVDI ME, DOMINE;
IVSTIFICATIONES TVAS REQVIRAM. Sed scit propheta *cla-*
morem potius *cordis* oportere esse, non uocis, et idcirco
10 de *corde clamat*. Non hic elatae uocis sonus est neque
corporalis auditio, sed *clamor* fidei, *clamor* mentis, usque

---

VL RC pA r S m

koph > *m*   *pr.* incipit littera XVIIII feliciter *V*   *pr.* incipit XVIIII *L r*   *pr.* incipit *C pA S*   *pr.* littera XIX *Mi.*
+ littera XVIIII *C pA*   + tractatus *S*
clamaui — et reliqua : clamaui in toto corde, exaudi me domine
etc. *Ba. Er.*   *omnes uersus litterae nonae decimae R Gi. Mi.*   > *A*
S ‖ toto : *pr.* in *m Ba. Er. Mi.* ‖ meo + domine *V* ‖ domine > *V*
1, 2 exigit *R Zi* ‖ 3 deprecemur *R Zi.*   precemur *Ba. Er. Gi.* ‖
esset : sit *Zi.*   > *R* ‖ 4 deo : *pr.* a *m* ‖ secreto *pA S m*   -tum *r* ‖ 5
audiantur : -atur *VL R*   et auditor *C*   auditore *pA r S m*
aufiente *Ba. Er. Gi. Mi.* ‖ 6 hoc > *L r* ‖ quo *L* ‖ 7 toto : *pr.* in *C*
pA m Mi.   *pr.* ex *S Ba. Er. Gi.* ‖ domine exaudi me *L S* ‖ 8 requiro
VL r Zi. ‖ sed > *r* ‖ 10 est > *VL r*

KOPH

J'AI CRIÉ DE TOUT MON CŒUR, ÉCOUTE-MOI,
SEIGNEUR ; JE RECHERCHE TES RÈGLES DE
JUSTICE, ET LA SUITE.

1. Parmi les nombreux préceptes de la doctrine évangélique figure le silence, que le Seigneur a exigé de nous dans
la « prière », pour que notre demande soit silencieuse[a],
vienne du secret de notre cœur, et que la parole y tienne
une place moindre que l'esprit ; les secrets de notre
« prière » sont entendus de Dieu, puisqu'il est celui qui
pénètre les secrets. Il semble donc qu'il y ait contradiction
entre l'enseignement de l'Évangile et ce que dit le
prophète : J'AI CRIÉ DE TOUT MON CŒUR, ÉCOUTE-MOI,
SEIGNEUR ; JE RECHERCHERAI TES RÈGLES DE JUSTICE[1].
Mais le prophète sait qu'il faut que ce *cri* soit plutôt celui
du *cœur*, non celui de la voix ; c'est pourquoi son *cri* vient
du *cœur*. Il n'est pas question ici du son de la voix qui
s'élève, ni d'audition au sens physique du mot, mais du *cri*
de la foi, du *cri* de l'esprit fait pour être poussé non par

---

1. a. cf. Matth. 6,6

---

1. Très proche du commentaire d'Origène au point d'en « traduire »
certaines expressions (*qui magna postulat, qui caelestia precatur*
reprend ὁ αἰτῶν ἐπουράνια καὶ μεγάλα : *Ch. p.*, p. 421, v. 145, l. 4), le
commentaire d'Hilaire s'inspire aussi des préceptes de CYPR., *Domin.
oral.*, 4, sur la prière.

ad Dei thronum non nisu uocis, sed *fidei spiritu* efferen-
dus[b]. Ille enim ad Deum *corde clamat*, qui magna
postulat, qui caelestia precatur, qui aeterna sperat, qui
15 innocentis timoris uiuit officiis.

2. Sic et in huius mundi exordio iustus Abel etiam
peremptus magna loquitur et *clamat*. Scriptum est enim :
Vox sanguinis fratris tui clamat ad me[a]. Non humilis
sanctorum querella est, nec depressa fidelium oratio est.
5 Altum est quod postulant, excelsum est quod exspectant,
clamore personum est quod precantur. Vrguebat Pharao
infestis Dei *populum* agminibus, *mare* rubrum fugae
obsistebat, conclusus undique Israhel iam ad *mortem*
uidebatur hoste proximo, *mare* obuio. Inter haec nullam
10 Moysi ad Deum uocem fuisse scriptura testatur, stabat
maestus, stabat *tacens*, sed secreto *cordis sui* personans
et orationis suae fide *clamans*[b]. Vox enim istud diuina
testatur dicens : *Dixit autem Dominus ad Moysen : Quid
proclamas ad me*[c]*?* Silebat uir ille ; sed oratio fidei
15 eius *clamor* ad Deum est. Nouit et apostolus hunc
in uiris fidelibus spiritus esse *clamorem*, cum dicit :

VL   RC   pA   r   S   m

1, 12 thronum dei *S Ba. Er. Gi. Mi.* ‖ nisi *V* ‖ haec ferendus
R¹C ‖ 13 ad eum *VL*   a deo *C* ‖ corde : *pr. toto Ba. Er. Gi. Mi.* ‖
14 aeterna sperat : terrena spernit *pA m* ‖ 14-15 qui innocentis —
officiis > *C*
2, 2 interemptus *r* ‖ loquitur + uoce *C* ‖ 5 postulat *R S edd.* ‖ 5-6
quod² — personum est > *C pA S* ‖ 5 exspectat *R edd.* ‖ 6 precatur *R S*
edd. ‖ 8 ad > *pA S m* ‖ 9 uidebatur : uerebatur *C pA S m*   urgeba-
tur *Ba. Er. Gi.* ‖ mari *C r S m² edd.* ‖ nullam + iam *C* ‖ 12 fidem *V* ‖
14 uir > *R²C pA m Mi.* ‖ 15 dominum *L* ‖ est : erat *C pA S m*
Mi.   > *Ba. Er.*

1. b. cf. II Cor. 4, 13
2. a. Gen. 4, 10 ‖ b. cf. Ex. 14, 9-14 ‖ c. Ex. 14, 15

2. AMBROISE (*In psalm.* 118, 19, 10-11) prêtera à Moïse les mêmes
sentiments et la même attitude qu'Hilaire. Cette «mise en scène»

l'effort de la voix, mais par l'«esprit de foi[b]». Il *crie* en
effet vers Dieu avec son *cœur*, celui-là qui demande de
grandes choses, qui implore des biens célestes, qui espère
des biens éternels, qui vit dans les devoirs d'une crainte
innocente.

2. Au commencement de ce monde aussi, Abel le juste,
même après avoir été tué, dit de grandes choses en *criant*.
En effet il est écrit : «La voix du sang de ton frère *crie* vers
moi[a].» La supplication des saints n'est pas effacée ni la
prière des fidèles, sourde. Haute est leur demande, élevée,
leur attente, *retentissante*, leur prière. Pharaon pressait le
«peuple» de Dieu, le menaçant de ses armées ; la «Mer»
Rouge l'empêchait de fuir ; encerclé de toute part, Israël
semblait dès lors près de «mourir» : l'ennemi était tout
proche, la «mer» faisait obstacle. L'Écriture témoigne
qu'au milieu de tout cela Moïse n'adressa pas une parole à
Dieu ; il était debout, triste ; il était debout, «en silence»,
mais dans le secret de *son cœur*, sa voix retentissait et dans
la foi de sa prière, il *criait*[b]. Une parole de Dieu en est en
effet témoin, qui dit : «Le Seigneur dit à Moïse : Pourquoi
cries-tu vers moi[c] ?» Le grand homme gardait le silence ;
mais la prière de sa foi est un *cri* vers Dieu[2]. L'Apôtre aussi
sait qu'il y a chez les hommes de foi ce *cri* de l'Esprit,

repose sur une interprétation d'*Ex.* 14, 15 et de la parole de Dieu :
«Pourquoi cries-tu vers moi ?» En effet le texte ne dit pas que Moïse
ait crié vers Dieu auparavant (v. 1-14). Ainsi Moïse, en apparence
silencieux, prie dans son cœur qui crie vers Dieu. Cette interprétation
est celle qu'ont donnée Origène (*In Jn*, 6, 18, 101) et, avant lui,
Philon (*Her.*, 14, 16). Il est plus difficile de dire pourquoi Hilaire
(comme en *In psalm.* 140, 1) et Ambroise présentent ainsi Moïse :
Stabat maestus. L'emploi en tête de phrase du verbe *stare* suivi d'un
adjectif de sentiment n'est pas rare chez Virgile (cf. *Aen.*, 8, 592 :
Stant pauidae in muris matres). Le verbe *stare* sert aussi à évoquer
l'attitude de l'homme en prière : cf. Cypr., *Domin. orat.*, 4, 31 ; Tert.,
Orat., 23, 1.

Spiritus enim in cordibus nostris clamat : *Abba pater*[d].
Penetrat hic silentii *clamor* usque ad aures Dei, sed
aures non *clamorem*, sed fidem audientes; fidem, quae
20 non terrenas opes poscat, non gloriam inanem caducamque
desideret, non quae moritura corporis gaudia precetur.
Exiguis quidem epistulas suas apostolus litteris scribit
et communis haec ei elementorum atque apicum forma
est, sed nouit ingentes has esse litteras suas dicens :
25 *Ecce qualibus uobis litteris scripsi mea manu*[e], magnitudinem sensuum et praeceptorum utilitatem *litteris* talibus
comprehendens. *Clamat* igitur propheta ex *toto corde*.
Et quia ex *corde clamat*, ut audiatur orat; et auditus
haec postulat, ut *iustificationes Dei* exquirat. Scit has
30 esse occultas et latentes et *umbra legis* obductas[f]. Has
optat inquirere, ad quas multis opus sit magnisque
rebus, *clamore cordis, exauditionis* merito, inquisitionis
officio.

3. Sed qui *clamauit* ut audiretur et inquireret *iustifi-*
146 *cationes Dei*, nunc CLAMAT ut SALVVS fiat ET CVSTODIAT
TESTIMONIA DEI. Quantae autem modestiae ordinem
tenuit ! Non statim *clamorem* suum sperare ausus est
5 proficere in *salutem*. Prius fuit ut auditione dignus esset ;
prius fuit ut *iustificationes* inquireret[a]. Merenda fuit
auditio, adhibenda inquisitio ; et *salus* post ista speranda.
Nos uero *salutem* tamquam debitum postulamus et,

VL (usque ad 3,4 : sperare) RC pA r S m

2, 17 enim > C ‖ 20 non² : pr. et V r ‖ 21 moriatura VL
moritur C ‖ 22 litteris : pr. in V r ‖ 24 has ingentes pA m Mi. ‖ 25
uobis — scripsi : scripsi uobis S ‖ 27 toto + de V ‖ 28 ut : et C ‖
29 haec > m ‖ 30 occulte C
3, 3 dei + ait enim clamaui ad te et saluum me fac r m ‖ 4
clamorem : pr. in C ‖ 5-6 fuit ut — fuit ut : nisi C pA ‖ 6
iustificationes + dei C pA m ‖ fuit² > r m ‖ 7 et : est C ‖ speramus S

2. d. Gal. 4,6 ‖ e. Gal. 6,11 ‖ f. cf. Hébr. 10,1
3. a. cf. *v. 145*

quand il dit : «L'Esprit en effet *crie* dans *nos cœurs* :
Abba! Père[a]!» Ce *cri* silencieux parvient jusqu'aux oreilles
de Dieu, mais ce sont des oreilles qui entendent non pas un
cri, mais une foi, une foi qui ne demande pas des biens
terrestres, ne désire pas une gloire vaine et fragile,
n'implore pas les joies périssables du corps[3]. C'est bien en
petits caractères que l'Apôtre écrit ses lettres, et la forme
de son écriture et de ses signes est ordinaire, mais il sait
que ce sont de grands caractères, puisqu'il dit : «Voyez
avec quels caractères je vous ai écrit de ma main[e]», parce
qu'il exprime dans ce genre de «caractères» la grandeur de
ses idées et le fruit de ses préceptes. Le prophète *crie* donc
de *tout* son *cœur*, et comme son *cri* vient du *cœur*, il
demande à être entendu; et, une fois entendu, voici ce
qu'il demande : rechercher les *règles de justice de Dieu*. Il
sait qu'elles sont cachées, dissimulées, et recouvertes par
l'«ombre» de la «Loi[f]». Il souhaite les chercher; pour les
trouver, beaucoup de conditions importantes sont requi-
ses : le *cri* du *cœur*, le mérite d'être *écouté*, le devoir de
chercher.

3. Mais celui qui a *crié* pour être entendu et chercher les
règles de justice de Dieu, CRIE maintenant pour être SAUVÉ   146
ET GARDER LES TÉMOIGNAGES DE DIEU. Quel ordre plein de
modération il a tenu! Il n'a pas osé espérer que son *cri*
contribuerait tout de suite à son *salut*. D'abord il lui a fallu
être digne d'être écouté; d'abord il lui a fallu chercher les
règles de justice[a]; il a dû mériter d'être entendu; il a dû
s'employer à une recherche; et c'est après cela que le *salut*
doit être espéré. Mais nous, nous réclamons le *salut* comme

---

3. Hilaire doit à Origène les références scripturaires *Gen.* 4, 10 ; *Ex.*
14, 15 ; *Gal.* 4, 6. L'opposition entre le cri du juste qui demande de
grandes choses et les demandes méprisables, déjà faite par Philon, se
trouve dans le commentaire d'Origène et sera reprise par Ambroise
(cf. M. HARL, *Ch. p.*, Notes, p. 733).

ueluti Deo sit hanc eandem praestare necesse, primis ab
10 eo precibus oramus. Atque utinam *cordis clamore* loque-
remur! Labia tantum nostra sensu peregrinante, quod
nesciunt murmurant, et officium corporis mens in res
alias occupata non sequitur. Propheta uero, cum post
tot praecedentes antea preces ut *saluus* esset orasset,
15 *salutis* ipsius stipendium docet dicens : *Et custodiam*
mandata tua. Haec fidei nostrae militia est, *custodire*
mandata et ueluti secreto fidelissimo hunc thensaurum
depositi et commendati nobis praecepti reseruare.

4. Qui uero *clamauit* et *testimonia Dei*, id est sub
testibus caelo ac *terra* et angelis scripta[a], *custoditurum*
se professus est, addidit adhuc et meritum obtinendae
147 *salutis* dicens : Praeveni in matvritate et clamavi,
5 in verba tva speravi. Non exspectauit infirmam a uitiis
senectutem, neque deferuescentibus longo usu luxuque
aestibus frigidae aetatis tempus elegit ; sed *maturitatem*
omnem fide et religione *praeuenit*, uincens per continentiam iuuentutem et comprimens lasciuientes annos
10 et senectutis *maturitatem* modestae et castae adulescentiae

---

V RC pA r S m

3, 9 uelud *C pA m* ‖ necesse > *C* ‖ 9-10 ab eo : habeo *C* ‖ 12
officium corporis : corporis *V R r*   c. officium *Zi.* ‖ 17 ueluti > *S*
Ba. Er. ‖ 18 praeceptis *V*
4, 1 uere *C* ‖ 3 se > *C* ‖ et : ad *pA S m* ‖ 3-4 salutis obtinendae *R*
Zi. ‖ 4 in maturitate : maturitatem *S*   inmaturitate *Zi.* ‖ 5 in : *pr.*
et *C pA m Mi.* ‖ speraui : *pr.* semper *Ba. Er. Gi. Mi.* ‖ a uitiis : uitiis
C   ad uitia *pA S m Mi.* ‖ 6 luxuque : luxuriae *pA r S m Ba. Er. Gi.*
Mi. ‖ 7 aestibus : aetatibus *R* ‖ inmaturitatem *C pA m Mi.* ‖ 10 et[1]
> *Mi.* ‖ modestiae *m*

---

4. a. cf. Deut. 4, 26 ; 30, 19

---

4. Mêmes critiques de la part de Cypr., *Domin. orat.*, 31. Ces lignes
de diatribe font penser à *In psalm.* 135, 1 ; 138, 1, où Hilaire se plaint

une chose due, et comme s'il y avait une obligation pour Dieu de nous l'accorder, nous commençons par là nos prières de demande. Et si encore nous lui parlions avec un *cri* du «cœur»! Tandis que l'esprit vagabonde, nos lèvres se contentent de murmurer ce qu'elles ignorent, et notre esprit occupé à autre chose ne suit pas ce que fait notre corps[4]. Mais le prophète, après avoir demandé, à la suite de tant de prières antérieures, à être *sauvé*, indique le prix du *salut* lui-même, en disant : *Et je garderai les commandements.* Le combat de notre foi consiste à *garder les commandements* et à tenir en réserve comme dans un endroit secret très sûr le trésor du précepte qui a été déposé en nous et nous a été confié[5].

4. Mais celui qui a *crié* et proclamé qu'il *garderait les témoignages de Dieu*, c'est-à-dire ce qui a été écrit avec le «ciel», la «terre» et les anges pour «*témoins*[a][6]», a encore précisé le mérite qui lui vaut d'obtenir le *salut*, en disant : J'AI PRIS LES DEVANTS DE LA MATURITÉ ET J'AI CRIÉ, J'AI ESPÉRÉ EN TES PAROLES. Il n'a pas attendu la vieillesse que les faiblesses rendent fragile et n'a pas choisi le temps de la saison froide, quand les ardeurs retombent après un long temps de jouissance et de laisser-aller; mais il a *devancé* toute *maturité* par sa foi et sa religion, triomphant de sa jeunesse par la continence, réprimant les années de dérèglement, et *devançant* la *maturité* de la vieillesse par le

147

de l'inattention de son auditoire. J. Doignon, *Hilaire...*, p. 28-29, note 5, rapproche ces textes de Orig., *Hom. Ex.*, 12,2 (*SC* 321, p. 356), où on lit les mêmes critiques contre celui qui «assiste à la lecture de la loi, les yeux et la tête attentifs, mais dont le cœur et les pensées vagabondent».

5. Cf. 2,6 à propos du v. 11.

6. Même rappel de la définition des témoignages (d'après *Deut.* 4,26) dans le commentaire du v. 146 par Origène (*Ch. p.*, p. 422, v. 146, l. 5-6).

tranquillitate *praeueniens*. Et prophetae *clamor* est *spe-rantis in Dei uerba*, non aliquando, sed semper. Finis enim nullus est *spei* nostrae, sed in caelestes res semper extenditur et in aeterna Dei promissa procedit. Nullum
15 tempus uacuum habet, nullum otiosum.

148　**5.** Denique id sequitur : ET PRAEVENERVNT OCVLI MEI DILVCVLO, VT MEDITARER ELOQVIA TVA. Qui *in maturitate clamore praeuenerat*[a], nunc ipsos dies *meditationibus praeuenit*. Vigilat ille *diluculo*, non exspectat ut grauatos
5 somno *oculos* lux infusa proturbet. Vigilat ille et ipsum redeuntem lucis ortum orationibus obperitur, nunc prophetarum dictis occupatus, nunc psalmorum hymnis intentus, nunc patriarcharum et sanctorum gestis negotiosus, omne *eloquium Dei* in omni tempore et
10 adsiduitate *meditatus*.

149　**6.** Dehinc sequitur : VOCEM MEAM EXAVDI SECVNDVM MISERICORDIAM TVAM, DOMINE ; SECVNDVM IVDICIVM TVVM VIVIFICA ME. Discamus modestiam ex dictis prophetae,

V RC pA r S m

4, 11 sperantes *V*
5, 1 et > *C pA r S m* ‖ mei + ad te *r m* ‖ 2 in maturitate : maturitatem *S*　inmaturitatem *m²*　inmaturitate *Zi.* ‖ 3 clamo-rem *R Ba. Er. Gi. Zi.*　clamare *C pA* ‖ praeuenerat + ille diluculo *C* ‖ 6 operiretur *C* ‖ 7 occupatur *V* ‖ 9 omne : omni *pA Mi.* ‖ in omni > *pA Mi.* ‖ 10 meditatur *r*
6, 3 modestiam + tuam *V* ‖ ex + tot *Gi.*

---

5. a. cf. *v. 147*

---

7. Le commentaire attribué à Origène (*Ch. p.*, p. 422, v. 147) donne au verset le même sens spirituel, l'auteur évoquant le jeune homme qui « veut vaincre sa jeunesse par une sagesse de vieillard ». Le

calme d'une jeunesse retenue et chaste[7]. Et le *cri* vient du
prophète qui *espère dans les paroles de Dieu*, non pas de
temps en temps, mais toujours[8]. En effet, il n'y a aucune
limite à notre *espérance*, mais elle tend toujours aux biens
célestes et avance vers les promesses éternelles de Dieu.
Elle ne connaît aucun moment vide, aucun moment libre.

5. Il y a ensuite : Et mes yeux ont devancé le point   148
du jour, pour que je m'applique à tes paroles. Celui
qui par son «cri» avait pris les «*devants* de la maturité[a]»
devance maintenant les jours eux-mêmes par les activités
auxquelles il *s'applique*. Il veille au *point du jour*, il
n'attend pas que la lumière en se répandant dérange ses
yeux alourdis par le sommeil. Il veille et attend dans la
prière le retour même de l'apparition de la lumière, tantôt
occupé par les paroles des prophètes, tantôt s'adonnant
aux hymnes des psaumes, tantôt se consacrant à l'histoire
des prophètes et des saints, *s'appliquant* à tout moment et
avec persévérance à chaque *parole de Dieu*.

6. Ensuite vient : Écoute ma voix selon ta miséri-   149
corde, Seigneur ; selon ton jugement fais-moi vivre.
Apprenons dans ces propos du prophète la réserve, comme

---

commentaire d'Hilaire sur ce verset a été étudié par C. Gnilka, *Aetas
spiritalis* (*Theophaneia* 24), Bonn-Köln 1972, p. 139. Il est rapproché
d'autres développements d'auteurs chrétiens qui ont aussi défini
l'idéal du *puer-senex*.

8. On peut s'étonner de voir Hilaire commenter comme si le texte
du verset était : *In uerba tua* semper *speraui* (*semper* ne se lit en effet
dans aucun psautier, cf. Weber, *Psautier*, p. 309). Le commentaire
d'Hilaire dépend en fait de celui d'Origène qui s'appuyait sur un texte
donnant ἐπήλπισα. Se référant au commentaire d'Origène (dont nous
n'avons pour ce verset qu'un texte approximatif ; cf. M. Harl, *Ch. p.*,
Notes, p. 733-734), Hilaire a sûrement trouvé des remarques sur la
valeur du préfixe ἐπι : Origène devait le commenter par ἀεί, comme on
le voit à propos du v. 43 b (*Ch. p.*, p. 262-264, v. 43, l. 24-26).

ut superiorum *clamorem cordis, iustificationum* inquisi-
5 tionem[a], *custodiam testimoniorum Dei*[b] et continentiam
iuuentutis[c] et antelucanae *meditationis* uigilias[d]; et per
haec omnem in *misericordia Dei* spem reponens postremo
audiri *uocem suam secundum misericordiam* rogat, et
misericordiam secundum iudicium Dei postulans. Nos si
10 semel ieiunamus, satis fecisse nos arbitramur; si aliquid ex
copia domesticarum facultatum inopi damus, impleuisse
nos iustitiam credimus; ieiunantes, ut aut placeamus
hominibus aut corpora cibis fessa releuemus, et inter
ipsa ieiunia stupra, caedes, iniurias, odia cogitantes;
15 donantes autem exiguum nescio quid, dum pulsantem
fores nostras inopem non sustinemus aut dum bonitatis
famam inani et otiosa hominum opinione sectamur
— et deberi nobis, ut audiamur, existimamus. Sed totum
a Deo propheta sperat, totum ex *misericordia eius*
20 expectat. In operibus quidem bonitatis totius ipse
perfectus est, sed satis esse hoc sibi non putat ad salutem,
nisi *secundum* miserationes Dei et *iudicia misericordiam*
consequatur.

7. Numquam autem otiosus est, numquam non infes-
tantes insectantesque proximi sunt; uita eius omnis
secundum scripturae fidem in insidiis fuit. Sed et quisque
nunc placere Deo uult, displiceat impiis necesse est.

V RC pA r S m

6, 4 ut : tot *RC pA S Ba. Er. Mi.*   > *Gi.* ‖ superiorem *R*
-ribus *C pA S Ba. Er. Gi. Mi.*   -re *Zi.* ‖ clamore *C pA r S
m edd.* ‖ iustificationem *V* ‖ 4-6 inquisitione, custodia, ... continentia ..., uigiliis *pA S m Ba. Er. Gi. Mi.* ‖ 6 et[2] > *pA m Gi.* ‖
7 misericordiam *V r* ‖ 9 postulat *S Ba. Er. Gi. Mi.* ‖ 10 ieiunia *C* ‖
11 copia : horreo *S Ba. Er. Gi.* ‖ impleamus *C* ‖ 14 ipsa > *V r* ‖
caedes > *RC pA Ba. Er. Gi.* ‖ iniurias : *pr.* et *V r* ‖ odii cogitationes
R ‖ 15 autem > *C* ‖ pulsantes *RC r*   -tis *pA*   -te *m* ‖ 16 inopem : -pes *C*   moras *pA*   inope moras *m* ‖ 16-17 bonitate famis
V ‖ 17 hominum opinione : fama *V* ‖ 19 a : de *S Ba. Er. Gi.* ‖
20 totus *pA r m*
7, 1 non > *C* ‖ 2 insectantes *C*   et insectantes *pA m* ‖ 2-3 sunt
— fidem in > *V r*[1] ‖ 3 et > *pA m* ‖ quisquis *Er. Gi. Mi.*

nous avons appris plus haut le «cri» du «cœur», la
recherche des «règles de justice[a]», la «garde» des «témoignages de Dieu[b]», la continence pendant la jeunesse[c] et les
veilles consacrées à une «méditation» avant le jour[d] ; et
comme il met dans tous ces cas son espoir dans la
miséricorde de Dieu, il demande à la fin que *sa voix* soit
entendue *selon sa miséricorde*, en réclamant même cette
miséricorde selon le jugement de Dieu. Nous, si nous jeûnons
une fois, nous pensons en avoir fait assez ; si nous donnons
à un pauvre un peu de l'abondance de nos richesses
personnelles, nous croyons avoir satisfait à la justice ; nous
jeûnons, ou bien pour plaire aux autres, ou bien pour
soulager nos corps fatigués par la nourriture et au milieu
de nos jeûnes nous pensons à la débauche, aux meurtres,
aux injustices, aux haines ; nous faisons une offrande
minime, tandis que nous n'aidons pas le pauvre qui frappe
à notre porte ou que nous cherchons à nous faire une
réputation de bonté dans l'opinion publique, vaine et
inutile[9]. Nous estimons pourtant que nous devons être
entendus. Mais le prophète espère tout de Dieu, il attend
tout de *sa miséricorde*. Bien sûr, il est lui-même parfait
dans les œuvres qui témoignent de son entière bonté, mais
il ne pense pas que cela soit suffisant pour son salut, s'il
n'obtient pas, *selon* les faveurs de Dieu et ses *jugements*, sa
miséricorde.

7. Or il n'est jamais tranquille, jamais ceux qui
l'attaquent et le poursuivent ne cessent d'être tout près ;
toute sa vie s'est passée, suivant le témoignage véridique
de l'Écriture, au milieu des pièges. Mais quiconque veut
plaire à présent à Dieu déplaît nécessairement aux impies.

---

6. a. cf. *v. 145* ‖ b. cf. *v. 146* ‖ c. cf. *v. 147* ‖ d. cf. *v. 148*

---

9. Hilaire envisage deux sortes d'œuvres, le jeûne et l'aumône,
dont CYPRIEN avait montré l'importance dans son traité *De opere et
eleemosynis*. Le ton polémique de ces lignes est aussi celui de CYPRIEN
à l'encontre des chrétiens timorés dans leurs aumônes (*Eleem.*, 9).

150 5 Et ideo ait : Adpropiavervnt perseqventes me ini-
qvitati ; a lege avtem tva longe facti svnt. Haec
quidem de se, cuius infestata fuit undique uita, dixisse
creditur. Sed qui in psalmo hoc humanae doctrinae
ordinem tenet, ad eruditionem nostram omnia tem-
10 perauit, ut cognosceremus eos qui proximi iniuriae
fidelium fierent, *a Dei lege longe* abesse. Quanta enim
fit in sanctos iniuriae accessio, tanta fit ex *Dei lege*
decessio. Cauendum autem est ne quando nos aduersum
fratres ira commoueat, ne quando inuidia stimulet, ne
15 quando aemulatio inritet, ut aliquid in eos inreligiosum
ac fastidiosum agamus, quorum iniuriae cum adsistimus,
tum *a Dei lege* desistimus.

151   **8.** Dehinc sequitur : Prope es, Domine, et omnia
mandata tva veritas est. Alio in loco legimus : *Deus
adpropians ego sum et non Deus a longe, dicit Dominus*[a].
Non corporalibus locis Deus continetur, neque finibus
5 aut spatiis diuinae uirtutis immensitas coartatur. Adest
ubique, et totus ubicumque est ; non pro parte usquam
est, sed in omnibus omnis est. Beatus apostolus
Atheniensibus philosophiae inanitate ridiculis pro contione
respondens ait : *Non longe a nobis manentem quaerimus
10 Deum ; in ipso enim uiuimus et mouemur et sumus*[b].
Et *spiritus Dei*, secundum prophetam, *repleuit orbem
terrarum*[c]. Et rursum : *Nonne caelum et terram ego impleo ?*

V RC pA r S m

7, 5 idcirco *pA Mi.* ‖ adpropiauerunt — iniquitati > *R* ‖
appropinquauerunt *C pA* ‖ iniquitate *C*   iniqui *V r Zi.* ‖ 7 infesta
S ‖ 8 credetur *V r* ‖ in > *V r* ‖ 12 sanctis *R S Ba. Er. Gi.* ‖ discessio
r ‖ 16 ac : aut *C pA Mi.*

8, 2 est > *r S Ba. Er. Gi. Mi.* ‖ in > *V r* ‖ 3 a longe : longe *R*
p   de longe *C A S m Ba. Er. Gi. Mi.* ‖ 6 totus + est *m* ‖ 6-7 non —
est[2] > *C* ‖ 8 contentione *C m*   contemptione *r* ‖ 10 et[1] > *S Ba. Er.
Gi.* ‖ et sumus et mouemur *V r* ‖ 11 repleuit : *pr.* et *C* ‖ 12 terrarum :
terram *R* ‖ caelum : *pr.* et *r* ‖ terra *V* ‖ inplebo *V*

C'est pourquoi il dit : Ceux qui me persécutent se sont   150
approchés de l'injustice ; mais ils se sont éloignés de
ta loi. On pense bien sûr qu'il a dit cela de lui, dont la vie
a fait l'objet d'attaques venues de toutes parts. Mais celui
qui dans notre psaume suit l'ordre d'un enseignement pour
l'homme a tout disposé en vue de notre formation, afin que
nous sachions que ceux qui sont tout près de l'injustice
envers les hommes de foi, sont *loin de la loi de Dieu*. En
effet, plus on s'approche de l'injustice vis-à-vis des saints,
plus on se sépare de la *loi de Dieu*[10]. Or, il faut veiller à ce
que jamais la colère ne nous anime contre nos frères,
jamais l'envie ne nous aiguillonne, jamais la jalousie ne
nous pousse à commettre un geste impie et abject à leur
égard, car en nous tenant près de l'injustice qui les atteint,
nous nous écartons *de la loi de Dieu*.

8. Ensuite il y a : Tu es proche, Seigneur, et tous   151
tes commandements sont vérité. Ailleurs nous lisons :
«Je suis le Dieu qui approche et non pas le Dieu lointain,
dit le *Seigneur*[a].» Dieu ne se tient pas dans des lieux précis,
et l'immensité de la puissance divine n'est pas limitée par
des frontières ou des espaces. Il est partout présent, et il
est entièrement, partout où il est; il n'est pas partiellement quelque part, mais il est tout entier en toute chose.
Le bienheureux Apôtre, répondant devant l'assemblée aux
Athéniens, que la vanité de leur philosophie rendait
ridicules, dit : «Nous ne cherchons pas un Dieu qui
demeure loin de nous; en lui en effet nous vivons, nous
nous mouvons et nous sommes[b].» Et «l'Esprit de Dieu,
suivant le prophète, a rempli le monde[c]». Encore : «Est-ce

8. a. Jér. 23, 23 ‖ b. Act. 17, 28 ‖ c. Sag. 1, 7

10. La phrase d'Hilaire suit de près celle d'Origène : «Plus il
s'approche pour persécuter le juste, plus il s'éloigne de la loi de Dieu»
(*Ch. p.*, p. 424, v. 150, l. 3-4).

dicit Dominus[d]. Nihil a Deo uacat, nihil indiget. Vbique
est modo animae corporalis, quae in membris omnibus
15 diffusa a singulis quibusque partibus non abest. Etiamsi
priuata quaedam ei et regia in toto corpore sedis est,
tamen in medullis, digitis, artubus infunditur. Iam si
corruptis aliquibus corporis membris recisione erit necesse,
cum usum suum eadem membra uitiis emortua non
20 habebunt, id quod putre caducumque carnis est sine
detrimento animae recidetur. Ipsa enim corporis nostri
anima sanis et integris admixta membris est; et cum
eadem fuerint putria et recidenda, non sequitur.

9. Haec quidem superflue diuinae naturae ad compa-
rationem similitudinis conferuntur; quia incomparabile
est quidquid aeternum est, nec recipit configuratae
ueritatis speciem ininitiabilis diuinitatis exceptio. Sed
5 intellegentiae nostrae istius modi coaptatur exemplar,
ut per id secundum *caelestium* dictorum auctoritates
incorporalem et immensum Deum circumscripto huic et
corporali mundo intellegeremus admixtum, uitiosis uero
et per opera sua emortuis non inesse. Quin etiam

V   RC   pA   r   S   m

8, 13 ubi *V r* ‖ 14 incorporalis *S Ba. Er. Gi.* ‖ 15 a > *pA m
Mi.* ‖ 16 sedes *R²* pA *r S Ba. Er. Gi. Mi.* ‖ 17 artibus *V¹ RC* ‖ 20
caducae *pA m Mi.* ‖ 21 reciditur *R S Ba. Er. Gi.* ‖ 23 putria : *pr.*
et *C pA m Mi.*   putrida *S Ba. Er.*

9, 2 conferentur *C A m* ‖ 3 aeternum : *pr.* in *V* ‖ 4 initiabilis *m* ‖ 5
nostrae > *r* ‖ 6 doctorum *C pA* ‖ auctoritatis *V C r*   -tem *S Ba. Er.
Gi. Mi.* ‖ 9 mortuis *S Ba. Er.*

---

8. d. Jér. 23, 24

---

11. Commentaire très proche de celui d'Origène, les deux auteurs
utilisant le même «dossier» scripturaire : *Jér.* 23, 23 ; *Act.* 17, 28 ; *Sag.*
1, 7. Hilaire dépend aussi de TERTULLIEN : l'expression *anima
corporalis* est employée en *Anim.*, 6, 5 ; *Resurr.*, 17, 2. TERTULLIEN

que je ne remplis pas le ciel et la terre ? dit le *Seigneur*[d].»
Rien n'est sans Dieu, rien ne manque de lui. Il est partout,
à la façon de l'âme corporelle qui, répandue dans tous les
membres, n'est absente d'aucune partie. Même si elle
occupe dans tout le corps une place particulière, où elle est
souveraine, néanmoins elle se répand dans les moelles, les
doigts, les articulations. Dès lors, si des membres corrom-
pus du corps ont besoin d'une amputation, lorsque ces
mêmes membres rendus inertes par leur mal ne serviront
plus, la part de chair gangrenée et prête à tomber sera ôtée
sans dommage pour l'âme. En effet l'âme, elle, est
attachée à des membres sains et intacts, et quand ces
mêmes membres viennent à être gangrenés et doivent être
enlevés, elle ne suit pas leur sort[11].

9. Bien sûr, il est inutile de faire, pour la nature divine,
de pareils rapprochements en vue d'établir un rapport de
similitude, parce que ce qui est éternel échappe à toute
comparaison, et l'exception que représente la divinité, qui
n'a pas eu de commencement, ne tolère pas d'image qui
figure la vérité[12]. Mais c'est une image à la portée de notre
intelligence qui nous permet de comprendre, d'après
l'autorité des paroles «célestes», que Dieu, incorporel et
infini, est uni à ce monde délimité et corporel[13], mais qu'il
n'est pas dans ses parties corrompues, que leurs œuvres

montre également que si l'âme est présente dans toutes les parties du
corps (*Anim.*, 14, 5), elle a pourtant un siège particulier (*Anim.*, 15, 3).
Pour un commentaire détaillé du texte d'Hilaire, voir J. Doignon,
«Hilaire de Poitiers devant le verset 17, 28 a des Actes...»

12. L'impossibilité de se représenter Dieu par comparaison avec
les réalités visibles est développée par Tert., *Apol.*, 17, 2-3.

13. L'expression *deum ... corporali mundo admixtum* rappelle les
vers de Virgile : *Spiritus intus alit totamque infusa per artus || Mens
agitat molem et magno se corpore miscet* (*Aen.*, 6, 726-727), qu'Hilaire a
pu connaître au moins par les citations et les commentaires de Min.
Fel., 19, 2, ou de Lact., *Inst.*, 1, 5, 11 ; *Ira*, 11, 5. Sur la fortune de ces
vers, voir P. Courcelle, «... les Enfers virgiliens».

10 adhuc diuinarum atque inuisibilium rerum intellectus
ex contemplatione corporalium rerum naturisque sectamur. Solem uidemus in quadam *caeli* parte, prout
ei cursus est, demorantem; et certe ubique protenditur,
ubique adest et, quantus per omnia est, ita ubicumque
15 tantus infunditur. Sed si clausas domorum fenestras
incidet, lumen quidem illius praesto est, sed ipsa sibi
lucem eius, quae obserata sunt, denegabunt.

10. In omnibus igitur uitae nostrae operibus circum-
specti et ad Deum patentes esse debemus; primum, ut
liberis et per innocentiam patulis cordibus nostris lumen
suum dignetur infundere; deinde, ut nos in diuinitatis
5 suae sinu agere credamus neque eum abesse, cum irascimur, cum caedimus, cum contemnimus, cum male-
dicimus, cum inebriamur, cum libidinamur, cum diuina
et humana neglegimus, maiore contumelia eius, intra
quem haec agimus, peccantes.

11. Sed ad id etiam illud accedit, quia *mandata sua
ueritas est.* Nihil illic anceps, nihil dubium, totum *ueritatis*

V RC pA r S m

9, 10 adhuc + ad *V r* ‖ 11 sectatur *pA r² S Mi.* ‖ 14 ubicumque :
ubique *V p¹ r S m* ‖ 15 si + in *Er. Gi. Mi.* ‖ 16 incedet *V* ‖ 17 quae
+ uel *m* ‖ obseruata *R*   obscurata *C pA*
10, 1 uestrae *V* ‖ 2 patientes *R* ‖ uti *V C pA S Ba.* ‖ 6 contendimus
V r ‖ maledicemus *V*   maledimus *C* ‖ 7 cum libidinamur > *m* ‖ 8
eius > *V RC* ‖ 9 quam *R*
11, 1 accidit *C*

---

14. Même commentaire chez Origène (*Hom. Jér.*, *fr.* 18 sur
Jér. 23, 24 = *GCS* Orig. 3², p. 206 s.); *Cels.*, 4, 5.
15. La première partie de la comparaison entre Dieu et le soleil
qui, bien que visible en un seul endroit du ciel, dispense partout son
éclat, se trouve chez Min. Fel., 32, 8. L'ensemble de la comparaison
se rapproche aussi d'un passage du *De anima* (41, 2). Tertullien
compare le bien, qui vient de Dieu, à la lumière. Ce bien est toujours

propres ont fait mourir[14]. En outre, c'est encore à partir de
l'observation des réalités matérielles et de leur nature que
nous nous faisons une idée des réalités divines et invisibles.
Nous voyons le soleil arrêté en un point du «ciel», suivant
l'endroit où il en est de sa course, mais assurément il étend
partout son rayonnement, il est présent partout et, tel il
est présent en tout, tel il pénètre partout; mais s'il se
heurte à des fenêtres de maison fermées, sa lumière à lui a
beau être toujours disponible, les lieux qui se sont fermés
refuseront pour eux sa lumière[15].

10. Donc, dans tous les actes de notre vie nous devons
être attentifs et ouverts à Dieu, d'abord pour qu'il daigne
répandre sa lumière dans nos cœurs libres et que lui ouvre
une vie sans faute[16], ensuite pour que nous croyions que
nous agissons dans le sein de sa divinité[17] et qu'il n'est pas
absent, quand nous nous emportons, quand nous frappons,
quand nous méprisons, quand nous maudissons, quand
nous nous enivrons, quand nous nous livrons à la
débauche, quand nous négligeons nos devoirs envers Dieu
et les hommes, commettant des péchés qui aggravent
l'outrage fait à celui à l'intérieur de qui nous agissons[18].

11. Mais il faut encore ajouter que *ses commandements
sont vérité*. En eux, rien d'équivoque, rien d'ambigu, tout
est parfait en raison de l'absolu de la *vérité*; le danger de

---

là, comme la lumière, toujours présente. Celle-ci peut être arrêtée par
un obstacle, comme le bien par le mal, mais elle éclaire quand même.

16. Rapprocher les expressions «*ad Deum* patentes»; «*patulis
cordibus*» de CYPR., *Donat.*, 5 : «*Nostrum tantum sitiat pectus et
pateat*».

17. L'expression «in *diuinitatis suae* sinu» rappelle MIN. FEL.,
33,1 : *Non solum in oculis eius, sed in sinu uiuimus*, d'après
Lc 16,23 ou *Jn* 1,18.

18. Le péché est d'abord une offense faite à Dieu : TERT., *Paen.*,
3,5.

absolutione perfectum est ; quae hoc maiore periculo
negleguntur, quo magis *ueritatis* praecepto sunt constituta.

12. Quatenus autem id propheta cognouerit, subdidit
152 dicens : Initiis cognoui de testimoniis tvis, qvia in
aeternvm fvndasti ea. Haec licet propheta de se dicat
legem Dei ab exordio ipse *cognoscens*, uniuersae aetati
5 tamen congruunt, quae ab institutione mundi doctrinis
Dei sit erudita. Qui enim statutam Adae uoluntatis
legem meminit[a], qui ipsam illam Euae creationem
didicerit[b], qui *maledictionem serpentis* audierit[c],
qui clausum *uitae lignum* Cherubim *flammeo* gladio
10 conuertibili legerit[d], qui *occisi* Abel *clamantem sanguinem*
sciet[e], qui poenae et in Cain et in Lamech numerum
reputet[f], qui *translatum* Enoch[g], qui reseruatum Noe[h],
qui *benedictionem* Sem et Iaphet et *maledictionem* Cham
scrutatus sit[i], qui Melchisedech *sacerdotem*[j], qui Abraham
15 electum[k], Isaac promissum[l], Iacob praelatum[m], Ioseph
uenditum[n], sanctificatum Iudam[o], Moysen *nutritum*,
eruditum[p] et post ingentia latae legis sacramenta in
uerbo Dei mortuum[q], et Iesum *diuisorem* promissae
terrae[r] et auctorem *iteratae circumcisionis*[s] intelleget,
20 profecto uti prophetae uoce poterit : *In principio cognoui
de testimoniis tuis, quia in aeternum fundasti ea.* In
omnium enim superius memoratorum uirorum uita atque

V RC pA r S m

11, 4 praecepta *Ba. Er. Gi. Mi.*
12, 1 subdit *S Gi.*   subiecit *C pA m Mi.* ‖ initiis : *pr.* in *R S Ba.
Er. Gi. Mi.* ‖ 4-5 uniuersae — tamen : uniuersa tamen *C*   u. tamen
ecclesiae *pA r² m* ‖ 6 statuta *V* ‖ 8 qui : quia *C* ‖ audierit > *C pA* ‖ 9
cherubin *V C pA S Ba. Er. Gi.* ‖ flammeo : *pr.* in *V r* ‖ 10 conuertibili :
et c. *S m Ba. Er. Mi.*   et conuentibili *pA* ‖ 11 scierit *Ba. Er. Gi.
Mi.* ‖ in² > *r* ‖ 12 qui¹ : *pr.* et *V* ‖ 13 iafet *V*   iafeth *R pA* ‖ et²
> *S* ‖ cain *m*   caim *Ba. Er.* ‖ 14 scrutatus — qui² > *S Ba. Er. Gi.* ‖
melchisedec *V* ‖ habraham *V* ‖ 15 isac *V*   isahac *A* ‖ iosef *V* ‖ 16
moyse *V* ‖ 17 post > *V* ‖ 18 iesum : *pr.* in *C* ‖ promissae > *C pA* ‖ 19
intellegit *V C pA r m* ‖ 22 commemoratorum *V r*

les négliger est d'autant plus grave qu'ils ont été établis
conformément à ce que prescrivait la *vérité*.

12. Comment il l'a appris, le prophète l'a ajouté en
disant : DÈS LE DÉBUT J'AI SU, CONCERNANT TES TÉMOI-   152
GNAGES, QUE TU LES AS FONDÉS POUR L'ÉTERNITÉ. Bien
que le prophète parle ici de lui, qui *connaît* la loi de Dieu
depuis l'origine, ces paroles concernent pourtant toute la
génération qui depuis la création du monde a été formée
par les enseignements de Dieu. En effet, qui se souvient du
dessein fixé comme une loi à Adam[a], qui a appris la
création d'Ève elle-même[b], qui a entendu parler de la
«malédiction» du «serpent[c]», qui a lu que l'«arbre de vie»
était protégé par la «flamme» du glaive tournoyant des
Chérubins[d], qui connaît le «cri» du «sang» d'Abel «mis à
mort[e]», qui se rappelle le nombre de fois dont Caïn et
Lamech seront vengés[f], qui a approfondi la «translation»
d'Énoch[g], la protection de Noé[h], la «bénédiction» de Sem
et de Japhet, la «malédiction» de Cham[i], qui comprendra
ce que signifient le «sacerdoce» de Melchisédech[j], l'élection
d'Abraham[k], la promesse d'Isaac[l], la préférence donnée à
Jacob[m], la «vente» de Joseph[n], la sanctification de Juda[o],
Moïse «nourri», élevé[p] et mort[q] dans la parole de Dieu
après avoir révélé les grands mystères contenus dans la Loi
qui lui avait été donnée, Josué qui «partage la terre»
promise[r] et est l'auteur de la «seconde circoncision[s]»,
pourra assurément dire comme le prophète : *Au commencement j'ai su, concernant les témoignages, que tu les as fondés
pour l'éternité.* En effet, la vie et l'histoire de tous les
hommes que nous venons d'évoquer renferment l'espéran-

---

12. a. cf. Gen. 2, 16 ‖ b. cf. Gen. 2, 22 ‖ c. cf. Gen. 3, 14 ‖ d. cf. Gen.
3, 24 ‖ e. cf. Gen. 4, 8-10 ‖ f. cf. Gen. 4, 24 ‖ g. cf. Gen. 5, 24 ‖ h. cf.
Gen. 6-8 ‖ i. cf. Gen. 9, 25.27 ‖ j. cf. Gen. 14, 18-20 ‖ k. cf. Gen. 17 ‖ l.
cf. Gen. 18, 10 ‖ m. cf. Gen. 27 ‖ n. cf. Gen. 37, 28 ‖ o. cf. Gen. 49, 8 ‖
p. cf. Ex. 2, 1-10 ‖ q. cf. Deut. 34 ‖ r. cf. Jos. 13 ‖ s. cf. Jos. 5, 2

gestis *aeternorum* bonorum spes continetur, et per eos
ad doctrinam euangelicae praedicationis imbuimur. Sed
25 quae *fundata* sunt, in aedificationem futurae domus
praeparantur. Aedificamur enim secundum beatum
Paulum *super fundamentum prophetarum et apostolorum*[t],
in quibus *testimonia Dei fundata* sunt *in aeternum*, ubi
exstruetur *caelestis* illa et regia *ciuitas* sancta Hierusalem,
30 quae domus *angelorum frequentantium* et electorum *pri-
mitiuorum* est[u], cuius *fundamenta* sunt *uiui lapides*
pretiosaeque gemmae in Christo *uiuentes*[v], resurgentes,
regnantes, qui est benedictus in saecula saeculorum.
Amen.

V RC pA r S m

12, 23 gestis : actu *pA m* ‖ 25 quae : in *C*   cum *pA* ‖
aedificatione *r* ‖ 29 exstruitur *RC r S Ba. Er. Gi.* ‖ 30 frequentia *S
Ba. Er. Gi.* ‖ 31 uiui : diuini *V r* ‖ 32 exsurgentes *C*
    explicit littera nona decima *V r*   explicit coph *S*   finit
R   finit littera nona decima *C pA*

ce des biens *éternels*, et par eux nous sommes formés à
l'enseignement de la prédication de l'Évangile. Mais les
fondations sont faites en vue de la construction d'une
maison future[19], car, suivant le bienheureux Paul, nous
sommes construits «sur la *fondation* des prophètes et des
apôtres[t]», en qui les *témoignages de Dieu* ont été *fondés
pour l'éternité*, et sur lesquels s'édifiera la «cité céleste» et
royale, la Jérusalem sainte, demeure des «anges qui
l'habitent en nombre» et des «premiers-nés» qui ont été
élus[u], elle dont les *fondations* sont les «pierres vivantes» et
les pierres précieuses, qui «vivent», ressuscitent et règnent
dans le Christ[v], lui qui est béni pour les siècles des siècles.
Amen.

12. t. cf. Éphés. 2, 20 ǁ u. cf. Hébr. 12, 22-23 ǁ v. cf. I Pierre 2, 4-5

19. Même transition dans le commentaire d'Origène (*Ch. p.*, p. 428,
v. 152, l. 7-8) : «Ce qui est fondé attend ce qui sera construit par-
dessus.»

RESCH

VIDE HVMILITATEM MEAM ET ERIPE ME;
QVIA LEGEM TVAM NON SVM OBLITVS, ET
RELIQVA.

1. Multa quidem nobis atque magna sanctus propheta
fidei confessionisque suae toto in psalmo proposuit
exempla, per quae formam se ipsum ceteris credendi,
agendi, intellegendi, ignorandi, sperandi, precandique
5 constituit, euangelicum uirum perfecta legis obseruatione
consummans. Et quamquam omnia, quae uel diuinae
uoluntati placita uel humanae spei proposita sunt, aut
agat aut testetur aut speret, meminit tamen in quo
obseruantiae genere mandatorum omnium caput ac
10 summa consistat, scitque quid a Domino suo etiam ipsis,
quibus committendae *claues caelorum* erant, apostolis
quaereretur[a]. Namque cum inter se opinionibus ac studiis
dissiderent sibique singuli principatum humana conten-

V   RC   pA   r   S   m

resch > m   pr. incipit littera XX feliciter V   pr. incipit C pA
S   pr. incipit XX r   pr. littera XX Mi.   + littera uigesima C
pA   + tractatus S
uide — et reliqua : uide humilitatem meam et eripe me etc. Ba.
Er.   omnes uersus litterae uicesimae R Gi. Mi.   > S ‖ et reliqua
> C pA r m
1, 2 posuit (proposuit C) in psalmo C pA m ‖ 3 se ipsum : in se i.
C   in se ipso pA m Mi. ‖ credendi + et intellegendi m ‖ 4 agendi

RESCH

VOIS MON HUMILITÉ ET DÉLIVRE-MOI, PARCE QUE JE N'AI PAS OUBLIÉ TA LOI, ET LA SUITE.

1. Tout au long du psaume, le prophète nous a proposé beaucoup de grands exemples de la foi qu'il confesse, par lesquels il s'est lui-même donné aux autres comme un modèle de foi, d'action, d'intelligence, d'ignorance, d'espérance et de prière, réalisant pleinement l'homme de l'Évangile par une observance parfaite de la Loi[1]. Bien qu'il fasse, atteste et espère tout ce qui a plu à la volonté de Dieu ou fut proposé à l'espérance humaine, il n'oublie pourtant pas quelle sorte d'observance constitue l'essentiel et la somme de tous les commandements, et il sait ce que son Seigneur demandait à ceux-là mêmes à qui devaient être remises les «clés des cieux», les apôtres[a]. En effet, comme leurs avis et leurs désirs les divisaient et qu'ils s'arrogeaient, chacun pour soi, dans une compétition humaine la première place, chacun voulant ou revendi-

---

> *V r[1]* || intellegendi > *C pA m* || predicandique *C m* || 5 perfectae *C pA m* || 8 seruet *pA m* || 10 ipsis : *pr.* ab *C pA S m Mi.* || 13 desiderent *A*

---

1. a. cf. Matth. 16, 19

---

1. Phrase citée et commentée par M. J. Rondeau, *Les Commentaires patristiques…*, p. 93.

tione praesumerent, dum praestantiorem se ceteris unus-
15 quisque esse aut optat aut poscit, Dominus, meriti huius
ac nominis praemium unde petendum esset, ostendens
ait : *Qui uult esse ex uobis maior, fiat omnium minimus* ;
*omnis enim, qui se humiliauerit, exaltabitur, et qui se
exaltauerit, humiliabitur*[b]. In *humilitate* scilicet docuit
20 omnia fidei nomina et praemia contineri. Vtilissimum
itaque est oboedientes diuinis praeceptis omnem intra
se ipsos humanae insolentiae ac petulantiae inanitatem
fractam protritamque cohibere, seseque Dei et magnifi-
centia et miseratione reputata intra *humilitatis* modestiam
25 continere.

2. Ob quod hic nunc sanctus et rex et propheta
et Deo ac Domino suo *secundum carnem* in seminis sui
originem deputatus[a] inter has saeculi infestationes ac
spiritalium nequitiarum pugnas[b] sola ac tali ad Deum
153 5 precationis suae ambitione proclamat : VIDE HVMILITATEM
MEAM ET ERIPE ME ; QVIA LEGEM TVAM NON SVM OBLITVS.
Non regni opes, non spiritum prophetiae, non alia
aliqua humanae iactantiae nomina conspici in se, sed
humilitatem precatur. Non enim aduersum insectantes
10 se armis belli resistit, nec humanae indignationis impatiens
rapit ad ultionem suam et potentiae tempus et regni.

V   RC   pA   r   S   m

1, 15 esse > *C pA r S m* || aut[1] > *C pA m* || 16 esse *C* || ostendens
> *C* || 18 enim > *V r* || 20 fide *V* || 21 obrepentis *C pA r m* || 22
ipsum *pA m* || 23 prohibere *C pA m* || 23-24 magnificentiam et
miserationem reputata *V r*[1]   -tia et -tione reputatum *C*   -tiae
et -tioni reputatum *pA r*[2] *m* || 25 contineri *C*
2, 1 et[2] > *C Mi.* || 2 et > *S Ba. Er. Gi.* || ac : a *C* || 3 origine *V C r* ||
deputatus > *R* || 4 dominum *R Zi.*

---

1. b. Lc 22, 26 ; Matth. 23, 12
2. a. cf. Matth. 1, 1 ; Rom. 1, 3 || b. cf. Éphés. 6, 12

quant la supériorité sur tous les autres[2], le Seigneur, montrant où il fallait chercher la récompense donnée par cet avantage et ce titre, dit : «Que celui qui veut être le plus grand parmi vous se fasse le plus petit de tous ; car tout homme qui s'abaissera sera élevé et qui s'élèvera sera abaissé[b].» Par là, il nous a appris que tous les titres et les récompenses que donne la foi étaient contenus dans l'«humilité». Aussi est-il très utile pour ceux qui obéissent aux préceptes divins de briser, d'écraser et de réprimer en eux toute la vanité de la prétention et de l'impudence humaines et de se maintenir dans les limites de la retenue que demande l'«humilité», en se rappelant à la fois la magnificence et la miséricorde de Dieu[3].

2. C'est pourquoi, ici à présent, le saint, roi et prophète, choisi par son Dieu et Seigneur pour être «selon la chair» à l'origine de son lignage[a], au milieu des attaques de ce monde et des combats contre les «esprits de perversité[b]», s'écrie avec pour seule ambition celle qui s'exprime dans sa prière à Dieu : VOIS MON HUMILITÉ ET DÉLIVRE-MOI, PARCE QUE JE N'AI PAS OUBLIÉ TA LOI. Il demande qu'on ne regarde en lui ni la puissance du pouvoir royal, ni l'esprit de prophétie, ni quelques-uns des autres titres d'orgueil humain, mais l'*humilité*. Il ne s'oppose pas en effet avec les armes de la guerre à ceux qui s'acharnent contre lui, et ne saisit pas non plus, parce qu'il ne supporterait pas l'outrage des hommes, l'occasion que lui donneraient de se venger sa puissance et son pouvoir royal. Mais, sachant

153

---

2. A partir de *Lc* 22,24 dont il a gardé le mot *contentio*, «compétition», Hilaire reconstitue la scène de la querelle entre les apôtres et en fait un récit orné d'emprunts à l'éloquence cicéronienne. Ainsi l'expression «*cum inter se opinionibus ac* studiis dissiderent» rappelle : «*Non consiliis et* studiis ... dissidebamus» (*Marcell.*, 30). Cf. aussi *Nat. deor.*, 1, 2, 5.

3. Cf. *In Matth.*, 4, 2 (*SC* 254, p. 122).

Sed sciens hanc diuinae uoluntatis esse sententiam :
Mihi uindictam, ego retribuam, dicit Dominus[c], *non
obliuiscitur legis Dei* in *humilitate* retinenda, sed *eripi*
15 se ob id, quia sit *humilis*, deprecatur, memoriam *legis
Dei* in *humilitatis* conseruatione esse declarans.

3. Reseruans itaque omnia iudicio diuino et *eripi* se
ob *humilitatis* meritum deposcens, qui in nullo aduersum
Dei constitutiones, aduersum odia humana, aduersum
praesentium molestiarum patientiam moueretur nihilque
5 in hoc nunc saeculo sibi de his iudicandum esse decerneret,
154 consequenter haec addidit : Ivdica ivdicivm mevm et
redime me; propter eloqvivm tvvm vivifica me.
Magnae et securae conscientiae uox est *iudicii sui
iudicium* postulare, ut ad id quod statutum a se sibique
10 complacitum est, etiam diuinae sententiae examen
exoptet. Non hic aut alios aut se ipsum diiudicans
corrupti sensus opinione deflectitur, neque a ueri *iudicio*
ira aut gratia aut odio aut amore decedit, non ignarus
huius euangelici mandati : *Quo enim iudicio iudicaueritis,
15 iudicabitur de uobis*[a].

4. Sed ne ille quidem *iudicii sui iudicium* pertimescit,
qui ait : *Ego autem non iudicaui quicquam scire me,
nisi Christum Iesum et hunc crucifixum*[a]. In hac igitur

V RC pA r S m

2, 13 ego : *pr. et pA Ba. Er. Gi. Mi.* ‖ 14 retinendae *C pA r S m Mi.*
3, 1 diuino iudicio *V r* ‖ 4 inpatientia *C*   inpatientiam *pA m* ‖ 5
uindicandum *V r* ‖ decernere *C* ‖ 8 iudiciis suis *C* ‖ 11 iudicans *C pA
m* ‖ 13 decidit *C r S Ba. Er.*   dicidit *V* ‖ 14 iudicio > *V*
4, 3 iesum christum *C S*   iesum *pA m*

---

2. c. Deut. 32,35; Rom. 12,19
3. a. Matth. 7,2
4. a. I Cor. 2,2

---

4. L'*humilitas* du prophète est définie par sa *patientia* (cf. § 3).
Tert., *Patient.*, 10, avait aussi rapproché *humilitas* et *patientia*, se

que la décision de la volonté divine est celle-ci : « A moi la vengeance, c'est moi qui rétribuerai, dit le Seigneur[c] », il n'oublie pas que la *loi de Dieu* consiste à garder l'*humilité*, mais il implore d'être *délivré*, parce qu'il est *humble*, déclarant que le souvenir de la *loi de Dieu* consiste à observer l'*humilité*[4].

3. Aussi, celui qui a tout remis au jugement de Dieu et demandé à être *délivré* en raison du mérite de son *humilité* — jamais en effet il ne se soulevait contre les décrets de Dieu, contre la haine des hommes, contre l'épreuve des difficultés de ce monde et décidait qu'il n'avait pas à les juger en ce monde d'ici-bas — a donné comme suite logique ces paroles : JUGE MON JUGEMENT ET RACHÈTE-MOI ; À CAUSE DE TA PAROLE FAIS-MOI VIVRE. C'est la voix d'une conscience élevée et sûre qui, en demandant le *jugement* de *son jugement*, souhaite en plus, pour la décision à laquelle elle s'est arrêtée et qu'elle a prise, le verdict[5] de la sentence divine. Quand il juge les autres ou se juge lui-même, notre prophète ne se laisse pas égarer par une opinion suggérée par une idée fausse et ne s'écarte pas d'un *jugement* conforme à la vérité sous l'effet de la colère, de la faveur, de la haine ou de l'amour[6]. Il n'ignore pas ce commandement de l'Évangile : « Car c'est du *jugement* dont vous aurez *jugé* que vous serez *jugés*[a]. »

4. Mais il ne craint pas non plus le *jugement* de *son jugement* celui qui dit : « Car je n'ai pas *jugé* savoir autre chose que le Christ Jésus, et qui plus est le Christ Jésus crucifié[a]. » C'est avec une pareille assurance concernant *son*

servant, comme Hilaire, de *Deut.* 32, 35 et *Matth.* 7, 2. Cf. aussi CYPR., *Patient.*, 20.

5. Emprunté au vocabulaire du droit, *examen* désigne l'enquête faite sur une personne ou à propos d'une question en vue d'un jugement ou d'une décision : cf. *Cod. Theod.*, 8, 7, 10.

6. L'énumération des sentiments qui compromettent un jugement est classique : CIC., *Orat.*, 2, 178.

iudicii sui securitate propheta tempus *redemptionis*
5 exspectans *redimi* se et *propter eloquia Dei uiuificari*
precatur. *Venumdati* enim *sub peccato*[b] per *redemptionem*
et *iustificationem in sanguine Domini* liberamur[c]. Hoc
legislatio, hoc omnis *spiritus prophetiae*[d], hoc patriarcharum spes, hoc angelorum uoces, hoc toto in saeculi
10 tempore *diuini eloquii* sermo testatus est ; ob quod *redimi*
ac *uiuificari* se deprecatur.

5. Sed haec eadem *eloquia Dei*, ut piis spebus *uitam
redemptionemque* denuntiant, ita impiis non relinquunt.
Nam exspectationem prophetae haec de peccatoribus mox
155 secuntur : Longe est a peccatoribus salvs, qvoniam
5 ivstificationes tvas non exqvisiervnt. Non habet
ueniam ignoratio uoluntatis, quia sub scientiae facultate
nescire repudiatae magis quam non repertae scientiae
est reatus. Ob id enim *longe a peccatoribus salus est*,
quia *non exquisierunt iustificationes Dei*, cum non utique
10 ob aliud consignatae litteris maneant, quam ad uniuersorum scientiam notionemque defluerent. Sed sciens
propheta, cum *a peccatoribus non exquirentibus* iudicia
Dei *salus longe sit, iuxta* tamen *Dominum esse his,
qui recto sunt corde*[a], secundum etiam illud apostoli :

V RC pA r S m

4, 4 securitatem *V* ‖ 6 enim > *R Gi.* ‖ 6-7 et redemptione et
iustificatione *C pA m Mi.* ‖ 7 sanguinem *V* ‖ christi *S* ‖ liberabimur *C
pA m*[2] *Mi.* ‖ 9 in > *pA S m Mi.*

5, 1 spem *C* ‖ 4 sequitur *m* ‖ est > *r* ‖ 6 sententiae *r* ‖ 9-10 non
utique non *V R*   nam utique non *S Ba. Er. Gi.*   cum utique non
Zi. ‖ 10 manent *S Ba. Er. Gi.* ‖ quam + ut *C pA r S m edd.* ‖ 11
notitionemque *p*[1]*A* ‖ 12 profecto *C* ‖ iustificationes *pA m Mi.* ‖ 13
iuxta : iustum *pA m* ‖ domino *R*   deum *C pA m*

---

4. b. cf. Rom. 7, 14 ‖ c. cf. Rom. 5, 9 ; Éphés. 1, 7 ‖ d. cf. Apoc.
19, 10

5. a. cf. Ps. 33, 19 ; 72, 1

jugement, que le prophète, qui attend le moment de la
rédemption, demande à être *racheté* et à recevoir la *vie à
cause des paroles de Dieu*. En effet, nous qui avons été
«vendus sous la domination du péché[b]», nous sommes
libérés par la «*rédemption*» et la «justification dans le sang
du Seigneur[c]». Voilà ce dont ont porté témoignage la Loi
qui fut donnée, tout l'«esprit de la prophétie[d]», l'espérance
des patriarches, la voix des anges, le langage de la *parole
divine* dans toute la durée de ce siècle ; et c'est ce qui lui
fait demander à être *racheté* et à recevoir la *vie*.

5. Mais si ces mêmes *paroles de Dieu* promettent à
l'espérance sainte la *vie* et la *rédemption*, par contre, elles
ne les laissent pas à l'espérance impie. En effet, bientôt
après l'attente du prophète viennent ces paroles concernant les pécheurs : LE SALUT EST LOIN DES PÉCHEURS,   155
PARCE QU'ILS N'ONT PAS RECHERCHÉ TES RÈGLES DE
JUSTICE. L'ignorance volontaire n'a pas d'excuse, parce
que celui qui ne sait pas, alors qu'il a le moyen de
s'instruire, est coupable plus de refuser le savoir que de ne
pas l'avoir trouvé. En effet, si le *salut est loin des pécheurs*,
c'est qu'ils *n'ont pas recherché les règles de justice de Dieu*,
alors que celles-ci ne demeurent consignées par écrit que
pour se répandre universellement en savoir et en connaissance[7]. Mais le prophète qui sait que, si le *salut est loin des
pécheurs* qui *ne recherchent pas* les jugements de Dieu, «le
Seigneur est» cependant «près de ceux qui ont un cœur
droit[a]» — et aussi suivant la parole de l'Apôtre : «Vous qui

---

7. Pour TERTULLIEN aussi, l'ignorance d'un Dieu qui se fait
connaître aux hommes est inexcusable (*Paen.*, 5, 4), et le premier grief
qu'il fait aux magistrats romains dans l'*Apologétique* est précisément
leur refus de connaître la religion qu'ils attaquent (*Apol.*, 1, 8).
Pourtant, comme le dit également ici Hilaire, les Écritures n'ont
d'autre rôle, selon TERTULLIEN, que d'aider ceux qui veulent
connaître (*Apol.*, 18, 1).

15 *Vos, qui eratis longe, facti estis prope*[b], ne et ipse et
ab ipso salus longe sit, cognitionem *iustificationum Dei*
expetit.

6. Non ignorat quantum in his sacramentum nostrae
salutis expressum sit per quasdam praefigurationum
aeternarum in rebus praesentibus notiones; in *Hebraeo*
scilicet *sex* tantum *annis seruiente*[a], et post hoc idem
5 sexennii tempus et *terra* omni in otium relinquenda et
fructibus eius etiam *bestiis* deputandis[b], in *iubelaei* quoque
anni, id est *quinquagesimi* lege[c], per quam et laxatis
pactionibus debitorum et agris omnibus ad dominorum,
si qui forte uenissent, iura redeuntibus noua et caelestis
10 rerum omnium et remissio et reformatio praenuntiatur.
Et quia *ab* his, qui ista *non exquisierint, salus longe est,*
totus in *exquirendis* his propheta detentus et diuinae
atque aeternae misericordiae *iustificationes* in speculo
156   contemplans subiecit : Miserationes tvae mvltae,
15 Domine, valde; secvndvm ivdicia tva vivifica me.
Valde itaque *multae* sunt *miserationes Dei*; modum enim
humanae opinionis excedunt.

7. Sed confidentem in his prophetam ac se *uiuificandum*
in *Dei iudiciis* sperantem multorum extrinsecus odia
et insectationes fatigant. Verum misericordiarum eius,
quarum secundum eundem prophetam non est numerus,

V   RC   pA   r   S   m

5, 15-16 ne — cognitionem > *C* ‖ 15 et ipse > *pA r*[2] *S m Ba. Er.*
Gi.

6, 3 aeternorum *C* ‖ 4 hoc > *C* ‖ 5 et[1] : hac *C*   > *pA S m Er.* ‖
in omnis V   omnis *C r Ba. Er.* ‖ 9 et > *C pA S m* ‖ 11 non ista *Ba.*
Er. Gi. Mi. ‖ exquisierit V   exquirunt *pA S m* ‖ 12 totus > *C pA* ‖
13 aeternae : terrenae *V* ‖ 14-15 multae sunt domine ualde *C pA m*
Mi.   ualde multae domine *S*   multae ualde domine *r* ‖ 15
iudicium tuum *C pA Mi.*

étiez *loin*, vous êtes devenus proches[b]» —, et qui ne veut
pas être lui-même loin ni que le *salut soit loin de lui*,
cherche à avoir la connaissance des *règles de justice de Dieu*.

6. Il n'ignore pas comment le mystère de notre *salut* s'y
est exprimé par la connaissance de préfigures éternelles
incluses dans des réalités du temps, par exemple dans
l'«esclavage» durant «six ans» seulement de l'«Hébreu[a]»,
ou l'obligation, après cette même période de six ans, de
laisser la «terre» au repos et même de donner ses produits
aux «bêtes[b]»; dans la loi sur l'«année» du «jubilé», à savoir
la «cinquantième», qui, annulant toutes les obligations des
débiteurs et rendant leurs droits sur tous les champs aux
propriétaires qui reviendraient[c], annonce pour toute chose
le renouveau d'un pardon et d'un rétablissement célestes.
Comme le *salut est loin de* ceux qui *n'ont pas recherché* ces
choses, le prophète est tout entier occupé à les *rechercher*
et, contemplant dans un miroir les *règles de justice* qui
concernent la miséricorde divine et éternelle, il a ajouté :
Tes compassions, Seigneur, sont fort nombreuses ;
selon tes jugements fais-moi vivre. Donc, *fort nom-*
breuses sont les *compassions de Dieu* ; c'est-à-dire qu'elles
dépassent la mesure de ce que les hommes peuvent penser.

156

7. Mais le prophète qui a confiance en elles et espère
recevoir la *vie* dans les *jugements de Dieu* est harcelé de
l'extérieur par beaucoup de haines et de poursuites.
Toutefois, parce qu'il n'oublie pas les miséricordes de
Dieu, qui, suivant le même prophète, n'ont pas de nombre,

7, 1 confitentem *C*   confidemus *V* ‖ 4 quorum *V RC*

***

5. b. Éphés. 2,13
6. a. cf. Ex. 21,2 ‖ b. cf. Ex. 23,11 ‖ c. cf. Lév. 25,10

5 non immemor a testimoniis eius non declinauit. Sequitur
157 enim : Mvlti, qvi persecvntvr me et tribvlant me ;
de testimoniis tvis non declinavi. Non pellitur, non
mouetur ; et cum *multi persequantur*, ne *declinat* quidem.

8. Sed qui ita in mandatis Dei permanet, ut ab
insectantibus impelli deflectique non possit, habet
quod se graui dolore perturbet, sed etiam usque ab
tabem liquescentis quodam modo animae dissoluat, cum
5 se a *testimoniis Dei non declinante* alii a Dei timore
desciscunt et susceptam legis fidem pactionemque
conrumpunt. Hos habet aestus, has tantum defatigationes
158 sentit propheta, cum dicit : Vidi non servantes pactvm
et tabescebam ; qvia eloqvia tva non cvstodiervnt.
10 Consignati testamenti Israhel heres nuncupatus est et
audita de monte Domini uoce respondit : *Omnia,*
quaecumque dixit Deus, et audiemus et faciemus[a]. At
uero ubi diis alienis adorauit, ubi omnium se scelerum
uitiis contaminauit, *pactum* et auditae nuncupationis
15 et professae obseruationis amisit. *Eloquia* enim *Dei non*
custodierunt, quae se *facturos audiurosque* responderant.
Nec noua prophetae huius super praeuaricatione populi

V RC pA r S m

7, 5 immemor a : innumeratte *C*   immemor de *pA m Mi.* ‖ 7
de : a *r* ‖ repellitur *pA m*   impellitur *Gi. Mi.* ‖ 8 persecuntur *C*
pA ‖ nec *R S*

8, 2 sectantibus *r* ‖ 3 perturbet : *pr.* non solum *pA r S m Mi.* ‖
sed : se *Ba. Er. Zi.* ‖ 4 animo *V* ‖ 5 dei timore : lege dei *C*   dei lege
pA r²m Mi. ‖ 9 et > *V* ‖ 10 heris *V* ‖ 13 deos alienos *R² pA r S m Ba.*
Er. Gi. Mi. ‖ se > *r* ‖ 14 et > *C pA m* ‖ 15 et professae obseruationis
> *C pA* ‖ 16 se + esse *S Ba. Er. Gi. Mi.* ‖ et audituros *S* ‖
responderunt *C pA r² m Mi. Zi.* ‖ 17 praeuaricationem *R Zi.*

8. a. Ex. 24, 7

8. Le vocabulaire dont se sert Hilaire pour exprimer le découragement du prophète *(tabescere, liquescere, perturbare)* rappelle *a contrario*
celui de Cic., *Tusc.*, 4, 36-37 évoquant le sage «ni consumé par le

il n'a pas dévié de ses témoignages. En effet, il y a ensuite :
NOMBREUX SONT CEUX QUI ME PERSÉCUTENT ET M'OPPRES-   157
SENT ; JE N'AI PAS DÉVIÉ DE TES TÉMOIGNAGES. Il ne se
laisse pas repousser, il ne se laisse pas ébranler ; et bien que
beaucoup le *persécutent*, il ne *dévie* même pas.

8. Mais celui qui demeure ainsi dans les commandements de Dieu, sans être ébranlé ni détourné de sa voie par
ceux qui le poursuivent, a des raisons d'être profondément
affecté par une grande souffrance et même de succomber à
une sorte de consomption qui dissout son âme : c'est
lorsque d'autres, alors que lui *ne dévie pas* des *témoignages
de Dieu*, se détournent de la crainte de Dieu et font fi de
leur loyauté et de leur engagement envers la Loi. Tels sont
les troubles auxquels le prophète est en proie, telles sont
les seules raisons de découragement[8] qu'il a quand il dit :
J'AI VU DES HOMMES QUI NE RESPECTAIENT PAS LE PACTE   158
ET JE ME CONSUMAIS ; PARCE QU'ILS N'ONT PAS GARDÉ TES
PAROLES. Israël fut désigné comme héritier de l'alliance
scellée et, quand il eut entendu la voix du Seigneur venue
du haut de la montagne, il répondit : «Tout ce que Dieu a
dit, nous l'écouterons et le mettrons en pratique[a].» Mais
lorsqu'il se prosterna devant des dieux étrangers, lorsqu'il
fut souillé par les fautes de tous ses crimes, il renonça au
pacte attaché au nom qu'il avait entendu et à l'observance
dont il avait fait profession. Ils *n'ont pas* en effet *gardé les
paroles de Dieu*, qu'ils s'étaient engagés, dans leur réponse,
à «mettre en pratique et» à «écouter». Cet état de
consomption du prophète[9] en raison de la prévarication

chagrin *(ut nec* tabescat *molestiis)*», «ni amolli par une joie délirante
(*nec alacritate ... gestiens* deliquescat)», «exempt de toute passion
dévorante (tabificae *mentis* perturbationes)».
    9. Le prophète est mis à l'épreuve par la défection des hérétiques
et des Juifs ; c'est le même motif de souffrance qu'ont, selon CYPR.,
Patient., 21, ceux qui s'exercent à la *patientia*.

tabes est ; quippe cum et Dominum ipsum ad impietatem
Hierusalem inlacrimasse noscamus[b], et ex doctrina eadem
20 super impaenitentes apostolus *fleat*[c] et insuper ipse,
si quis *scandalizetur, uratur*[d].

9. Sed qui dolet super *non seruantes pactum* atque
tabescit, mandatorum in se Dei non refugit examen.
159 Dicit enim : VIDE, QVONIAM MANDATA TVA DILEXI,
DOMINE ; IN TVA MISERICORDIA VIVIFICA ME. Parum
5 prophetae est per metum explere *mandata*, sed ea magis
diligit, quia extra necessitatem timoris sit *dilectionis*
operatio. Et quamquam amor legis potior quam metus
sit, non tamen ita sui fidens est, ut non magis *uiuificari*
se per *Dei misericordiam* deprecetur. Non nunc se ille
10 *uiuere* putat, sed *uitam* exempto hoc *mortali* corpore
et absorto in *gloriam immortalitatis* exspectat[a].

10. Scit sibi hoc iam in exordio creationis suae esse
promissum, cum a Deo dicitur : *Faciamus hominem ad
imaginem et similitudinem nostram*[a]. Hoc super *hominem*
principium uocis est Dei, cum *ad imaginem* interminatae
5 aeternitatis originis nostrae exordium conderetur. Certus
ergo se *uita* illa atque in *imagine Dei* esse *uicturum*,

V   RC   pA   r   S   mB (inde ab 9,10 : exempto*)*

8, 18 tabes est : uox tabescit *S Ba. Er.* ‖ deum *C pA m* ‖ ad : ob *r* ‖
19 hierusalem : *pr.* in *V* ‖ lacrimasse *r* ‖ ex > *V* ‖ 21 qui *R*
9, 1 quid *V* ‖ 5 metum : me *C* ‖ 6 qua *C* ‖ sit : sit in *V*   si
C   > *r* ‖ 7 amoris *V* ‖ 8 fidem *V* ‖ non > *C* ‖ 9 dei misericordiam :
misericordiam *C pA m*   m. dei *S Ba. Er. Gi. Mi.*
10, 1 sit *C* ‖ sibi : *pr.* enim *r Mi.* ‖ 2 a deo : ad hoc *V r¹* ‖ 3 homine
pA S² m B Ba. Er. Gi. Mi. ‖ 5 origo nostra in exordium (uel exordio
add. pA mB) *C pA mB* ‖ 6 in > *C Ba. Er. Gi. Mi.* ‖ imaginem *R A*

---

8. b. cf. Lc 19,41 ‖ c. cf. Phil. 3,18 ‖ d. cf. II Cor. 11,29
9. a. cf. I Cor. 15,53-54 ; Col. 3,3-4
10. a. Gen. 1,26

dont s'est rendu coupable ce peuple n'est pas exceptionnel, puisque nous apprenons que le Seigneur lui-même pleura sur l'impiété de Jérusalem[b], et que le même enseignement nous montre encore l'Apôtre «pleurant» sur ceux qui ne se repentent pas[c] et, qui plus est, lui-même «brûlé» si quelqu'un est «scandalisé[d]».

9. Mais celui qui souffre à cause de ceux *qui ne respectent pas le pacte* et *se consume*, ne refuse pas que Dieu se livre sur lui-même à un contrôle portant sur ses commandements. Il dit en effet : Vois, j'ai aimé tes commandements, Seigneur ; en ta miséricorde, fais-moi vivre. Pour le prophète, il est insuffisant d'accomplir les *commandements* par crainte ; il les *aime* plutôt, parce que l'action d'*aimer* ignore la contrainte de la crainte. Bien que l'amour de la Loi soit préférable à sa crainte, il n'a pas cependant assez confiance en lui-même pour ne pas demander à recevoir un surcroît de *vie* par la *miséricorde de Dieu*[10]. Il ne pense pas *vivre* maintenant, mais il attend la «*vie*», quand ce corps «mortel» aura été détruit et englouti dans la «gloire» de l'«immortalité[a]».

10. Il sait que cette promesse lui a été faite dès le début de sa création, quand Dieu dit : «Faisons l'homme à notre image et à notre ressemblance[a].» Tel est le commencement de la parole de Dieu concernant l'«homme» : le point de départ de notre race devait être établi à l'«image» de l'éternité qui n'a pas de fin. Donc, sûr de *vivre* de cette *vie*

159

10. Commentaire très proche de celui d'Origène (*Ch. p.*, p. 438, v. 159), dont il reprend la méthode (l'enchaînement entre les deux parties du verset est semblable) et l'idée principale : l'amour de la Loi est supérieur à l'obéissance craintive.

160 ait : Principivm verborvm tvorvm veritas; in
     aeternvm omnia ivdicia ivstitiae tvae. *Verba Dei caelo
     et terra praetereunte non transeunt*[b]. Quaecumque de
10   labiis eius effusa sunt non inrita sunt. *Aeternae* sunt
     iustificationes, *aeterna iustitia* est. *Principium* ergo
     uerborum Dei ueritas est; neque de se, id est de *hominis*
     creatione, ullum alium anteriorem Dei scit esse sermonem
     quam ut secundum *imaginem Dei* ac *similitudinem* fieret[a].
15   Haec itaque indemutandae *ueritatis* est constitutio; sic
     in *principio uerborum Dei ueritas* est, ut *nouus homo*,
     regeneratus in Christo[c], uiuat deinceps secundum *aeterni
     Dei*, id est *caelestis Adae imaginem* iam *aeternus*[d].

     V   RC   pA   r   S   m

     10, 10 non inrita sunt > *C pA* ‖ aeternae sunt : aeterna erunt *V
     r*   aeternae *R* ‖ 11 aeterna : *pr.* et *V pA r mB Ba. Er. Gi. Mi.* ‖
     ergo > *C pA mB* ‖ 12 dei : tuorum *C B*   suorum *pA m* ‖ 13
     ullum : illum *V*   > *C pA mB* ‖ interiorem *C* ‖ 15 inmutandae *C
     pA*   indemuntantiae *mB* ‖ 16 dei > *C pA mB* ‖ ut > *V* ‖ 18 id
     est— imaginem > *pA* ‖ adae : ad *C* ‖ aeternus + amen *C*
          explicit uincensima *V*   explicit littera XX *r*   explicit res
     S   finit *R*   finit littera XX *C pA*

     _____

     10. b. cf. Matth. 24, 35 ‖ c. cf. Éphés. 4, 22-24 ; Col. 3, 9-10 ‖ d. cf.
     I Cor. 15, 45.47.49

et d'être à l'«image de Dieu», il dit : Le commencement 160
de tes paroles est vérité ; tous les jugements de ta
justice sont pour l'éternité. Les *« paroles »* de Dieu,
alors que «le ciel et la terre passent, ne passent pas[b]». Rien
de ce qui sort de sa bouche n'est vain. *Éternelles* sont ses
règles de justice ; *éternelle* est sa *justice.* Donc le *commencement des paroles de Dieu est vérité* ; et il sait qu'il n'y a pas
eu auparavant d'autre parole de Dieu qui le concerne,
c'est-à-dire qui concerne la création de l'«homme», sinon
celle qui le faisait à l'«image de Dieu» et à sa «ressemblance[a]». C'est là le fondement d'une *vérité* immuable ; la *vérité*
au *commencement des paroles de Dieu* est que l'«homme
nouveau», régénéré dans le Christ[c], vit ensuite *éternellement,* à l'«image du Dieu» *éternel,* c'est-à-dire à l'image de
l'«Adam céleste[d]»[11].

11. Ce commentaire du v. 160 est très éloigné de celui qui est
attribué à Origène (*Ch. p.*, p. 438-440). L'exégèse de *Gen.* 1, 26, est
différente de celle donnée en 10, 6-7, mais le parallèle avec la
régénération dans le Christ rappelle Tert., *Bapt.*, 5, 7, montrant que
par le baptême l'homme est restitué à la ressemblance de Dieu et qu'il
peut, dès lors, prétendre à l'éternité.

SIN

PRINCIPES PERSECVTI SVNT ME GRATIS, ET RELIQVA.

1. Grauia quidem propheta Dauid et regis Saul et principum populi odia insectationesque sustinuit[a], quia piae conscientiae constantiam ferre impietas professa non potuit. Sed conformans euangelicum Deo atque
5 apostolicum uirum non ignarus est euangelici sermonis, quo ait : *Tradent enim uos et flagellabunt in synagogis, et stabitis ante reges et potestates in testimonium illis et gentibus*[b]. Quin etiam constantiam praedicationis insinuans et confessionis gloriam docens antea eos fuerat
10 adhortatus dicens : *Omnis qui confitebitur me coram hominibus, et ego confitebor eum coram patre meo, qui est in caelis*; *qui autem negauerit me coram hominibus,*

V RC pA *r* S *mB*

sin > *mB*   *pr.* incipit littera XXI feliciter *V*   *pr.* incipit XXI
r   *pr.* incipit *C pA S*   *pr.* littera XXI *Mi.*   + littera XXI *C*
pA   + tractatus *S*

principes — et reliqua : principes persecuti sunt me gratis etc. *Ba.*
Er.   *omnes uersus litterae R Gi. Mi.*   > *S* ‖ et reliqua : et a
uerbis tuis formidauit cor meum *C pA r mB*

1, 1 graues *pA mB²* ‖ dauid > *C pA m* ‖ saulis *r* ‖ 2 principium *V* ‖
2 odia insectionis *C*   odii insectationes *pA mB*   odia et insectationes *Ba. Er. Gi. Mi.* ‖ sustinet *pA mB* ‖ 3 substantiam *V r* ‖ 4
confirmat (confor- *r*) *pA r mB* ‖ euangelica *C* ‖ 4-5 deo — uirum :
domini et apostolicam uiam *C*   domini ad apostolos dictum nam
pA r² mB ‖ 6 qui *V r S* ‖ 9 ante *C pA mB Mi. Zi.* ‖ 10 dicens > *S Ba.*

SIN

LES PRINCES M'ONT PERSÉCUTÉ SANS RAISON, ET LA SUITE.

1. Pénibles, il est vrai, ont été les manifestations de haine et d'hostilité endurées par le prophète David à cause du roi Saül[1] et des princes du peuple[a], car l'impiété déclarée ne pouvait supporter la fermeté d'une conscience religieuse. Mais le prophète qui façonne pour Dieu un homme sur le modèle de l'Évangile et des apôtres, n'ignore pas la parole de l'Évangile : «Car ils vous livreront et, dans les synagogues, vous flagelleront, et vous serez debout devant les rois et les puissances, en témoignage pour eux et les nations[b].» En outre, leur inculquant la fermeté dans la prédication et leur apprenant la gloire de la confession[2], il les avait auparavant exhortés en ces termes : «Quiconque me confessera devant les hommes, moi aussi je le confesserai devant mon père qui est dans les cieux ; mais celui qui me reniera devant les hommes, je le renierai moi

---

Er. ‖ confitetur R Ba. Er. Gi. ‖ 12-13 qui autem — in caelis est > R pA B

---

1. a. cf. I Sam. 16-31 ‖ b. Matth. 10, 17-18

---

1. CYPR., *Patient.*, 10, cite aussi David face à Saül comme exemple de *patientia*.
2. Voir le commentaire de *Matth.* 10, 32-33 en *In Matth.*, 10, 21 (*SC* 254, p. 240).

et ego negabo eum coram patre meo, qui in caelis est[c].
Siue igitur dedicatus ex lege, siue etiam in euangelii
15 gloriam praeparatus, qui neque Saul populoque eius
causam insectandi se reliquisset et per multa principum
et gentium odia sciret caelorum regnum saeculo nun-
161 tiandum, confidenter haec Deo loquitur : PRINCIPES
PERSECVTI SVNT ME GRATIS ; ET A VERBIS TVIS FORMIDAVIT
20 COR MEVM. Metuit enim *negari* se, si *negaret*.

2. Sed cum beatae huius insectationis praemia non
ignoret Domino dicente : *Beati estis, cum uos persequentur
et dicent omne malum aduersum uos propter iustitiam*;
*gaudete et exultate, quoniam merces uestra copiosa est
5 in caelo*[a], post *principum* odia *formidinem uerborum Dei*
162 ita consequentibus temperauit : LAETABOR EGO SVPER
ELOQVIA TVA, SICVT QVI INVENIT SPOLIA MVLTA. Fuit
ergo formidinis, ne *persecutionibus principum*[b] aut indigne
subderetur aut cederet, quia et causam odiorum prae-
10 buisse non sancti est, et Dei gratiam metu saeculi
amisisse sine uenia sit. Sed *spolia inuenisse* uictoris
est ; certe ea ex se praebuisse iam uicti est. Cum his
itaque insectationibus propheta non frangitur et odia
principum fide uincit, refert quaedam impietatis *spolia*
15 de uictis. Scit enim secundum euangelia ligatum esse
in *domo sua fortem* et armis suae potestatis exutum

VL (inde ab 2, 15 : scit*) RC pA r S mB*

1, 13 est in caelis *r S Ba. Er. Gi. Mi.* || 14 siue[1] — etiam : siue igitur
deo dicatus fuit etiam *C*   qui igitur deo dignus fuerit *pA mB* || 15
sauli *r* || populo *R* || 17 gentium : *pr.* per *V* || caelorum : *pr.* propter *C*
pA S mB Mi. || renuntiandum *C pA r*[2] *S mB Mi.*
2, 1 beata *pA mB* || 2 ignorat *V*   -raret *C mB* || 4 mercis *V Zi.* ||
5 uerbi *C pA mB* || 8 aut *> C pA mB* || 11 inuenire *V C pA r mB* ||
uictoria *A m* || 13 tangitur *r m* || 14 principium *C* || uicit *C* || spolia
> C || 15 de uictis : diuitiis *m* || euangelium *S Ba. Er. Gi.* || legatum
VL || 16 domum suam *VL C*

aussi devant mon père qui est dans les cieux[c].» Donc, soit
parce qu'il a été consacré par la Loi, soit encore parce qu'il
a été préparé pour recevoir la gloire de l'Évangile, le
prophète qui n'avait pas donné à Saül et à son peuple de
raison de l'attaquer et qui savait que le royaume des cieux
devait être annoncé au monde parmi de nombreuses
manifestations de haine des princes et des nations s'adresse
avec confiance à Dieu en ces termes : LES PRINCES M'ONT   161
PERSÉCUTÉ SANS RAISON ; ET À CAUSE DE TES PAROLES MON
CŒUR A EU PEUR. Il a craint en effet d'être «renié», si lui-
même était «renégat».

2. Mais comme il n'ignore pas les récompenses des
heureuses attaques dont il est l'objet — car le Seigneur
dit : «Heureux êtes-vous quand on vous *persécutera* et
qu'on dira toute sorte de mal contre vous à cause de la
justice ; réjouissez-vous et exultez, parce que votre salaire
est grand dans le ciel[a]» —, sa *peur* des *paroles de Dieu* à la
suite de la haine des *princes* a été tempérée par ces mots :
JE ME RÉJOUIRAI DE TES PAROLES, COMME CELUI QUI   162
TROUVE DES DÉPOUILLES NOMBREUSES. Le motif de sa
«peur» était donc ou d'être honteusement soumis ou de
céder aux «persécutions» des «princes[b]», car offrir un motif
de haine n'est pas le fait d'un saint et perdre la grâce de
Dieu par crainte du monde est impardonnable. Mais
trouver des dépouilles est le signe de la victoire ; du moins se
laisser dépouiller est bien le signe de la défaite. Aussi,
lorsque le prophète n'est pas brisé par ces attaques et
triomphe par la foi de la haine des princes, il rapporte,
comme prises à des vaincus, des *dépouilles* prises à
l'impiété. Il sait en effet, d'après les Évangiles, que le
«fort» a été lié dans «sa maison» et qu'après s'être fait

1. c. Matth. 10,32-33
2. a. Matth. 5,11-12 ‖ b. cf. *v. 161*

diripienda iam de se fidelibus *spolia* praebuisse[c]. *Laetatur*
ergo nunc in *eloquiis Dei*, tamquam *qui multa spolia
inueniat*, cum fracta impiorum potestate et uictor fide
20 permanens omnibus eos armis seu impietatis seu crude-
litatis exuerit.

3. Sed huius *laetitiae* adfectus non inest, nisi et in
diuinae legis dilectione et in exsecratione iniquitatis,
quia neque defugere quisquam nisi quod odit optabit
neque nisi quod diligit obtinere nitetur. *Laetatus* ergo,
163 5 tamquam *super spolia multa*, subiecit : INIQVITATEM
ODIO HABVI ET ABOMINATVS SVM ; LEGEM AVTEM TVAM
DILEXI. *Iniquitatem* ergo *odit* et *diligit Dei legem*.

4. Sed *diligens Dei legem* non in his tantum quae
per oboedientiam *legis* explentur, intentus est ; ad aliquid
autem se aliud necesse est per opus *legis* extendat. Et
164   quo praeterea in officio sit, audiamus : SEPTIES IN DIE
5 LAVDEM DIXI TIBI SVPER IVDICIA IVSTITIAE TVAE. Sanctus
propheta primum quod agit diligit, opus scilicet legis,
quia uitiorum omnium et usus reciditur et uoluntas.
Sed postea *iudicia iustitiae Dei laudat*. Haec enim, ut
saepe admonuimus, plus significant quam agunt, dum
10 gesta ipsa notionem nobis aeternae dispositionis insi-

VL   RC   pA   r   S   mB

2, 18 eloquiis : aecclaesiis *R* || 19 et > *C pA mB* || fidei *pA mB* || 20
pietatis *L* || crudelitatis : calliditatis *C pA mB*   incredulitatis *r*
3, 1 est *V r* || 2 exsecrationem *L*   exsectationis *V* || 3 odit : erit
V   oderit *r* || 4 nititur *R Gi.* || 5 super > *C*
4, 1 sed diligens dei legem > *VL* || haec *pA mB Mi.* || 2 per
oboedientiam : oboedientia *C pA mB* || 7 qua *pA* || uoluntas + eius
C || 9 monuimus *V r* || agant *C pA r mB Mi. Zi.* || 10 ipsa > *Mi.* ||
nobis > *C*

2. c. cf. Matth. 12, 29

arracher les armes de sa puissance, il s'est livré pour être
«*dépouillé*» lui-même par les hommes de foi[c3]. Le prophète
trouve donc maintenant sa *joie* dans les *paroles de Dieu* —
comme celui qui *trouve de nombreuses dépouilles* — pour
avoir brisé la puissance des impies et, restant le vainqueur
par sa foi, les avoir dépouillés de toutes leurs armes
d'impiété ou de cruauté.

3. Mais il n'y a de place pour un pareil sentiment de *joie*
que dans l'amour de la loi divine et l'aversion pour
l'injustice, car on ne souhaitera fuir que ce que l'on hait et
l'on ne s'efforcera de posséder que ce que l'on aime[4]. Donc
le prophète qui s'est *réjoui* comme on se réjouit *de
nombreuses dépouilles*, a ajouté : J'ai eu de la haine pour   163
l'injustice et j'en ai eu le dégoût ; mais j'ai aimé ta
loi. Il *hait* donc l'*injustice* et *aime la loi de Dieu*.

4. Mais celui qui *aime la loi de Dieu* ne s'applique pas
seulement aux devoirs que l'obéissance à cette *Loi* permet
de remplir ; par l'accomplissement de la *Loi*, il tend
nécessairement à autre chose. Et pour savoir quel devoir
l'occupe, écoutons la suite : Sept fois le jour je t'ai   164
loué pour les jugements de ta justice. Le saint
prophète aime d'abord ce qu'il fait, à savoir l'œuvre de la
loi, parce qu'ainsi sont retranchés la pratique et l'intention
de toute sorte de vices[5]. Mais ensuite il *loue* les *jugements
de la justice de Dieu*. Ceux-ci en effet, comme nous l'avons
souvent rappelé, signifient plus qu'ils n'accomplissent,
dans la mesure où leur accomplissement nous pénètre de la
connaissance de l'économie éternelle : ainsi le «repos» du

---

3. Cf. *In Matth.*, 12, 16 (*SC* 254, p. 282).
4. Cf. Cic., *Tusc.*, 4, 6, 13.
5. La première fonction reconnue par le prophète à la Loi, celle de
corriger les vices, est aussi la première que reconnaît Cic., *Leg.*, 1, 58,
à la loi civile.

nuant : ut *sabbati requies*[a], ut *Hebraeus puer*[b], ut *terra*
otiatura[c], ut *annus quinquagesimus*[d] sub imaginis sacramentorum momentis intelleguntur. Hoc ergo *in die septies
laudatur.*

5. Ac non ambiguum est cur *laudis* hic numerus sit.
Haec enim eadem uel *in die* uel in *puero* uel in *terra*
uel in *anno* atque *annis* sub sanctificatione huius numeri
continentur, cum usque ad illam *quinquagesimae* aeternam
5 *requiem,* quod est *sabbata sabbatorum, septenus* numerus
expleatur. Multa autem de numeri huius sanctificatione
sunt cognita, ut ipsa *dierum* constitutio, ut *angelorum*
throno Dei adstantium electio[a], ut *spiritalium* potestatum
et requiescentium gratiarum in Domino plenitudo[b]. Certe
10 *iudicia iustitiae Dei* hoc in numero *laudari* a propheta
conuenit, per quem et in quo earundem iustificationum
uirtus et constitutio continetur.

6. Non alius autem nunc praedicationis propheticae
ordo est quam fidei. Nam et tolerantia *persecutionum*
et *formido uerborum*[a] et *laetitia eloquii*[b] et *odium iniquitatis*

VL RC pA r S mB

4, 12 agnus *C* ǁ 12-13 imaginis sacramentorum momentis : imaginis sacramento non paruum (parui *S*) momenti esse *C pA r*² *S
mB*   imagine sacramentorum non parui esse momenti *Ba. Er.*
5, 2 uel in die : in die *mB*   > *C pA* ǁ uel in terra > *C* ǁ 3
sanctificationem *VL* ǁ 5 sabbata : -tum *pA S mB*   > *C* ǁ 6
sanctificationis *C* ǁ 7 cognita > *L* ǁ 8 electorum *R* ǁ 10 iudicia > *C* ǁ
laudari a propheta : prophetam (-ta *C*) laudare *C pA mB*
6, 1 prophetiae *L* ǁ 2 tolerantiam *C mB*   ad tolerantiam *pA* ǁ 3
et¹ > *C pA mB* ǁ uerborum + temperare pax ergo retinenda est *C* ǁ
eloquiorum *pA r mB*

---

4. a. cf. Ex. 31,15 ; Lév. 23,3 ǁ b. cf. Ex. 21,2 ǁ c. cf. Lév. 25,4 ǁ
d. cf. Lév. 25,10
5. a. cf. Apoc. 8,2 ǁ b. cf. Is. 11,2-3
6. a. cf. *v. 161* ǁ b. cf. *v. 162*

«sabbat[a]», l'«esclave hébreu[b]», la «terre» qui restera au repos[c], la «cinquantième année[d]» se comprennent par la valeur de l'image qu'ils nous donnent des vérités mystérieuses. Voilà ce qui est *loué sept fois le jour*.

5. Et l'on voit sans hésitation pourquoi ce chiffre est celui de la *louange*. On le retrouve à propos du *jour*, de l'«esclave», de la «terre», de l'«année» et des «années», placés sous le signe de ce chiffre sacré, puisque ce chiffre *sept* trouve son accomplissement jusque dans le «repos» éternel de la «cinquantième» année, qui est le «sabbat» des «sabbats»[6]. On connaît bien des choses placées sous le signe de ce chiffre sacré, comme la répartition même des *jours*, la sélection des «anges» qui se tiennent auprès du trône de Dieu[a], le nombre des puissances «spirituelles» et des grâces qui reposent dans le Seigneur[b]. Les *jugements de la justice de Dieu* du moins méritent d'être *loués* par le prophète au rythme d'un chiffre par lequel et dans lequel sont définis la valeur et le fondement de ces mêmes règles de justice[7].

6. L'ordre de la prédication du prophète n'est pas ici différent de celui de la foi. En effet, la résistance aux «persécutions», la «peur» des «paroles[a]», la «joie» qu'inspire la «parole[b]», la «haine» de l'«injustice», l'amour de la

---

6. Expression commentée par R. Cabié, *La Pentecôte*, Tournai 1965, p. 49-51 (Note communiquée par Mgr Martimort).

7. Le v. 164 a été mis en rapport, à partir de Cassien, avec le nombre des heures de la prière monastique. Hilaire paraît ignorer un texte d'Origène — cité par G. Dorival, «Les heures de la prière...» —, qui prépare l'interprétation monastique. Il s'en tient à des remarques sur le caractère sacré du chiffre 7, qui avait déjà servi de point de départ à des développements exégétiques du même type chez Cypr., *Testim.*, 1, 20 et Victorin de Poetovio (*Fabr. mund.*, 7-8).

et amor *legis*[c] et *laudatio iustitiae* et omne omnino,
5 *si quod aliud in lege mandatum est, in huius tantum
praecepti obseruatione concluditur* : *Diliges proximum tuum
sicut te ipsum*[d]. Hoc holocaustis, hoc *sacrificiis omnibus
maius est*[e], *unum* atque idem sibi meminisse cum alio
corpus esse, qui *Christi* est[f], et ut *corpus* suum, id est
10 ut *se ipsum*, amare qui *proximus* sit[g]. Sequitur enim :
165 Pax mvlta diligentibvs nomen tvvm, et non est
illis scandalvm. Apostolus non quae sua sunt,
sed quae aliorum cogitans *carne* se abstenturum in
saeculo ne *fratrem scandalizet*, professus est[h]. Adeo
15 perfectae caritatis et *pacis* tenuit adfectum, ut ab
ipso uitae communis usu, dummodo causam offen-
sionis absciret, temperaret. *Pax* ergo retinenda est,
et non quid unicuique, sed quid uniuersitati congruat
expetendum est, quia secundum euangelium utilius sit
20 in uitam non uenisse quam *scandalum* minimis intulisse[i].

7. In his itaque *pacis* caritatisque praeceptis manens
propheta euangelicae spei desiderio detentus est. Scit
166 enim in quo uel quis *finis* sit *legis*[a], cum ait : Exspec-
tabam salvtare tvvm, Domine, et mandata tva feci.
5 *Salutaris* Iesus est. Hoc enuntiatio ex hebraeo nominis,

VL RC pA r S mB

6, 4 et laudatio — omne > *C* ‖ 6 concludimur *VL R* ‖ diligis *VL* ‖
7 sicut : tamquam *L RC pA r S mB Ba. Er. Gi. Mi.* ‖ 8 aliis *pA r
mB* ‖ 9 qui : quod *pA mB* ‖ christus *r* ‖ est et : esset *pA mB* ‖ 11
nomen : legem *S Ba. Er.* ‖ 12 illis : *pr.* in *pA mB* ‖ 14 saeculum *C
pA mB Mi. Zi.* ‖ 15 ut : ubi *VL* ‖ 17 abscederet *V* ‖ temperaret
— retinenda est > *C* ‖ 18 et > *V¹ r* ‖ quid¹ : quod *pA mB Mi. Zi.* ‖
quid² : quod *pA Mi. Zi.*   > *mB* ‖ 19 expendendum *Ba. Er. Gi.* ‖
est : et *V r* ‖ 20 uita *C* ‖ minimis : *pr.* in *r m*
7, 3 uel quis : uel *C*   > *pA r² mB* ‖ legis : ignis *VL RC*   testis
Ba. Er. Gi. ‖ cum : quo *V* ‖ 4 salutarem *V Zi.* ‖ feci : dilexi *S*   feci
et dilexi *B* ‖ 5 est > *C* ‖ haec *S Ba. Er. Gi.* ‖ enuntiatio : eminentia
m ‖ ex hebraeo > *V r¹*

«Loi[c]», la *louange* de la *justice* et de façon générale «tout autre commandement contenu dans la Loi, se trouve résumé dans l'observance de ce seul précepte : Tu aimeras ton prochain comme toi-même[d].» Ce qui est plus grand que les holocaustes, «plus grand que tous les sacrifices[e]», c'est de se souvenir que l'on forme avec autrui «un seul» et même «corps», celui du «Christ[f]», et d'aimer comme son propre «corps», c'est-à-dire comme «soi-même», celui qui est notre «prochain[g]». En effet on lit à la suite : GRANDE   165 EST LA PAIX POUR CEUX QUI AIMENT TON NOM, ET IL N'Y A PAS POUR EUX DE SCANDALE. L'Apôtre qui pense non à ses intérêts personnels, mais à ceux d'autrui a proclamé qu'il s'abstiendrait en ce monde de «viande», pour ne pas «*scandaliser* son frère[h]». Il fut à ce point attaché à une charité et à une *paix* parfaites qu'il s'abstenait de cela même qui est nécessaire à la vie ordinaire, pourvu qu'ainsi il retranchât un motif d'offense. Il faut donc avoir à l'esprit la *paix* et rechercher ce qui convient, non pas à chacun, mais à tous[8], parce que, d'après l'Évangile, il vaudrait mieux ne pas être venu à la vie qu'avoir été une cause de *«scandale»* pour les tout-petits[i].

7. C'est pourquoi, demeurant dans ces préceptes de *paix* et de charité, le prophète est pris tout entier par le désir de l'espérance évangélique. Il sait en effet en qui ou qui est la «fin de la Loi[a]», quand il dit : J'ATTENDAIS TON SALUT,   166 SEIGNEUR, ET J'AI ACCOMPLI TES COMMANDEMENTS. Le *salut*, c'est Jésus. C'est ce qu'expriment l'énoncé du nom

---

6. c. cf. *v. 163* ‖ d. Rom. 13, 9 ‖ e. cf. Mc 12, 33 ‖ f. cf. Rom. 12, 5 ‖ g. cf. Lév. 19, 18 ‖ h. cf. I Cor. 8, 13 ‖ i. cf. Matth. 18, 6
7. a. cf. Rom. 10, 4

---

8. Hilaire définit ici la paix comme CIC., *Rep.*, 1, 32, 49, définit la *concordia* à l'intérieur de l'État : *pax* et *concordia* exigent que l'on renonce à l'intérêt particulier au profit de l'intérêt général.

hoc ad Ioseph *angelus* est locutus[b], hoc Simeon exinde
in pace remittendus agnouit[c], hoc reddita nobis per
eum *salus* edocet. In eo autem *mandata Dei* se profitetur
fecisse, quod *salutare Domini exspectet*, declarans omnia
10 legis *mandata* aduentu Dei unigeniti contineri.

8. Testimonia quoque Dei custodiuit uehementerque
dilexit dicens : Cvstodivit anima mea testimonia tva
et dilexit ea vehementer. Cvstodivi mandata tva
et testimonia tva, qvia omnes viae meae in conspectv
5 tvo. Agens propheta sub iudice et *scrutatore cordium*[a]
Deo in *custodia mandatorum testimoniorumque Dei* permanet, non in *uias* saeculi neque *uias* uitiorum et
impietatis incedit. Nam quodcumque uitae suae iter
egerit, adeo tam probabile tamque innocens agit, ut
10 *conspectu Dei* dignum sit ; Deo ipsas *cogitationes cordium*
motusque noscente[b] et neque *conspectu eius* qui immundo
sit *corde* condigno[c]. *Fidelis* enim in caelo *testis* haec
dixit, Dominus noster *Iesus Christus*[d], qui est benedictus
in saecula saeculorum. Amen.

167-
168

VL   RC   pA   r   S   mB

7, 6 symeon *VL R* ‖ 7 dimittendus *pA mB Mi.* ‖ 8-9 fecisse
profitetur *C pA mB Mi.* ‖ 10 aduentum *pA Mi.*   ad aduentum *r²*
mB ‖ continere *pA mB Mi.*

8, 3 dilexi *VL r m Zi.* ‖ 5 sub iudice > *VL r¹* ‖ 6 custodiam *R* ‖ 7 in
uias¹ : uias *S Ba. Er. Gi.*   in uiis *pA mB Mi.* ‖ uias² : in uias *C*
r   in uiis *pA mB Mi.* ‖ 9 gerit *R* ‖ adeo > *C pA r² mB Mi.* ‖ aget
VL r ‖ 11 motus *R*   et motus *Zi.* ‖ et > *pA S mB Mi. Zi.* ‖
conspectum *L*   in conspectu *r* ‖ mundo *VL r Ba. Er.* ‖ 14 amen
> *C*

    explicit littera XXI *VL r*   explicit sin *S*   finit *R*   finit
littera XXI (XXV *C*) *C pA*

7. b. cf. Matth. 1, 20-21 ‖ c. cf. Lc 2, 29-30

en hébreu, l'«ange» s'adressant à Joseph[b] ; ce qu'a reconnu
Siméon, qui devait ensuite être renvoyé «en paix[c]» ; ce que
nous apprend le recouvrement du *salut* opéré par Jésus. Il
proclame qu'il a *accompli les commandements de Dieu*,
parce qu'il *attend le salut du Seigneur*, signifiant que tous
les *commandements* de la Loi s'achèvent dans la venue du
Fils Unique de Dieu[9].

8. Il a aussi gardé les témoignages de Dieu et les a
fortement aimés, puisqu'il dit : MON ÂME A GARDÉ TES   167-
TÉMOIGNAGES ET LES A AIMÉS FORTEMENT. J'AI GARDÉ TES   168
COMMANDEMENTS ET TES TÉMOIGNAGES, PARCE QUE TOUTES
MES VOIES SONT SOUS TON REGARD. Agissant en présence de
Dieu, qui juge et «sonde» les «cœurs[a]», le prophète persiste
à *garder les commandements et les témoignages de Dieu*, au
lieu de s'engager dans les *voies* du monde ou les *voies* du
vice et de l'impiété. En effet, quelle que soit la route de la
vie qu'il suit, il en suit une assez recommandable et pure
pour qu'elle soit digne du *regard de Dieu*, puisque Dieu
connaît jusqu'aux «pensées des cœurs» et leurs mouvements[b] et que qui n'a pas un «cœur» pur[c] n'est pas digne
de *son regard*. C'est ce qu'a dit un «fidèle témoin» dans le
ciel, notre Seigneur «Jésus-Christ[d]», qui est béni dans les
siècles des siècles. Amen[10].

8. a. cf. Jér. 17,10 ‖ b. cf. Hébr. 4,12 ‖ c. cf. Matth. 5,8 ‖ d. cf.
Apoc. 1,5

9. A propos du nom de Jésus, voir le commentaire du v. 81 en
11, 1. Même interprétation du mot «salut» dans le commentaire du
v. 166 attribué à Origène (*Ch. p.*, p. 454, v. 166, l. 1-6).

10. A la différence de celui d'Ambroise, le commentaire d'Hilaire,
inspiré par *Matth.* 5,8 (cf. *In Matth.*, 4,7 = *SC* 254, p. 124-126), ne
contient aucun souvenir du commentaire attribué à Origène (*Ch. p.*,
p. 454, l. 1-9).

TAV

ADPROPIET ORATIO MEA IN CONSPECTV TVO,
DOMINE, ET RELIQVA.

1. Finem sumit secundum litteram psalmus. Nam
omnibus his quae sancto uiro erant propria iuxta hebrai-
corum elementorum ordinem comprehensis, nunc propheta
ut oratio eius Deo sit proxima deprecatur : ADPROPIET
5 ORATIO MEA IN CONSPECTV TVO, DOMINE ; SECVNDVM
ELOQVIVM TVVM DA MIHI INTELLECTVM. Multa sunt quae
toto psalmo *orauit* ad *Dominum.* Sed quia *eloquia Dei*
plurimum in se obscuritatis per rerum caelestium
sacramenta complexa sunt, nunc maxime ut *intellectu*
10 huius *eloquii* sit *Dei* dignus precatur. Ac primum ordinem
modestae spei suae tenuit, cum proximam fieri *conspectui*
Dei orationem suam poscit. Sequens iam per gradum
altioris profectus postulatio eius iteratur, cum ait :
INTRET POSTVLATIO MEA IN CONSPECTV TVO, DOMINE,
15 SECVNDVM ELOQVIVM TVVM ERIPE ME. Adpropinquantis
orationis[a] ad *conspectum Dei* hic fuit ordo, ut, cum

169

170

VL RC pA r S mB

---

tau > *m*   *pr.* incipit littera XXII feliciter in christo *V*   *pr.*
incipit XXII *L r*   *pr.* incipit *C pA S*   *pr.* littera XXII
Mi.   + lit. XXVI *C*   + littera XXII *pA*
adpropiet — et reliqua : appropiet oratio mea in conspectu tuo
domine etc. *Ba. Er.*   omnes uersus litterae *R Gi. Mi.*   > *S* ‖
adpropriet *V* ‖ et reliqua : secundum eloquium tuum da mihi
intellectum *C pA r mB*
1, 1 finem > *C* ‖ litteras *pA B Mi.* ‖ 2 his : in iis *Ba.*   in his
Er. Gi. Mi.   > *C pA B* ‖ uiro > *R* ‖ hebraeorum *r* ‖ 4 dei *C* ‖

TAU

QUE MA PRIÈRE S'APPROCHE DE TON REGARD, SEIGNEUR, ET LA SUITE.

1. Le psaume prend fin, comme le veut l'alphabet. En effet, ayant évoqué toutes les qualités propres au saint en suivant l'ordre de l'alphabet hébraïque, le prophète demande maintenant que sa prière soit très proche de Dieu : QUE MA PRIÈRE S'APPROCHE DE TON REGARD, SEIGNEUR ; SELON TA PAROLE, DONNE-MOI LA COMPRÉHENSION. Nombreuses sont les *prières* que tout au long du psaume il a adressées au *Seigneur*. Mais, comme les *paroles de Dieu* ont porté en elles la plus grande obscurité en raison des mystères des réalités célestes, il demande, ici particulièrement, à être digne de la *compréhension* de cette *parole de Dieu*. Il a d'abord observé l'ordre d'une espérance pleine de réserve, en demandant que *sa prière* vienne très près du *regard de Dieu*. Ensuite, parvenant à un degré supérieur, il renouvelle sa demande en disant : QUE MA DEMANDE ENTRE EN PRÉSENCE DE TON REGARD, SEIGNEUR ; SELON TA PAROLE, DÉLIVRE-MOI. L'ordre selon lequel sa «prière» s'est approchée[a] du *regard de Dieu* a

169

170

---

5 domine > *r* ‖ secundum : iuxta *S* ‖ 6 tuum + domine *RC pA S Ba. Er. Gi. Mi.* ‖ 7 a domino *pA mB Mi.* ‖ 8 per > *V r* ‖ 9 intellectus *A m* ‖ 10 eloquia *V* ‖ dei sit *pA S mB Ba. Er. Gi. Mi.* ‖ 11 conspectui : in conspectu *R* ‖ 12 poposcit *R²S Ba. Er. Gi. Mi.* ‖ 13 postulatio eius > *r* ‖ 15 tuum > *C* ‖ 16 ad conspectum : in conspectu *R*   in conspectum *Zi.*

---

1. a. cf. *v. 169*

coepisset esse proxima, *introiret*; iam *eloquio Dei* intellecto
eripi se secundum idipsum *eloquium Dei* precatur. Non
enim primum ubi est intellectus, ibi salus est, sed
20 intellegentia adepta salus est obtinenda.

2. Et quia haec eadem per spiritum prophetiae uel
sub *futurarum* rerum *umbra*[a] uel sub quadam ueri
tamquam de *speculo*[b] imagine antelata uel sub diuinorum
uerborum occulta profundaque ratione, spiritu prophetiae
5 magis quam intellegentiae humanae sensu proferebantur,
171-   adiecit : ERVCTAVERVNT LABIA MEA HYMNVM. CVM
172   DOCVERIS ME IVSTIFICATIONES TVAS, PRONVNTIABIT LINGVA
MEA ELOQVIA TVA ; QVIA OMNIA MANDATA TVA AEQVITAS.
Omne prophetiae *eloquium* sub *eructandi* significatione
10 meminimus ostendi, cum dicitur : *Eructauit cor meum
uerbum bonum*[c], uel illud : *Eructabo abscondita a constitutione mundi*[d], uel illud : *Dies diei eructat uerbum*[e].
Omnis autem sermo hominum ex sensu cogitationis initur
ac motu, ubi ad aliquid enuntiandum mota mens nostra
15 id quod in adfectum sibi inciderit per *uerba* declarat.
At uero, ubi extra humanae mentis instinctum non ad
animae sententiam *lingua* famulatur, sed per ineuntem
spiritum officio oris nostri diuini sensus sermo diffunditur,

---

VL   RC   pA   r   S   mB

1, 17 maxima *V r* ‖ introire *C* ‖ iam : *pr.* et *C pA S mB Ba. Er.
Gi. Mi.* ‖ 18 idipsum > *V* ‖ deprecatur *V r*   deprecaretur *S*
precaretur *Ba. Er.* ‖ 19 ubi ... ubi *V r*[1]   ibi ... ubi *L RC S Ba.
Er. Gi.* ‖ 19-20 sed — salus est > *VL*

2, 2 ueritate *C pA r*[2] *mB* ‖ 3 imagine antelate *C*   imaginante *pA
r*[2] *mB* ‖ 4 spiritui *R* ‖ 6 eructuauerunt *pA m*   eructuabunt
r   eructabunt *Gi.* ‖ 7 pronuntiauit *V RC* ‖ 9 eructuandi *R pA S mB
Ba. Er.* ‖ 10 eructuauit *R pA S mB Ba. Er.* ‖ 11 eructuabo *R A r S Ba.
Er.*   eructuauit *m* ‖ 12 diei : dierum *m* ‖ eructuat *V R pA mB* ‖ 14
motu : moto *V* ‖ 15 insiderit *Mi.* ‖ 17 ineuntem : eundem *C pA*

---

2. a. cf. Hébr. 10, 1 ‖ b. cf. I Cor. 13, 12 ‖ c. Ps. 44, 2 ‖ d. Matth.
13, 35 ‖ e. Ps. 18, 3

voulu qu'après être devenue toute proche, elle fût *introduite en sa présence*; ayant alors compris la *parole de Dieu*, il demande à être *délivré selon* cette même *parole de Dieu*. En effet, ce n'est pas d'abord où est la compréhension qu'est le salut, mais c'est quand l'intelligence a été reçue, que le salut doit être obtenu[1].

2. Et puisque ces mêmes paroles considérées en raison de l'esprit de la prophétie comme l'«ombre» des biens «à venir[a]» ou comme une sorte d'image de la vérité projetée par un «miroir[b]» ou comme l'expression intelligible, cachée et profonde, des paroles divines, étaient proclamées plutôt par un esprit de prophétie que par le raisonnement de l'intelligence humaine, le prophète a ajouté : MES LÈVRES ONT PROFÉRÉ UN HYMNE. QUAND TU M'AURAS ENSEIGNÉ TES RÈGLES DE JUSTICE, MA LANGUE PROCLAMERA TES PAROLES ; PARCE QUE TOUS TES COMMANDEMENTS SONT JUSTICE. Nous nous souvenons que toute *parole* prophétique nous est présentée avec la valeur d'une parole *proférée*, puisqu'il est dit : «Mon cœur a *proféré* une bonne parole[c]», ou encore : «Je *proférerai* des choses cachées depuis la fondation du monde[d]», ou encore : «Le jour au jour en *profère* la parole[e].» Toute parole humaine procède d'une idée de la pensée et d'un mouvement consistant pour notre esprit, poussé à énoncer quelque chose, à exprimer par des «mots» ce qui l'a affecté[2]. Mais quand la *langue*, en dehors d'une impulsion de l'esprit humain, n'est plus au service de la volonté de l'âme, mais que le langage de l'intelligence divine se répand par l'Esprit qui entre en nous et se sert de

171-
172

---

1. Sur les v. 169-170, Origène (*Ch. p.*, p. 456-460), et Ambroise à sa suite, ont écrit des commentaires plus développés qu'Hilaire qui ne s'intéresse qu'à l'*ordo orationis*.

2. Sur la dépendance de la parole à l'égard de la pensée et de l'esprit, cf. Cic., *Leg.*, 1, 30 ; Lact., *Opif.*, 10, 13.

illic *eructatum* uidetur esse quod dicitur ; cum non ante
20 cogitatione motuque percepto id ad quod pulsa sit
mens loquatur, sed ignorante sensu spiritus uocem in
uerba distinguat.

3. Nunc enim quamuis *eructauerint labia hymnum,*
tamen post *doctrinam iustificationum Dei pronuntiabit
lingua* quod loquitur ; ut rerum dictarum cum sit percepta
cognitio, tum cognitionis ipsius declaratio consequatur.
5 Non sunt autem ita *mandata Dei* ab *aequitate* diuersa,
ut non Deo dignum sit eorum primum intellegentiam
tribuere prophetanti, tum deinde ad conscientiae publicae
notionem praedicationis confessione clarescere ; quia extra
bonitatem Dei sit, aut occultari quod uoluerit *pronuntiari*,
10 aut aliud aliquid nisi cum *aequitate mandare. Aequitatis*
autem *mandatorum Dei* ea summa est, ut omnibus sint
salutaria, ut hoc, quod in hanc uitam uenimus, cum
profectu aeternitatis ineamus. Nam nasci ad mortem,
non uitae est causa, sed mortis.

4. Et huius spei suae fiduciam mox propheta subiecit
173 dicens : Fiat manvs tva, vt salvvm faciat me ; qvoniam
mandata tva elegi. Aliis gloriam saeculi *eligentibus,*

VL RC pA r S mB

2, 19 illuc *S Ba. Er.* ‖ eructuatum *R pA mB* ‖ non > *VL RC r¹* ‖
ante : autem *B* ‖ 20 ad id *VL R C r Ba. Er. Gi.* ‖ impulsa *C pA mB
Mi.*

3, 1 enim : autem *S Ba. Er. Gi.* ‖ eructuauerint *R pA S mB Ba.
Er.* ‖ 2 pronuntiauit *VL RC r S Ba. Er. Gi.* ‖ 3 rerum dictarum cum :
cum puerum dictarum cum *C Gi.*   cum rerum dictarum *pA mB
Mi.* ‖ 4 tunc *r S m* ‖ agnitionis *C pA mB Mi.* ‖ 6 non > *VL* ‖ dei *VL* ‖
quorum *C* ‖ 7 prophetantium *V C* ‖ 8 claresceret *V r¹* ‖ 9 occultare *C S
Ba. Er. Gi. Mi.* ‖ 10 aliquid > *V* ‖ mandasse *C pA mB Mi.* ‖ aequitas
C ‖ 11 omnibus : *pr.* in *S Ba. Er. Gi.* ‖ 11-12 sint salutaria ut : in
salutare aut *C*

4, 2 me faciat *C pA r S mB Ba. Er. Gi. Mi.*

3. Ce paragraphe réunit quelques idées développées dans le
Prologue du *De Trinitate.* Sur l'importance d'une proclamation

notre bouche, alors il semble qu'on *profère* les paroles dites, car, sans que la pensée et son mouvement soient préalablement perçus, l'esprit exprime ce pour quoi il a reçu une impulsion, et, sans que l'intelligence le sache, l'Esprit soumet la voix au découpage des «mots».

3. Ici en réalité, bien que les *lèvres aient proféré un hymne*, cependant, après avoir reçu l'*enseignement* des *règles de justice de Dieu*, la *langue proclamera* ce qu'elle énonce ; autrement dit : une fois obtenue la connaissance de ce qui est dit, alors viendra la proclamation de cette connaissance même. Or les *commandements de Dieu* ne s'écartent pas à ce point de la *justice* qu'il serait indigne de Dieu d'un accorder d'abord l'intelligence au prophète, d'en donner ensuite une connaissance claire à la conscience publique par le témoignage d'un enseignement. Il est en effet exclu que la bonté de Dieu cache ce qu'elle a voulu voir *proclamer* ou donne un *commandement* autrement qu'avec *justice*. Et ce qui fait essentiellement la *justice* des *commandements de Dieu*, c'est qu'ils sont source de salut pour tous, de sorte que, venant dans cette vie, nous nous y engageons en progressant vers l'éternité. En effet, naître pour la mort ne serait pas une raison de vivre, mais de mourir[3].

4. Et le prophète a évoqué ensuite la confiance que lui donne son espérance en disant : Que ta main me sauve, parce que j'ai choisi tes commandements. Certains

173

publique des commandements de Dieu par le prophète, cf. *Trin.*, 1, 14, où Hilaire écrit que ce que son esprit «croyait pour lui-même, il ne laissait pas de l'enseigner aussi aux autres, en exerçant le ministère épiscopal dont il avait la charge». La formule finale rappelle *Trin.*, 1, 2 : «On ne (doit) pas croire que le Dieu immortel nous accorde la vie à seule fin de mourir, car l'on (comprend) bien qu'il ne serait pas digne d'un bienfaiteur généreux de nous avoir donné le sentiment si agréable de vivre pour que nous éprouvions la crainte si affreuse de mourir.»

aliis uenerationem elementorum ac daemonum capes-
5 sentibus, aliis terrenas opes expetentibus, sanctus iste
mandata Dei elegit. *Elegit* autem non naturali necessitate,
sed uoluntate pietatis, quia unicuique ad id quod uolet
uia est proposita uiuendi, et adpetendi atque agendi
permissa libertas. Et ob id uniuscuiusque aut poena
10 aut praemiis adficietur *electio.*

5. Sed *mandatorum Domini* qui esset finis, ostendit
174   dicens : Concvpivi salvtare tvvm, Domine, et lex
tva meditatio mea est. Totum se iste in aduentum
Iesu *salutaris* extendit; et illud quod apostolorum
5 *beatitudini uidere* fuit proprium[a], desideriis impatientibus
concupiscit, hoc tamen ipsum, quod in *lege* agit, *medi-*
tationem futurae spei esse significans, quia non ad
praesentium effectum, sed ad futurorum profectum omnis
intellegitur suscipi solere *meditatio.*

6. Ac *meditationis* istius quod praemium esset, ostendit :
175   Vivet anima mea et lavdabit te ; et ivdicia tva
adivvabvnt me. *Viuere* se in hac *uita* non reputat,
quippe qui dixerit : *Ecce in iniquitatibus conceptus sum*
5 *et in delictis peperit me mater mea*[a]. Scit sub peccati

VL RC pA r S mB

4, 5 expectantibus *S* ‖ 6 elegit[2] > *V* ‖ 7 quod > *C* ‖ uult *R Gi. Zi.* ‖
8 uidendi *L* ‖ 9 unusquisque *pA* ‖ 10 electio > *C pA*
5, 1 dei *C pA mB* ‖ quis *Ba. Er. Gi. Mi.* ‖ finis : fons *Ba. Er. Gi.* ‖ 4
iesu + id est *pA S mB Ba. Er. Mi.* ‖ ostendit *V C¹ r* ‖ 5 beatitudinem
V C   -dinis *r* ‖ 6 ait *R r Ba. Er. Gi.* ‖ 8 praesentiam affectuum *C* ‖
sed — profectum > *L*
6, 1 praemium quod *V r* ‖ 2 uiuit *C* ‖ 3 iuuabunt *V r Zi.* ‖ se
> *pA* ‖ 4 qui > *C* ‖ dixerat *m* ‖ in > *L* ‖ 5 scit + se *S Ba. Er.*

---

5. a. cf. Matth. 13,16-17
6. a. Ps. 50,7

---

4. Le catalogue des différents choix faits par les hommes rappelle
celui que Lactance fait au début du livre 6 des *Institutions divines*

choisissent la gloire du monde, d'autres s'empressent de
vénérer les éléments et les démons, d'autres recherchent la
puissance matérielle ; notre saint, lui, a *choisi les commandements de Dieu*. Et il les a *choisis*, non parce que sa nature
l'y contraignait, mais par une volonté pieuse, parce qu'à
tout homme, pour atteindre ce qu'il veut, est proposé un
itinéraire de vie, comme lui est laissée toute liberté dans
ses aspirations et ses actions. Et c'est pourquoi, le *choix* de
chacun sera sanctionné par un châtiment ou des récompenses[4].

5. Mais il a montré quelle était la fin des *commandements
du Seigneur*, en disant : J'AI DÉSIRÉ TON SALUT, SEIGNEUR,   174
ET TA LOI EST L'OBJET DE MON APPLICATION. Il est tout
entier tendu vers la venue de Jésus *sauveur*[5], et il *aspire*
d'un désir impatient à ce que les apôtres ont eu le privilège
et le «bonheur» de «voir[a]», en indiquant cependant que ce
qu'il fait sous la *Loi* est une *préparation* de l'espérance à
venir, car généralement on entend par *préparation* ce qu'on
entreprend non pour un résultat présent, mais en vue d'un
développement à venir.

6. Et il a montré quelle était la récompense de cette
application : MON ÂME VIVRA ET TE LOUERA ; ET TES   175
JUGEMENTS M'AIDERONT. Il ne pense pas avoir la *vie* dans
cette *vie* présente, lui qui a dit : «J'ai été conçu au milieu
des iniquités et ma mère m'a enfanté dans les péchés[a].» Il

---

où, avant de parler du «vrai culte», l'auteur envisage les diverses
erreurs par lesquelles se laissent séduire les hommes : les faux cultes
(6,1,5-6), les plaisirs (6,1,7), les richesses (6,1,8). Comme Hilaire,
LACTANCE présente les «voies» (6,3,1 s.) qui sont proposées aux
hommes, puis montre les conséquences du choix de chacun :
châtiment *(poena)* pour les uns (6,3,10), récompenses *(praemia)* pour
les autres (6,3,11).

5. Même interprétation du mot «salut» dans le commentaire
attribué à Origène (*Ch. p.*, p. 468, v. 174, l. 7-8).

origine et sub *peccati lege* se esse natum[b]; *meditationem*
autem *legis Dei* ob id elegit[c], ut *uiuat, animam suam*
superiore psalmo ad *uitae* istius gaudia adhortatus, cum
ait : *Conuertere, anima mea, in requiem tuam, quoniam*
10 *Dominus benefecit mihi*; *quia eripuit animam meam a*
morte, oculos meos a lacrimis, pedes meos a lapsu. Placebo
Domino in regione uiuentium[d]. Has *laudes* Deo referre
festinat, *iudiciis Dei absorpta* terrenae *corruptionis*
infirmitate[e] ad aeternitatis *adiutus* profectum; ob id
15 utique, quia *elegit mandata*[f] et *concupiuit salutare*
Domini, quia *meditatio eius* in *lege Dei* semper est[g].

7. Digno autem omnia euangelici sacramenti fine
176 conclusit dicens : ERRAVI SICVT OVIS, QVAE PERIT;
VIVIFICA SERVVM TVVM, QVIA MANDATA TVA NON SVM
OBLITVS. Referri enim se *errabundam* ac perditam *ouem*
5 pastoris sui *humeris* festinat[a], ut per saluatorem suum
aeternumque pastorem in caelo *angelis* aeterna *gaudia*
praebeat se recepta[b]. *Filius enim hominis uenit saluare,*
quod perierat[c], *missus ad oues* perditas *domus Israhel*[d],
Dominus noster Iesus Christus, qui est benedictus in
10 saecula saeculorum. Amen.

VL RC pA r S mB

6, 6 se esse natum : esse se natum *VL pA m*   esse natum *C S*
Ba. Er.   esse natum se *r* ǁ 7 anima sua *VL C pA r m* ǁ 8 superiore
+ enim *r m* ǁ adhortatur *V r Zi.*   adhortatus est *C pA S m Ba.*
Er. Gi.   adoratus *B* ǁ 9 animam meam *V* ǁ 10 a : de *R* ǁ 11 oculos :
pr. et *m* ǁ a² : de *R* ǁ 12 uiuorum *C pA mB Ba. Er. Gi. Mi.* ǁ 15 qui
L ǁ mandata + dei *r* ǁ 16 quia : *pr.* et *S Ba. Er. Gi. Mi.* ǁ domini *r*
7, 1 sacramenti euangelici *R Zi.* ǁ 2 periit *R²C pA S mB Ba. Er. Gi.*
Mi.   perierit *r* ǁ 5 salutarem *R Gi. Zi.*   salutare *S Ba. Er.* ǁ
suum > *R r Gi. Zi.* ǁ 7 receptum *C*   -pto *pA r² mB Mi.* ǁ 9 noster
> *RC pA S mB edd.* ǁ 10 saecula : *pr.* omnia *pA S Ba. Er. Gi. Mi.*
explicit psalm. centensimus octabus decimus *V*   explicit psalmus CXVIII *L R r*   explicit *C*   explicit de psalmo CXVIII
S   explicitum est quod extat de psalmo CXVIII *Ba.*

---

6. b. cf. Rom. 7, 23 ǁ c. cf. *v. 174* ǁ d. Ps. 114, 7-9 ǁ e. cf. I Cor.
15, 54 ǁ f. cf. *v. 173* ǁ g. cf. *v. 174*
7. a. cf. Lc 15, 5 ǁ b. cf. Lc 15, 10 ǁ c. Matth. 18, 11 ǁ d. cf. Matth.
15, 24

sait qu'il est né dans une condition d'origine qui est celle du péché et sous la «loi du péché[b]»; et s'il a choisi l'«application» à la «loi de Dieu[c]», c'est pour *vivre*, lui qui, dans un psaume précédent, a convié *son âme* aux joies de cette autre *vie*, en disant : «Tourne-toi, *mon âme*, vers ton repos, parce que le Seigneur m'a donné ses bienfaits; parce qu'il a arraché *mon âme* à la mort, mes yeux aux larmes, mes pieds à la chute. Je plairai au Seigneur dans la région des *vivants*[d].» Voilà la *louange* qu'il est pressé de rendre à Dieu, dont les *jugements* ont fait «disparaître» la faiblesse de la «corruption» terrestre[e] et l'ont *aidé* à progresser vers l'éternité; et cela parce qu'il a «choisi les commandements[f]» et «désiré le salut du Seigneur», et que «son application» est toujours tournée vers la «loi de Dieu[g]»[6].

7. Et pour mettre un terme digne de la révélation de l'Évangile, il a conclu par ces mots : J'AI ERRÉ COMME UNE BREBIS PERDUE; DONNE LA VIE À TON SERVITEUR, PARCE QUE JE N'AI PAS OUBLIÉ TES COMMANDEMENTS. Il a hâte d'être ramené sur les «épaules» de son pasteur, comme la «*brebis* égarée» et perdue[a], pour que son accueil dans le ciel par son sauveur, pasteur éternel, donne des «joies» éternelles aux «anges[b]». «En effet, le fils de l'homme est venu sauver ce qui était *perdu*[c]», lui qui fut «envoyé vers les *brebis*» perdues de la «maison d'Israël[d]», notre Seigneur Jésus-Christ, qui est béni dans les siècles des siècles. Amen[7].

---

6. Dans *Contra Iulianum Pelagianum*, 1, 3, 9 (*PL* 44, 645), AUGUSTIN cite Hilaire depuis *Vivet anima mea* jusqu'à *se esse natum*, texte étudié par J. DOIGNON, «*Testimonia* d'Hilaire ...»

7. Les commentaires cités dans la *Ch. p.* (p. 470-473) comportent les mêmes références ou allusions à la parabole de la brebis égarée (*Matth.* 18, 11-14; *Lc* 15, 4-7). Hilaire cependant ne commente pas la parabole, comme le fait Didyme (qui reprenait sans doute l'explication d'Origène. Cf. M. HARL, *Ch. p.*, Notes, p. 776-778) ou comme le fera AMBROISE, *In psalm.* 118, 22, 29. Plus dépouillé, le commentaire d'Hilaire vise seulement à mettre en valeur la figure du Christ rédempteur.

INDEX

INDEX SCRIPTURAIRE

Les références aux allusions scripturaires sont accompagnées d'un astérisque.

INDEX ANALYTIQUE

charité : agir par — 13, 13 ; de l'Apôtre 21, 6 ; évangélique 10, 16 ; opposée à la crainte 13, 2 ; parmi d'autres vertus 17, 1 ; perfection par la — 12, 15.

chrétien : 3, 20 ; 13, 4 ; 18, 2.

Christ : a affermi le ciel 14, 10 ; a élevé tous les croyants 15, 12 ; bouche de Dieu 9, 9 ; 11, 10 ; bras de Dieu 9, 9 ; 11, 10 ; corps sanctifié dans le — 18, 2 ; doit être annoncé devant les rois 6, 10 ; Église, corps du — 14, 4 ; 16, 5 (17, 11 ; 21, 6) ; était en forme de Dieu 14, 10 ; Fils Unique de Dieu 13, 4 ; 14, 8.10 ; fin de la Loi 5, 4 ; 11, 1 ; 12, 11 ; gloire du — 5, 15 ; homme régénéré dans le — 20, 10 ; humilité du — 14, 10 ; image de Dieu 9, 9 ; 10, 7 ; justice 8, 16 ; 13, 13 ; maître de la science céleste 8, 19 ; nouveau législateur 13, 10 ; paix 13, 13 ; participant du — 8, 16 ; prédication du — 13, 10 ; puissance de Dieu 9, 9 ; 11, 10 ; refait la circoncision du cœur 18, 8 ; règne du — 12, 14 ; résurrection 8, 16 ; sagesse de Dieu 4, 12 ; 9, 9 ; salut 11, 1 ; 16, 8 ; 21, 7 ; 22, 5 ; sauveur du genre humain 13, 4 ; 22, 7 ; serviteur du — 2, 2 ; vérité 8, 16 ; 13, 13 ; vraie vie 5, 15 ; 10, 15 ; 15, 7.

ciel : affermi par la main de Dieu 10, 5 ; 14, 10 ; créatures du — 10, 1 ; demeure de la parole de Dieu 12, 5 ; glorification dans le — pour les humbles 7, 2 ; invoquer le — comme témoin 1, 7 ; lois immuables du — 12, 1 ; récompenses dans le — 3, 7.

cœur : appliqué aux témoignages divins 1, 9 ; bouche au service du — 6, 5 ; circoncision du — 18, 8 ; confesser d'un — droit 1, 14 ; Dieu scrute les — 13, 12 ; foyer du mal 10, 18 ; 15, 6 ; humilité de — 14, 9 ; joie du — 14, 19 ; orgueil 14, 11 ; ouvert 4, 12 ; 6, 9-10 ; 8, 5 ; 17, 5 ; 19, 10 ; prière du — 19, 1 ; psaumes retenus dans le — 7, 5 ; pureté de — 3, 1 ; règles d'un — religieux 5, 3.

commandements (catégorie de la Loi *exord.* 3) : aimer les — 16, 15 ; 20, 9 ; annoncent l'Incarnation 16, 15 ; doivent être mis en pratique 1, 6.11 ; 2, 11 ; 13, 12 ; du Seigneur 15, 1 ; essentiel des — 20, 1 ; fin des — 22, 5 ; garder les — 8, 17 ; larges 12, 15 ; ne sont pas injustes 22, 3 ; renoncer aux — 3, 17 ; revendiqués par les Juifs 13, 4 ; scruter les — 6, 9 ; sentier des — 5, 8 ; servir les — de l'humilité 6, 12 ; s'exercer aux — 10, 16 ; sont la vérité 19, 11 ; véritable observance des — 3, 6.9.

confession : aveu des péchés 3, 19 ; 4, 1.4 ; 7, 6 ; 17, 13 ; de Dieu 2, 1 ; d'humilité 4, 6 ; 5, 12 ; de la foi 7, 5 ; 9, 3 ; 18, 1 ; 20, 1 ; de la vérité 18, 9 ; glorieuse des martyrs 18, 2 ; 21, 1 ; louange de Dieu 1, 14 ; 8, 15.

connaissance : de Dieu *exord.* 1 ; 9, 1 ; 13, 1.3.10 ; 15, 11 ; 17, 1 ; de la Loi 1, 7 ; de la vérité *exord.* 1 ; 14, 6 ; de la vie religieuse sans faute *exord.* 4 ; de l'enseignement divin 2, 10 ; des biens à venir 1, 6 ; des Écritures 11, 6 ; des jugements 4, 9 ; des mystères 2, 2 ; des réalités célestes 14, 1.18 ; des règles de justice 1, 14 ; 2, 7 ; des témoignages 1, 8 ; des vices 10, 16 ; donnée par Dieu 1, 15 ; étendre à l'infini la — 12, 15 ; illumination de la — 3, 9 ; profane 2, 6 ; sagesse et — 12, 15 ; siège de la — 13, 11 ; supérieure à la foi 10, 12.

conscience : connaissance des commandemnts portée à la — publique 22, 3 ; de la faiblesse humaine 16, 1 ; de la pureté du cœur 3, 1 ; des péchés 6, 9 ; entretient le souvenir des fautes 2, 2 ; fermeté d'une — religieuse 21, 1 ; le prophète a — de sa faiblesse 5, 16 ; peur ressentie par une — souillée 2, 9.

continence : apprendre la — 16, 1 ; éloge par l'Apôtre de la — 14, 14 ; fruit d'une inflexible — 12, 12 ; jeûne, — 15, 7 ; justice et — 10, 10 ; patience dans la — 11, 4 ; prescrite par la loi 7, 6 ; triompher par la — de sa jeunesse 19, 4.

corps : affaibli par le jeûne 3, 15 ; cause de l'imperfection humaine 3, 6 ; chair souillée du — 16, 3 ; de l'Église 14, 4 ; de la vraie Loi 6, 7 ; de l'univers 10, 4 ; de mort 3, 3 ; 10, 15 ; désigné par le mot « outre » 11, 4 ; du prophète 3, 1 ; du Seigneur *exord.* 5 ; étranger à son — 3, 9 ; explication du — 10, 2 ; former avec autrui un seul — 21, 6 ; glorifié 3, 3 ; 12, 7 ; 15, 8 ; 20, 9 ; 22, 6 ; habitation souillée du — 12, 4 ; harcelé par les vices 7, 6 ; lié à la terre 3, 10 ; 4, 1 ; 8, 5 ; 10, 8 ; 12, 7 ; 18, 7 ; modeler notre — selon des rythmes harmonieux 13, 13 ; plaisirs du — 4, 3 ; 17, 8 ; 19, 2 ; pur 6, 5 ; racheté par Dieu 12, 10 ; sanctifié dans le Christ 18, 3 ; solidarité de l'âme et du — 10, 8 ; ténèbres du — 14, 2 ; un seul — dans le Christ 17, 11 ; vices du — 2, 1 ; 11, 5 ; 13, 8 ; 16, 6 ; voie du péché dans le — 4, 8.

crainte de Dieu : 15, 13 ; commencement de la sagesse 5, 16 ; éloigne le prophète du péché 4, 8 ; la foi suppose la — 8, 17 ; perfection de la — 2, 2 ; préceptes de la — 2, 1 ; prescrite par la loi 7, 6 ; puissances qui effacent la — 16, 6 ; rend utile et beau ce que fait l'homme 16, 3.

cupidité : débauche, colère, — 12, 12 ; 16, 6 ; venir à bout de la — 1, 2 ; 3, 15.

désir(s) : aspiration au — 3, 13 ; 8, 7 ; 17, 5 ; cause de défaillance 11, 1 ; de Dieu 6, 9 ; de l'adultère 11, 10 ; de l'espérance évangélique 21, 7 ; des biens célestes 7, 1 ; 16, 16 ; des plaisirs 4, 8 ; 8, 14 ; des préceptes de Dieu 5, 17 ; des vices 3, 17 ; du monde 16, 8 ; impurs 7, 6 ; 8, 11 ; 13, 11.

devoir(s) : de confesser Dieu 8, 15 ; de garder la loi 6, 7 ; de la nature humaine 16, 10 ; de la piété 5, 12 ; de s'instruire et de comprendre 13, 6 ; 19, 2 ; de soumission du prophète 3, 2 ; 5, 12 ; 8, 9 ; d'une crainte innocente 19, 1 ; envers Dieu 9, 1 ; 17, 1 ; envers Dieu et les hommes 1, 12 ; 2, 7.

diable : agent du — 18, 2 ; allume les vices 11, 5 ; domination du — 16, 5 ; envahit le monde 1, 8 ; éprouve Jésus-Christ 3, 16 ; 14, 9 ; et ses anges 1, 8 ; 12, 13 ; 14, 17 ; haïr le — 13, 13 ; insinue une opinion fausse 16, 13 ; Job, adversaire du — 17, 10 ; juridiction du — 1, 15 ; l'orgueilleux 16, 7 ; nous retient par les vices 8, 14 ; présent là où Dieu n'est pas 16, 5 ; pouvoir du — sur les fils de Job 14, 7 ; vaincre le — 18, 1.

Dieu : accorde la science 12, 1 ; 13, 12 ; bonté de — 2, 3.4.7 ; 6, 2.4 ; 8, 9.19 ; 9, 2 ; 14, 1 ; 16, 9 ; 17, 7 ; 18, 1 ; 22, 3 ; colère de — 3, 14 ; est notre part 8, 5 ; est un guide 5, 9-10 ; gloire de — 17, 12 ; grandeur de — 10, 1 ; 12, 9 ; habitation de — 3, 1 ; immensité de sa puissance 19, 8 ; incorporel et infini 19, 9 ; invisible pour nous 6, 8 ; justice de — 16, 9 ; là où il n'est pas, place pour le diable 16, 5 ; le don de Dieu dépend de notre initiative 5, 12 ; 14, 20 ; magnificence et miséricorde de — 20, 1 ; majesté de — 17, 12 ; met à l'épreuve le croyant 10, 14 ; nature impénétrable de — 12, 1 ; ne repousse que celui qui résiste 2, 4-5 ; patient et miséricordieux 8, 18 ; 17, 12 ; puissance éternelle 7, 1 ; sa parole a créé l'univers 10, 4 ; scrute les cœurs 13, 12 ; sévérité de — 8, 9 ; 9, 8 ; 17, 12 ; visible après la plénitude du temps 12, 14 ; volonté de — 9, 2 ; 13, 1 ; 14, 7 ; 20, 1-2.

discipline : châtie les péchés 9, 3-4 ; morale, —, connaissance de Dieu *exord.* 1 ; observée par un cœur religieux 5, 3.

Écriture(s) : 6, 10 ; 10, 5 ; 14, 11 ; 17, 5 ; 19, 2 ; connaissance des — 11, 6 ; contiennent la parole de Dieu 7, 1 ; négliger les — 5, 16 ; perfection des — 6, 1 ; témoignage véridique de l'— 19, 7 ; traduction en grec des — 16, 16.

Église : apôtres, lampes de l'— 14, 4 ; être rejeté du corps de l'— 16, 5 ; les chefs de l'— 1, 12 ; 10, 9 ; un seul corps dans le Christ 14, 4.

enseignement : céleste, guide sur la route de la vie 14, 2 ; cœur ouvert à l'— divin 4, 12 ; conditions de la connaissance de l'— divin 1, 9 ; 2, 10 ; 17, 5 ; conditions pour proclamer l'— céleste 6, 5 ; de la sagesse raisonnable et parfaite *exord.* 1 ; donné par Dieu 2, 1 ; 19, 12 ; par la Loi 6, 2 ; 11, 6 ; par l'Esprit 15, 6 ; par le prophète 10, 17 ; par les épreuves 9, 8 ; par les Évangiles 19, 1 ; leçon principale de l'— céleste 14, 8 ; lumière de l'— 14, 4 ; ne pas

(cf. 16, 10); du prophète qui n'est pas limitée par les siècles 6, 7 ; éprouvée par les souffrances 1, 15 ; 11, 7 ; 14, 7 ; 15, 8 ; 17, 9. 11 ; espère la miséricorde divine 6, 3 ; exemples de — 20, 1 ; garde les commandements 8, 13 ; la connaissance est supérieure à la — 10, 12 ; l'obéissance caractérise la — 8, 17 ; 10, 12 ; 13, 13 ; le silence convient à la — 2, 2 ; menacée par les calomnies 16, 6 ; 17, 11 ; par l'orgueil 3, 15 ; par les persécutions 11, 9 ; par la tranquillité 11, 8 ; par les vices 8, 11 ; 15, 6 ; 18, 2 ; mérites de la — 16, 11 ; ne demande pas des biens terrestres 19, 2 ; œuvres de la — 6, 12 ; ordre de la — 9, 1 ; 21, 6 ; progrès dans la — 14, 14 ; récompense de la — 15, 5 ; 20, 1 ; scruter par la — l'enseignement de Dieu 10, 3 ; simplicité de la — *exord.* 4 ; solidité de la — 12, 15 ; succède à la Loi 11, 10 ; 12, 11 ; 16, 14 ; 17, 4 ; triompher par la — des esprits pervers 11, 5 ; des princes 3, 20 ; 21, 2 ; vérité de la — 1, 12.

fonction : de ce qui est créé 12, 9 ; de la bouche 6, 5 ; 7, 5 ; 17, 2 ; de la langue 8, 10 ; d'une lampe 14, 5 ; des anges 3, 10 ; 6, 8 ; des narines 17, 5 ; des paupières 4, 7 ; du cœur 5, 5 ; 6, 10 ; du corps 1, 11 ; 19, 3.

gloire : attendre la — du Seigneur 13, 10 ; céleste des corps terrestres 3, 4 ; 12, 7. 9 ; 20, 9 ; de Dieu invisible à des yeux de chair 8, 7 ; de la confession de la foi 21, 1 ; de l'éternité 5, 14 ; 18, 10 ; de la résurrection 17, 4 ; du martyre 15, 3 ; par les épreuves, on parvient à la — 17, 9 ; passer de la — à la — 3, 9 ; pour celui qui s'abaisse 7, 2 ; 14, 10 ; recevoir la — de Dieu 8, 8 ; spirituelle du corps 3, 3 ; 15, 8 ; vanité de la — du monde 1, 2 ; 7, 2 ; 8, 11 ; 12, 12 ; 14, 9 ; 19, 2 ; 22, 4 ; voir la — du Christ 5, 15 ; 17, 12.

grâce : avoir besoin de la — divine 1, 12 ; de Dieu : ne doit pas rester inemployée 14, 11 ; de la foi 16, 14 ; de la puissance de l'Esprit 17, 12 ; de l'onction pour le prophète 5, 5 ; de l'Esprit 12, 4 ; 15, 12 ; demander la — de comprendre 1, 4 ; don de la — 2, 2 ; 12, 4 ; les dons de la — 5, 16 ; 10, 9. 12 ; 12, 15 ; 16, 13 ; 18, 10 ; perdre la — de Dieu 21, 2 ; permet de recevoir l'enseignement divin *exord.* 2.

grec : genre du mot νόμος en — 5, 10 ; psautier corrigé par les — 8, 1 ; sens des mots αἰῶνα 12, 3 ; ἐξόδους 4, 12 ; καθήλωσον 15, 13 ; νομοθέτησον 5, 1 ; πεπυρωμένον 18, 5 ; πέρας 12, 14 ; τρίβος 5, 7 ; traduction des Écritures de la Loi en — 16, 16.

habitude : de l'ivresse 8, 14 ; de l'oisiveté 2, 10 ; de pratiques religieuses 17, 1 ; de psalmodier 7, 5 ; des fautes 2, 1 ; 3, 1 ; des hommes 1, 8 ; 14, 19 ; 17, 1 ; des impies 10, 10 ; des vices 4, 3 ; entretenue par l'exercice 2, 11 ; lien de l'— 2, 1.

hérétiques : doctrines — 4, 9 ; 11, 6 ; et Juifs 13, 4 ; et la Loi 5, 3 ; vaine intelligence des — 16, 13.

homme : caractères propres de l'— et sa création 10, 1-8 ; 13, 10 ; 20, 10 ; nouveau 15, 13 ; 20, 10.

humiliation : âme soumise aux tentations 12, 10 ; amendement des fautes 9, 4 ; 10, 14 ; bien pour le prophète 9, 8 ; 10, 13 ; miséricorde divine dans l'— 10, 14.

humilité : commandements prescrivant l'— 6, 12 ; confession d'— 4, 6.12 ; 5, 12 ; de cœur 14, 9 ; de la prière 5, 12 ; leçon principale de l'enseignement divin 14, 8 ; 20, 1 ; ouverte au désir de Dieu 6, 9 ; payer le salaire de l'— 3, 16 ; récompense de l'— 7, 2 ; 14, 10 ; 20, 1.

ignorance : confesser notre — des choses divines 10, 9 ; de la loi de Moïse 13, 10 ; des plaisirs 8, 5 ; des vices 2, 1 ; Dieu est-il responsable de notre — 5, 12 ; instruire l'— humaine *exord.* 1 ; liée à notre condition charnelle 14, 1 ; nuit de l'— 17, 2 ; 18, 7 ; pouvoir qu'a l'— humaine de connaître 12, 15 ; 14, 2 ; tentation d'— 4, 8 ; volontaire est inexcusable 20, 5.

image : Christ — de Dieu 9, 9 ; 10, 7 ; de la vie céleste 3, 8 ; 12, 4 ; homme fait à l'— de Dieu 10, 2.7 ; 16, 14 ; 20, 10 ; loi, — de la vérité 1, 11 ; 21, 4 ; 22, 2.

impiété : arracher au chrétien une parole d'— 12, 10 ; caractères de l'— 10, 10 ; châtiment de l'— 17, 6 ; de l'intelligence 6, 1 ; dépouilles prises à l'— 21, 2 ; erreur de l'— 13, 3 ; fait souffrir le prophète 7, 4 ; hostile à la fermeté d'une conscience religieuse 21, 1 ; pour plaire à Dieu, déplaire à l'— 19, 7 ; rejette certaines décisions divines 16, 9 ; voies de l'— 21, 8 ; volonté d'— 5, 12.

intelligence : amener à l'— l'ignorance humaine 14, 2 ; connaissance, sagesse et — 13, 11 ; de l'enseignement céleste 17, 5 ; demander la grâce de l'— de la loi 1, 4 ; des mystères divins 12, 1 ; don privilégié parmi les grâces 18, 10 ; du prophète 13, 5 ; et salut 22, 1 ; fruit de l'— 13, 7 ; implorer l'— de ce que nous ignorons 10, 9 ; lumière de l'— 17, 2 ; mériter d'avoir une — parfaite 13, 12 ; parvenir à l'— de Dieu 1, 12 ; rester à l'écart du mal grâce à l'— 13, 8 ; vaine — des païens 16, 13.

Jugement (dernier) : après la fin du monde 11, 5 ; feu du — 3, 5 ; jour du — 3, 12 ; 17, 11-12 ; opprobre pour les pécheurs 5, 16 ; sentence du — 15, 13 ; temps du — 12, 14.

jugements (catégorie de la Loi *exord.* 3) : accomplir les — de la Loi 14, 15 ; apprendre les — 1, 14 ; de la bouche de Dieu 2, 8 ; garder le souvenir des — de Dieu 7, 3 ; image des vérités mystérieuses 21, 4 ; source de vie pour le prophète 4, 9.

jugement (décision de justice) : définition d'un — juste 14, 7 ; 16, 4 ; 20, 3 ; justice des — de Dieu 10, 11.13 ; 14, 7.

Juifs : accomplissent tous les commandements 3, 7 ; brebis perdues 22, 7 ; Jean, lampe pour les — 14, 4 ; ne comprennent pas la Loi 13, 4-5 ; 17, 3 ; ne savent pas ce qu'ils font 14, 3 ; ont adoré des dieux étrangers 20, 8 ; ont rejeté la Loi 16, 14 ; peuple de la Loi et des prophètes 12, 6 ; vaine intelligence des — 16, 13.

justice : aimer la — 13, 13 ; Christ est la — 8, 16 ; définition 16, 4 ; des commandements de Dieu 22, 3 ; du jugement divin 14, 7 ; 16, 9 ; du prophète 10, 10 ; 17, 8.

liberté : de chacun 22, 4 ; du prophète 3, 1 ; 4, 12 ; 5, 17 ; 10, 10 ; se soumettre à un choix volontaire 14, 13.

Loi ou *loi* : a attesté la venue du Seigneur 16, 15 ; accomplir les œuvres de la — 3, 7 ; 4, 5 ; 8, 6 ; 10, 15 ; accomplissement des temps de la — 12, 14 ; aimer la — 6, 11 ; 13, 2 ; 21, 3 ; de Dieu consiste à garder l'humilité 20, 2 ; de la bouche de Dieu 9, 9 ; de la mort et du péché 3, 3 ; de la résurrection 6, 8 ; des siècles éternels 6, 7 ; différente du précepte, du jugement, du témoignage *exord.* 3 ; 1, 4 ; docteur de la — 8, 19 ; du monde 14, 9 ; du mouvement des astres 12, 2 ; du péché 1, 3 ; 10, 8 ; 22, 6 ; du Seigneur 1, 3 ; fin de la — 5, 4 ; 11, 1 ; 12, 11 ; 21, 7 ; 22, 5 ; instruction de l'homme dans la — de Dieu 11, 6 ; naturelle 15, 11 ; obéissance à la — 14, 14 ; obtenir la miséricorde de Dieu par la — 4, 8 ; ombre des biens à venir 1, 5.11 ; 3, 4.7 ; 4, 5 ; 6, 7 ; par la —, tendre jusqu'à la voie parfaite de la vie 5, 3 ; pédagogue vers l'Évangile 12, 11 ; 13, 10 ; peuple de la — 12, 6 ; pour les anges 6, 8 ; préparation de l'espérance à venir 22, 5 ; prescrit la pudeur, la continence, la crainte de Dieu 7, 6 ; rejetée par les Juifs 16, 14 ; retranche la pratique et l'intention des vices 21, 4 ; rompre son engagement envers la — 20, 8 ; se souvenir en tout temps de la — de Dieu 7, 6 ; 8, 14 ; 12, 10 ; 14, 16 ; transmise avec le ciel et la terre comme témoins 1, 7 ; 5, 11 ; vérité pour le peuple cadet 18, 8.

Marie : âme de — traversée par une épée 3, 12 ; vierge, mère du Christ 14, 8 ; 17, 4.

martyre : combat du — 15, 3 ; heureux et saints martyrs 18, 9 ; purification par le — 3, 5.

mérite : de la foi 10, 12 ; devoir son — à l'intégrité de sa foi 12, 15 ; de la perfection dans la foi : dépend de notre volonté 14, 20 ; du célibat 14, 14 ; la foi doit avoir un grand nombre de — 16, 11 ; le prophète demande la récompense du — 16, 2 ; perdre par négligence le — de la piété 1, 11 ; plus de — dans l'amour que dans la crainte 13, 2 ; vie heureuse inaccessible par le seul — 10, 15.

mériter : d'avoir une intelligence parfaite 13, 12 ; de souffrir 9, 4 ; de vivre de la vie éternelle 14, 12 ; exiger quelque chose sans le — 6, 4 ; l'espérance mérite le secours de Dieu 15, 5 ; la gloire pour sa foi 17, 9 ; la miséricorde divine 17, 7 ; le mépris de Dieu 15, 10 ; le pardon des péchés 4, 10 ; ne pas — d'être chassé avec les vierges folles 8, 15 ; un jugement de paix éternelle 18, 3.

miséricorde : aimer la — 13, 13 ; divine : aide ceux qui viennent à elle 16, 10 ; doit être méritée 17, 7 ; emplit la terre 8, 18 ; espoir du prophète 19, 6 ; nécessaire à notre salut 6, 2 ; 8, 9 ; 15, 7 ; obtenue par la Loi 4, 8 ; œuvres de — 6, 12 ; ôte certaines souillures de l'âme 3, 19 ; purifie 3, 4 ; réconforte 10, 14 ; regard de Dieu en vue d'exercer sa — 17, 12.

monde (sens donné au mot latin *saeculum*) : affranchi du — 3, 7 ; annoncer le royaume des cieux au — 21, 1 ; attaques du — 20, 2 ; bien du diable 14, 9 ; choses du — 8, 5 ; 11, 1 ; combat contre le — 15, 5 ; commencement du — 5, 8 ; crainte du — 21, 2 ; docteurs du — *exord.* 2 ; fin du — 11, 5 ; forêt du — 14, 17 ; gloire du — 14, 9 ; 22, 4 ; hommes du — 5, 13 ; 12, 13 ; lois du — 14, 9 ; menaces du — 7, 1 ; mépris du — 2, 9 ; mer du — 18, 8 ; nuit du — 14, 2 ; occupations du — 18, 3 ; opinion du — *exord.* 4 ; propos tenus dans le — 3, 11 ; puissance du — 18, 1 ; puissances du — 11, 6 ; quitter le — 8, 2.5 ; 14, 18 ; scandales du — 3, 6 ; serviteur du — 18, 2 ; souci du — 1, 14 ; tempêtes du — 18, 2 ; temps de ce — 20, 4 ; vices du — 18, 7 ; vie de ce — 11, 10 ; voies du — 17, 8 ; 21, 8.

mort : affronter la — 15, 8 ; corps de — 3, 3 ; 10, 15 ; des pécheurs 2, 3 ; 8, 18 ; dommage de la — 3, 5 ; loi de la — 3, 3 ; naître pour la — 14, 1 ; 22, 3 ; poussière de la — 3, 3 ; vaincre la — 3, 6 ; vase de — 18, 2.

mystère(s) (sens donné au mot latin *sacramentum*) : cachés de la sagesse 2, 7 ; connaissance des — 2, 2 ; de la fête céleste 5, 6 ; de la Loi 19, 12 ; de la naissance du Seigneur 5, 5 ; de l'avenir 4, 5 ; de notre salut 20, 6 ; des commandements 3, 10 ; des réalités célestes 22, 1 ; divins invisibles 12, 1 ; du Père et du Fils 4, 12 ; du sang et de la mort du Christ 3, 18 ; préfiguration des — à venir 16, 11.

nature humaine : ancienne 3,7 ; comprendre notre — 10,2 ; craint Dieu 8,17 ; création de la — 10,9 ; de l'esprit humain 17,1 ; devoir de la — 16,10 ; double 10,6.8 ; faible *exord.* 4 ; 1,12 ; 5,9 ; 6,6 ; 10,15 ; 11,4-5 ; 14,11 ; 16,6 ; gloire qui reviendra à notre — corporelle 3,4 ; 15,8 ; habitudes de la — 17,2 ; 18,2 ; ignorante *exord.* 2 ; 2,7 ; 9,3 ; 14,1 ; 17,4 ; outrage à la — 16,16 ; partagée entre des sentiments opposés 13,13 ; portée au désir 11,1 ; aux vices 1,8 ; 14,20 ; 16,6 ; privilège de la — 10,4 ; puissances hostiles à la — 8,11 ; rester dans les limites de la — 3,13 ; terrestre et mortelle 4,2.

négligence : Dieu repousse celui qui le recherche avec — 2,4 ; empêche d'approfondir les témoignages de Dieu 1,9 ; interrompt une action 6,12 ; 8,11 ; ne pas lire les psaumes avec — 7,5 ; nuit à la compréhension du psaume 118   3,9.17 ; perdre par — le mérite de la piété 1,11 ; rend indigne d'enseigner la parole de Dieu 6,5 ; sujet de honte 1,13 ; 13,2.

nuit : de l'ignorance 14,1 ; 17,2 ; 18,7 ; du monde 14,2 ; moment favorable aux vices 7,6 ; prier durant la — 8,15 ; 19,5.

obéissance : à Dieu 13,1 ; 14,20 ; à la Loi 14,13 ; 21,4 ; caractérise la foi 8,17 ; 10,12 ; 13,13 ; des astres 12,2 ; former l'espérance humaine à l'— 12,1 ; inférieure à l'amour 18,5 ; opposée à la crainte 13,2.

ordre : dans l'enseignement donné par le psaume *exord.* 1 ; 2,7.11 ; 19,7 ; dans la prière du prophète 1,1 ; 2,10 ; 3,7 ; 6,3.11 ; 21,6 ; 22,1 ; dans les règles de justice 1,12 ; pour la résurrection 12,14 ; propre à la foi 9,1 ; 21,6.

orgueil : conversion de l'— à la piété 10,17 ; des méchants 9,6-7 ; du diable 16,7 ; haïr l'— 13,13 ; malheureux — 3,14-17 ; péché d'— 14,11 ; vaine gloire de l'— 7,2.

oubli : de la loi 8,14-15 ; 18,4 ; des commandements 1,13 ; des paroles de Dieu 2,11 ; des vices 2,1.

paix : 21,6.

pardon : des péchés 3,19 ; 4,10 ; 15,10 ; 17,13 ; impossible 15,12 ; 20,5 ; 21,2.

patience : dans la continence 11,4 ; de Dieu 8,18 ; du pharisien de l'Évangile 3,15 ; épreuve voulue par Dieu 9,1 ; 15,8 ; Job récompensé pour sa — 14,7 ; permet de vaincre le diable 18,1.

péché(s) : années sans expérience du — 2,1 ; celui qui vit dans le — hait la lumière 14,3 ; châtiment du — 3,1 ; concupiscence et

5,6 ; du sabbat 13,4 ; justice, —, continence 10,10 ; perfection dans la — 15,2 ; pratiques rituelles de la — 17,1 ; valeur sacrée du serment 14,6 ; vie sans fautes, sobriété, — 17,1 ; volonté et — 14,20.

résurrection : accomplissement de la — 12,14 ; gloire de la — 3,4 ; 17,4 ; loi de la — 6,8 ; pour l'opprobre 5,16 ; pour une vie nouvelle 12,4 ; temps de la — 11,5.

retenue : aimer la — 13,13 ; apprendre la — 6,4 ; 19,6 ; 20,1 ; conversion de l'orgueil à la — 10,17 ; de l'adolescent 2,2 ; du prophète 5,12 ; 6,6 ; 8,7 ; 10,18 ; 11,10 ; 14,12 ; 19,6.

sacrement : baptême 3,5.9.

sagesse : accomplissement de la — *exord.* 4 ; Christ 4,12 ; 9,9 ; — du monde, — de Dieu 6,1 ; et connaissance 12,15 ; mystères cachés de la — 2,7 ; parmi les grâces spirituelles 10,9.12 ; terre fondée par la — de Dieu 12,7.

saint(s) : céleste 12,5 ; écrase le diable 11,5 ; frappé 7,4 ; injustice à l'égard des — 19,7 ; insensible aux choses du monde 11,1 ; aux plaisirs 11,4 ; insupportable à l'impie 10,10 ; l'histoire des — 19,5 ; les — qui reposent en enfer 11,3 ; lumière du monde 12,8 ; ne se mêle pas aux méchants 15,6 ; rois de la terre 6,10 ; supplication des — 19,2.

salut (voir *Christ*) : conditions d'obtention du — 19,3 ; 22,1 ; de l'homme 16,1 ; des nations 16,14 ; mystère de notre — 20,6 ; sang du — 13,4 ; vient de la miséricorde de Dieu 6,2.

science : accomplissement de la sagesse *exord.* 4 ; agir dans la foi pour avoir la — 2,10 ; 9,3 ; Christ, maître de la — céleste 8,19 ; de la parole 16,1 ; de la prophétie 12,15 ; don de Dieu 12,1 ; la Loi a formé l'homme à la — de Dieu 13,10 ; lumière de la — 1,1 ; 14,1 ; parmi les principaux dons des grâces spirituelles 9,3 ; 10,9.12 ; refusée à ceux qui ne la recherchent pas 13,12.

Seigneur (le) : a accompli ce qui était contenu dans la Loi 16,14 ; 17,4 ; a exigé le silence dans la prière 19,1 ; a ramené à la vie 3,4 ; dans — sont les vraies richesses 14,9 ; écarte ce qui nous remplit de honte 4,10 ; la voie 1,2 ; 4,9 ; 16,17 ; miracles du — 3,18 ; ne nous a pas créés pour que nous subissions l'injustice 18,1 ; passion du — 15,3 ; prend en charge la faiblesse du prophète 1,15 ; présenté au Temple *exord.* 5 ; son sang nous libère 20,4 ; visible dans la gloire du Père 17,12.

Septante (voir *grec*) : autorité des — 5,13 ; traduction des — 4,6.

4,3 ; ne pas aimer les — 13,13 ; oubli des — 2,1 ; percer les — de la chair sur la croix 15,13 ; pratique et intention des — 21,4 ; puissances qui poussent aux — 8,11.14 ; 11,5.9 ; 16,6 ; racheter ses — par des aumônes 12,15 ; réprimer les — de la chair 1,2 ; résister aux — de sa nature 16,17 ; rougir de ses — 10,16 ; souillure des — 17,11 ; tomber dans les — 10,2 ; voies des — 21,8.

vie : arbre de — 16,9 ; attendre la — 20,9 ; bonheur de la — éternelle 8,9 ; cachée dans le Christ 5,15 ; 10,15 ; 15,7 ; céleste 3,5 ; 4,2 ; espérance de la — éternelle 7,4 ; espérer les récompenses de la foi en vue de la — de l'Esprit 15,5 ; éternité de la — heureuse 10,15 ; heureuse et vraie 3,3 ; marcher dans la nouveauté de — 8,16 ; mériter de vivre de la — éternelle 14,12 ; nourriture de la — éternelle dans la parole de Dieu 7,2 ; posséder la — éternelle 8,4 ; présente n'est pas la vie 20,9 ; 22,6 ; voie de la — éternelle 3,20 ; voie étroite qui conduit à la — 4,11 ; voie parfaite de la — 5,3.

vie sans faute (sens donné au mot latin *innocentia*) : demeurer dans une — 3,13 ; digne de la vie céleste 3,5 ; exposée dans le psaume *exord.* 4 ; 12,1 ; ignorance des vices 2,1 ; le propre d'une — 13,13 ; ouvre à Dieu nos cœurs 19,10 ; réalisable grâce aux commandements 2,11 ; recherche d'une — *exord.* 4 ; 1,1 ; 2,1 ; 4,12 ; 10,3 ; 15,6 ; 17,7 ; recommandée par la Loi 17,1 ; renaître à une — 17,4 ; suivre le Christ pour mener une — 14,1.

voie(s) : choisir une — après réflexion 8,10 ; de Dieu 4,3-4.12 ; 5,15 ; de l'Évangile 3,18 ; de la vérité 1,1 ; 4,9 ; de la vie éternelle 3,20 ; des plaisirs 4,9 ; du monde 17,8 ; 21,8 ; du péché 4,3-4.8 ; étroite et tourmentée 4,11 ; liberté du choix de la — 22,4 ; montrée par le Seigneur 1,2 ; 4,9 ; 16,17 ; nombreuses pour parvenir à la — unique 1,10 ; 2,10 ; 5,3 ; parfaite de la vie 5,3 ; se tenir loin de toute — mauvaise 13,8.13 ; utile 1,2.10.

volonté : âme et — dans la prière du prophète 17,1 ; dans la foi 14,14.20 ; 16,10 ; dans le péché 10,16 ; 15,10 ; 16,5 ; de Dieu 9,2 ; 13,1 ; 14,7 ; 20,1-2 ; d'ignorance inexcusable 20,5 ; d'impiété 5,12 ; 13,4 ; 16,9 ; de méchanceté 15,6 ; d'obéir au précepte de Dieu 12,15 ; de piété 22,4 ; et persévérance 5,4 ; faire passer dans les œuvres sa — d'aimer la Loi 6,12 ; libre dans l'amour 13,2.13 ; 16,15 ; 18,5 ; négligente 1,11 ; perversion de la — 8,17 ; 16,17.

TABLE DES MATIÈRES

SOURCES CHRÉTIENNES

Fondateurs : H. de Lubac, s.j.
† J. Daniélou, s.j.
C. Mondésert, s.j.
Directeur : D. Bertrand, s.j.
Directeur-adjoint : J.N. Guinot

Dans la liste qui suit, dite « liste alphabétique », tous les ouvrages sont rangés par nom d'auteur ancien, les numéros précisant pour chacun l'ordre de parution depuis le début de la collection. Pour une information plus complète, on peut se procurer deux autres listes au secrétariat de « Sources Chrétiennes » — 29, rue du Plat, 69002 Lyon (France) — Tél. : 78 37 27 08 :

1. la « liste numérique », qui présente les volumes et leurs auteurs actuels d'après les dates de publication ; elle indique les réimpressions et les ouvrages momentanément épuisés ou dont la réédition est préparée.

2. la « liste thématique », qui présente les volumes d'après les centres d'intérêt et les genres littéraires : exégèse, dogme, histoire, correspondance, apologétique, etc.

La mention *bis* indique que le volume a été réédité avec des corrections, des modifications ou des additions importantes.

Liste alphabétique (1-347)

SOUS PRESSE

PROCHAINES PUBLICATIONS

IMPRIMERIE A. BONTEMPS
LIMOGES (FRANCE)

Registre des travaux :
DÉPÔT LÉGAL : NOVEMBRE 1988
IMPRIMEUR N° 21545-88 — ÉDITEUR N° 8697